Sin rodeos
Curso intensivo de español

Esperanza Cantallops
Conchita Otero
Ana Iglesias
Andrés Ré

Sin rodeos
Curso intensivo de español

3. Auflage

gottfried egert verlag
2006

Sin rodeos. Curso intensivo de español

von

Esperanza Cantallops,
Sprachenzentrum der
Universität Potsdam

Conchita Otero,
Institut für Angewandte
Sprachwissenschaft der
Universität Hildesheim

Ana Iglesias,
Institut für Angewandte
Sprachwissenschaft der
Universität Hildesheim

Andrés Ré,
Institut für Angewandte
Sprachwissenschaft der
Universität Hildesheim und
Hildesheimer Sprachenforum

Bibliografische Information Der Deutschen Bibliothek
Die Deutsche Bibliothek verzeichnet diese Publikation in der Deutschen
Nationalbibliografie; detaillierte bibliografische Daten sind im Internet
über <http://dnb.ddb.de> abrufbar.

ISBN-10: 3-936496-84-6   3., neu bearbeitete Auflage 2006
ISBN-13: 978-3-936496-84-0
ISBN 3-926972-84-X   2., neu bearbeitete Auflage 2001
(ISBN 3-926972-39-4   Erstausgabe) 1994

© gottfried egert verlag, Postfach 1180, D-69259 Wilhelmsfeld, 2006
www.egertverlag.de
Gedruckt mit Ökofarben und 50% Altpapier chlorfrei gebleicht.
Alle Rechte vorbehalten
Herstellung: WM-Druck GmbH, Wiesloch
Printed in Germany

Vorwort

Die vorliegende neue Ausgabe von *Sin rodeos*, sie sich in erster Linie an erwachsene Lerner – vor allem an Studierende – wendet, stellt eine gründlich überarbeitete Fassung der im Jahre 2001 erschienenen zweiten Auflage dar. In dieser unter der Leitung von Andrés Ré vorgenommenen Neubearbeitung sind zum einem die kommunikativen Aspekte noch stärker als in den beiden vorhergehenden Ausgaben vertieft worden; zum anderen sind zahlreiche Texte aktualisiert oder durch solche ersetzt worden, die einen stärkeren Gegenwartsbezug aufweisen. Auch die Übungsanteile und das Glossar sind erheblich erweitert worden. Das Buch berücksichtigt auch weiterhin die vielfältigen Erfahrungen, die in den letzten Jahren in der praktischen Unterrichtsarbeit mit dem Lehrwerk gesammelt werden konnten, sowie zahlreiche Ideen und Anregungen von Studierenden und Kollegen.

Ferner galt es, zwei Entwicklungen Rechung zu tragen, die in der Zwischenzeit weiter an Bedeutung gewonnen haben: Das wachsende Interesse an den neuen Medien und deren rasante Entwicklung eröffnen dem Sprachunterricht immer neue Perspektiven. Gleichzeitig haben die Globalisierung und die aktive Sprachpolitik der spanischsprachigen Länder dazu geführt, dass das Interesse an der spanischen Sprache in den verschiedensten Bereichen erheblich zugenommen hat. Dies macht es umso wichtiger, für die einzelnen Zielgruppen jeweils adressatenspezifisches Lehrmaterial zu entwickeln. Eine wichtige Zielgruppe sind die Lernenden, die bereits über Kenntnisse in weiteren Fremdsprachen verfügen und daher gewohnt sind, über Sprache zu reflektieren, und die dieses Wissen beim Erlernen des Spanischen nutzen möchten. Für diesen Lernerkreis war das Angebot in der Spanischausbildung an Universitäten und Fachhochschulen bislang eher gering. *Sin rodeos* möchte dieses Angebot weiter vertiefen. Kennzeichnend für diesen Intensivkurs ist einerseits eine schnelle grammatische Progression, andererseits ein kontrastiver Ansatz, bei dem der Vergleich mit der Muttersprache der Lernenden, in diesem Falle Deutsch, eine wichtige Rolle spielt.

Aufgrund der transparenten Darstellung der Inhalte lassen sich konkrete Lernziele innerhalb eines überschaubaren Zeitraums erreichen. Die Erarbeitung des gesamten Stoffs im Rahmen eines Intensivkurses erfordert 200 bis 230 Unterrichtsstunden. Der Unterricht kann jedoch ohne weiteres in einem langsameren Rhythmus mit einer entsprechend höheren Stundenzahl erfolgen.

Im Mittelpunkt stehen das europäische Spanisch mit seinen unterschiedlichen Verwendungsformen und die Kultur Spaniens; daneben werden jedoch auch wichtige sprachliche und kulturelle Aspekte des spanischsprachigen Lateinamerika berücksichtigt.

Das Buch umfasst 20 Lektionen, wobei ein Zyklus von jeweils fünf Lektionen durch einen Test zur Selbstkontrolle abgerundet wird; den Abschluss des Buches bildet ein alphabetisches Glossar.

Durch eine im Jahre 2004 von Andrés Ré produzierte, ebenfalls im Gottfried Egert-Verlag erschienene CD *Sin rodeos - Ejercicios de audiocomprensión* (ISBN 3-936496-85-4), besteht außerdem für den Lerner noch die Möglichkeit, ergänzend zum Lehrbuch die mündliche Sprachfertigkeit durch zusätzliche Hörverständnisübungen zu trainieren.

Grundlage jeder einzelnen Lektion ist der Text, an den sich die Erklärung des Wortschatzes, der in der Reihenfolge des Vorkommens dargestellt wird, anschließt. Der Erarbeitung des Textes dienen die folgenden Lektionsteile:

Otra mirada al texto: Hier geht es um die Vorbereitung auf die Grammatik, das Textverständnis und die Festigung des Wortschatzes; dabei wird vielfach das Deutsche zum Vergleich herangezogen.

Gramática: In diesem Teil werden Morphologie und Syntax in einem kommunikativen Zusammenhang vorgestellt. Dabei findet sich jeweils ein Verweis auf die entsprechenden Passagen der *Praktischen Grammatik der spanischen Sprache* von Wolfgang Reumuth und Otto Winkelmann.

Ampliamos vocabulario: Dieser Teil dient der Ergänzung des Wortschatzes und der Einführung von kommunikativen Strukturen; vielfach werden die Studierenden dazu angeregt, ihren Wortschatz selbständig zu erweitern und zu strukturieren.

Ejercicios: Hier geht es um Übungsmaterial zum Lektionsinhalt sowie um Übungen, die der Wiederholung und Festigung des Gelernten dienen.

Diese Darstellung deutet bereits an, dass in erster Linie ein Publikum angesprochen wird, dem das Erlernen von Sprachen bereits vertraut ist. Wir wünschen uns, dass diese anspruchsvolle Lernergruppe – wie es der Bedeutung von „Sin rodeos" entspricht – zügig zum Ziel kommt.

Für ihre Hilfe und Anregungen danken wir den Studierenden des Instituts für Angewandte Sprachwissenschaft der Universität Hildesheim und des Hildesheimer Sprachenforums. Unser herzlicher Dank gilt auch Herrn Prof. Dr.

Reiner Arntz, Mauricio Luciano, Sigismund Bauer und allen anderen, die bei dieser 3. Auflage mitgewirkt haben.
Wir danken auch ganz herzlich Herrn Prof. Dr. Otto Winkelmann und Herrn Gottfried Egert für die Unterstützung und Anregungen.

Hildesheim, im April 2006
Die Autoren

LECCIÓN 1: La lengua española   1

TEMAS	ESTRUCTURAS COMUNICATIVAS
• La lengua española	♦ Presentarse y saludarse (Preguntar cómo está alguien) ♦ Español para la clase

GRAMÁTICA	
✤ Ortografía y pronunciación ✤ Pronombres personales de sujeto ✤ El verbo **ser**	✤ Presente de indicativo: verbos regulares ✤ Pronombres interrogativos

LECCIÓN 2: Llegada a Barajas   14

TEMAS	ESTRUCTURAS COMUNICATIVAS
• Un bar español • Países europeos y gentilicios	♦ Identificar objetos y personas

GRAMÁTICA	
✤ Artículos ✤ Género de los sustantivos ✤ Número de sustantivos y adjetivos	✤ Números hasta 30 ✤ Concordancia del adjetivo

LECCIÓN 3: Algunos datos sobre España   26

TEMAS	ESTRUCTURAS COMUNICATIVAS
• España: Comunidades Autónomas, clima, industria y lenguas • Medios de transporte • Países de lengua alemana	♦ Describir un país ♦ Localizar objetos, personas, lugares ♦ Expresar posesión

GRAMÁTICA	
✤ Estructura de la oración ✤ Posesivos: adjetivos y pronombres ✤ Verbos **hay** y **estar**	✤ Verbo **ir** ✤ Reglas de acentuación

LECCIÓN 4: Profesiones y formas de vida — 38

TEMAS	ESTRUCTURAS COMUNICATIVAS
• Profesiones • Días de la semana	♦ Dar información personal: trabajo y convivencia ♦ Expresar gusto y desagrado
GRAMÁTICA	
✼ Verbos irregulares en 1ª persona ✼ Verbos **tener** y **venir**	✼ Preposiciones y partes de la oración ✼ Números hasta el 100

LECCIÓN 5: El origen y la expansión del español — 53

TEMAS	ESTRUCTURAS COMUNICATIVAS
• Origen y expansión del español • Gentilicios hispanoamericanos • Los meses, la fecha y las estaciones	♦ Hablar de una lengua ♦ Ubicar en el espacio
GRAMÁTICA	
✼ Demostrativos ✼ Marcadores temporales	✼ Verbos irregulares **e** ⇒ **ie** ✼ Negación de los verbos

Test de autoevaluación, lecciones 1-5 — 67

LECCIÓN 6: El horario de un día normal — 69

TEMAS	ESTRUCTURAS COMUNICATIVAS
• Vida de familia • La hora • España: gentilicios	♦ Dar información personal: jornada ♦ Situar en el tiempo y en el espacio
GRAMÁTICA	
✼ Números cardinales ✼ Números ordinales ✼ Preposiciones de lugar	✼ Verbos reflexivos ✼ Verbos irregulares **o** ⇒ **ue** ✼ Oraciones de relativo con **que** y **donde**

LECCIÓN 7: Buscando piso — 84

TEMAS	ESTRUCTURAS COMUNICATIVAS
• La vivienda • Los muebles • El carácter de las personas	♦ Llamar por teléfono ♦ Concertar una cita ♦ Describir personas
GRAMÁTICA	
✷ Verbos irregulares e ⇒ i ✷ Verbos irregulares i ⇒ y	✷ Gerundio: morfología y usos ✷ Usos de **ser** y **estar**

LECCIÓN 8: Christina en Valladolid — 98

TEMAS	ESTRUCTURAS COMUNICATIVAS
• La ciudad	♦ Preguntar y describir un camino
GRAMÁTICA	
✷ Pretérito perfecto: morfología y uso ✷ Complemento directo y pronombres personales	✷ Comparativo y superlativo

LECCIÓN 9: Organizando una fiesta — 110

TEMAS	ESTRUCTURAS COMUNICATIVAS
• Prendas de vestir • Colores y materiales • Otros gentilicios	♦ Invitar ♦ Aceptar / rechazar una invitación
GRAMÁTICA	
✷ Complemento indirecto y pronombres personales ✷ Combinación de pronombres y regencia verbal	✷ Usos de **saber** y **poder** ✷ Indefinidos (1ª parte)

LECCIÓN 10: En un bar español — 124

TEMAS	ESTRUCTURAS COMUNICATIVAS
• Un bar en España • Materiales para la clase y el estudio	♦ Localizar objetos y personas ♦ Describir procesos ♦ Pedir en un bar o restaurante
GRAMÁTICA	
↳ Indefinidos, 2ª parte ↳ Perífrasis verbales de gerundio e infinitivo	↳ Colocación de pronombres personales ↳ Adverbios de modo en **-mente**

Test de autoevaluación, lecciones 6-10 — 137

LECCIÓN 11: Algunos datos sobre la juventud española — 139

TEMAS	ESTRUCTURAS COMUNICATIVAS
• Educación sexual en España • El ordenador	♦ Dar instrucciones y reglas ♦ Dar información impersonal
GRAMÁTICA	
↳ Superlativo absoluto en **-ísimo/-a**	↳ Estructuras impersonales, pasiva refleja ↳ Pasiva de estado con **estar**

LECCIÓN 12: El horóscopo — 148

TEMAS	ESTRUCTURAS COMUNICATIVAS
• Los signos del zodíaco • El cuerpo humano • En el médico	♦ Hacer pronósticos y sugerencias ♦ Describir físicamente personas
GRAMÁTICA	
↳ Presente de subjuntivo: morfología y usos	↳ Oposición subjuntivo-indicativo

LECCIÓN 13: En el mercado — 164

TEMAS	ESTRUCTURAS COMUNICATIVAS
• Frutas y verduras • Tiendas y productos • Envases y medidas • En la cocina	♦ Dar instrucciones, consejos y órdenes ♦ Pedir y ofrecer
GRAMÁTICA	
✎ Modo imperativo: morfología y usos	✎ Usos de **qué** y **cuál(es)**

LECCIÓN 14: El *spanglish* — 177

TEMAS	ESTRUCTURAS COMUNICATIVAS
• El español en EE UU • La universidad	♦ Contar sucesos del pasado
GRAMÁTICA	
✎ Pretérito indefinido: morfología, primera parte	✎ Pretérito indefinido: usos. Contraste con el pretérito perfecto

LECCIÓN 15: Historias de familia — 189

TEMAS	ESTRUCTURAS COMUNICATIVAS
• Inmigrantes en Argentina • Religiones	♦ Describir en el pasado ♦ Hablar de costumbres y circunstancias en el pasado
GRAMÁTICA	
✎ Pretérito indefinido: morfología, 2ª parte ✎ Pretérito imperfecto de indicativo: morfología y usos ✎ Oposición indefinido - imperfecto	✎ Pretérito pluscuamperfecto de indicativo: morfología y usos ✎ Marcadores temporales en el pasado

Test de autoevaluación, lecciones 11-15 — 202

LECCIÓN 16: Hablamos del tiempo, hablamos del futuro — 204

TEMAS	ESTRUCTURAS COMUNICATIVAS
• El tiempo meteorológico	♦ Hablar de tiempo futuro, predecir ♦ Expresar probabilidad e hipótesis ♦ Aconsejar, sugerir ♦ Pedir cortésmente
GRAMÁTICA	
✤ Futuro y condicional simple: morfología ✤ Futuro y condicional compuesto: morfología	✤ Futuro y condicional simple y compuesto: usos

LECCIÓN 17: Balance ambiental — 217

TEMAS	ESTRUCTURAS COMUNICATIVAS
• Políticas de medio ambiente • Los animales • Organizaciones internacionales	♦ Reproducir información
GRAMÁTICA	
✤ Estilo indirecto o discurso referido	✤ Oraciones de relativo: pronombres y adverbios relativos

LECCIÓN 18: ¿No sería fantástico? — 230

TEMAS	ESTRUCTURAS COMUNICATIVAS
• Problemas de actualidad • En el banco	♦ Expresar deseos ♦ Expresar peticiones, cortesía
GRAMÁTICA	
✤ Pretérito perfecto de subjuntivo: morfología y uso	✤ Pretérito imperfecto de subjuntivo: morfología y uso

LECCIÓN 19: Una carta de presentación — 241

TEMAS	ESTRUCTURAS COMUNICATIVAS
• Carta de solicitud de empleo • Curriculum vitæ • La empresa: tipos y organización	♦ Solicitar empleo
GRAMÁTICA	
✎ Pretérito pluscuamperfecto de subjuntivo	✎ Oraciones condicionales

LECCIÓN 20: Colombia, múltiple y diversa — 252

TEMAS	ESTRUCTURAS COMUNICATIVAS
• Colombia • Conectores de comentario de textos y de cantidad	♦ Cómo comentar un texto ♦ Expresarse en lengua culta
GRAMÁTICA	
✎ Pasiva de proceso o acción con **ser** ✎ Posición del adjetivo	✎ Otros usos de infinitivo, gerundio y participio

Test de autoevaluación, lecciones 16-20 — 263

Ejercicios en pareja -anexo- — 265

Soluciones de los tests de autoevaluación — 267

Glosario alfabético — 269

Relación de fuentes — 281

LECCIÓN 1
La lengua española

TEMAS	ESTRUCTURAS COMUNICATIVAS
• La lengua española	♦ Presentarse y saludarse (Preguntar cómo está alguien) ♦ Español para la clase
GRAMÁTICA	
↳ Ortografía y pronunciación ↳ Pronombres personales de sujeto ↳ El verbo **ser**	↳ Presente de indicativo: verbos regulares ↳ Pronombres interrogativos

Mi nombre es Julián, soy de Madrid. Soy estudiante. ¿Qué tal?

¡Buenos días! Yo me llamo Gerda. Soy alemana, de Bremen.

¡Hola! Yo soy Pablo y ella es Cecilia. Somos de Buenos Aires.

Nosotras somos María y Elena. Somos mexicanas.

LECCIÓN 1

La lengua española

El español es una de las lenguas más habladas en el mundo: en cuatro (4) continentes, en países con culturas muy diferentes. Con letras, ortografía y pronunciación distintas del alemán: *China, tortilla, España, Zaire, Hungría, guitarra, general, presidente.*

5   Un idioma con muchos diptongos: *diez, Europa, peine*; y con muchos acentos: *policía, café, árbol.* Con signos de admiración y de interrogación: *¡qué bien!* o *¿qué pasa?*
Con sustantivos en mayúscula: *Antonio, Venezuela, Colombia*; y en minúscula: *madre, camino.* Y con pocas letras dobles, como *dirección,*
10 *innovar, perro* o *lluvia.*

Una lengua con muchas influencias lingüísticas y también culturales (árabe, persa, germánica, maya, azteca, etc); influencias en la música, en la pintura, en la gastronomía, en la arquitectura..., es decir, la vida de los países hispanohablantes.

15 El español es un idioma que transmite música (flamenco, salsa, tango, jota, etc.) y literatura (Gabriel García Márquez, Miguel de Cervantes, Jorge Luis Borges, Mario Benedetti, Isabel Allende, Federico García Lorca), entre otras expresiones de cultura.
Está presente en más de veinte (20) países.

VOCABULARIO

más hablado/-a	meist gesprochene(r)	**signo de interrogación, el**	Fragezeichen
mundo, el	Welt		
país, el	Land	**o**	oder
con	mit	**mayúscula, la**	Großbuchstabe
muy	sehr	**minúscula, la**	Kleinbuchstabe
letra, la	Buchstabe	**camino, el**	Weg
ortografía, la	Rechtschreibung	**perro, el**	Hund
y	und	**lluvia, la**	Regen
distinto/-a	verschieden, anders	**también**	auch
mucho/-a	viel	**pintura, la**	Malerei
diptongo, el	Doppellaut	**es decir**	das heißt
peine, el	Kamm	**vida, la**	Leben
árbol, el	Baum	**transmitir**	übertragen
signo de admiración, el	Ausrufezeichen	**entre otras**	unter anderen
		expresión, la	Ausdruck

Otra mirada al texto

- Vielleicht haben Sie gerade zum ersten Mal einen Text auf Spanisch gelesen. Obwohl Sie nicht alles verstanden haben, können Sie bestimmt mit Hilfe der Beispiele und des Kontexts den Sinn nachvollziehen. Versuchen Sie die folgenden Fragen zu beantworten:
  1. In welchen Ländern wird Spanisch gesprochen?
  2. Welche Unterschiede gibt es zwischen der spanischen und der deutschen Sprache? Achten Sie auf graphische Zeichen.
  3. Welche Einflüsse anderer Kulturen gibt es in den spanischsprachigen Ländern? Ergänzen Sie mit anderen Beispielen.

Gramática

I. EL ALFABETO — DAS ALPHABET

a	a	[a]	alfabeto		n	ene	[n]	natural
b	be	[b]	bonito		ñ	eñe	[ɲ]	España
c	ce	[θ]	celeste, cigarro		o	o	[o]	otro
		[k]	casa, comida, acto		p	pe	[p]	puente
		[kθ]	diccionario		q	cu	[k]	queso, equipo
d	de	[d]	día		r	ere/erre	[r]	querido, querer
e	e	[e]	elefante				[rr]	rápido
f	efe	[f]	fiesta				[rr]	arriba
g	ge	[g]	gato, gorila, agudo		s	ese	[s]	Sonia, división
			guerra, guitarra		t	te	[t]	tarde
			cigüeña, pingüino		u	u	[u]	unión
		[χ]	gente, girasol				-	guerrilla, Quito
h	hache	-	Honduras		v	uve	[b]	verano, aviso
i	i	[i]	isla		w	uve doble	[w]	walkman
j	jota	[χ]	joven		x	equis	[ks]	taxi
k	ka	[k]	kilo				[s]	xilofón
l	ele	[l]	libre		y	i griega	[j]	yo
m	eme	[m]	mamá		z	zeta	[θ]	zapato, zorro

🕯 **Observe** (Anmerkung): Die Aussprache des "c" auf Spanisch entspricht zum Teil der deutschen Aussprache: [k] > *Carsten, Cottbus, Cuxhaven*

[ts] > *Celle, Cäcilia*

Das spanische Alphabet (**alfabeto** oder **abecedario**) besteht aus 27 Buchstaben (27 **letras**: 5 **vocales** y 22 **consonates**), von denen einer im Vergleich zum Deutschen neu ist: das **ñ**.

1. Früher hatte das spanische Alphabet 2 Buchstaben mehr: **ch** und **ll**. Seit 1994 sind sie keine eigenständigen Buchstaben mehr.

ch	*che*	[tʃ]	**Ch**ile mu**ch**o
ll	*elle*	[ʎ]	**ll**uvia be**ll**a

2. In Teilen Südspaniens, auf den Kanarischen Inseln und in Lateinamerika gibt es den Laut [θ] nicht, deswegen werden **c** vor **e** und **i**, und **z** vor **a**, **o** und **u** wie ein **s** ausgesprochen.

silencio (Ruhe) > [silensio]

casa (Haus)
caza (Jagd) > [kasa]

3. In Lateinamerika werden einige Buchstaben anders genannt als in Spanien:

b = be larga / alta
v = ve corta / baja
w = doble ve

4. Im Spanischen sind Länge und Öffnung bei der Aussprache der Vokale nicht relevant.

🕯 **Observe**: So können Sie die Sonderzeichen im Computer finden:

ñ = Alt + 164   ¿ = Alt + 168
Ñ = Alt + 165   ¡ = Alt + 173

📖 §§ 1-5

II. PRONOMBRES PERSONALES DE SUJETO   SUBJEKTPRONOMEN

Vergleichen Sie die deutschen und spanischen Subjektpronomen in der folgenden Tabelle:

1ª persona singular	**yo**	→ ich		*Yo soy Andrea López.*
2ª persona singular	**tú**	→ du		*¿Tú eres Rubén?*
3ª persona singular	**él**	→ er		*Él es Marcelo González.*
	ella	→ sie		*Ella es Gabriela Liñares.*
	usted (Vd.)	→ Sie		*¿Usted es la Doctora Vázquez?*
1ª persona plural	**nosotros**	→ wir		*Nosotros trabajamos en Quito.*
	nosotras	→ wir		*Nosotras somos Laura y Marta.*
2ª persona plural	**vosotros**	→ ihr		*¿Vosotros sois Silvia y Hernán?*
	vosotras	→ ihr		*¿Vosotras sois alemanas?*
3ª persona plural	**ellos**	→ sie		*Ellos son Tomás y Alejandro.*
	ellas	→ sie		*Ellas son Florencia y Cecilia.*
	ustedes (Vds.)	→ Sie		*¿Ustedes son profesores?*

1. Im Spanischen werden die Subjektpronomen seltener als im Deutschen verwendet, denn man erkennt die Person an der Endung der Verbform:

   Trabajamos en Madrid.
   ¿Sois estudiantes?

2. Um Unklarheiten zu vermeiden, verwendet man in der 3. Person (Singular und Plural) die Pronomen häufiger, besonders bei **usted** und **ustedes**:

   Él es médico y ella es intérprete.
   ¿Usted es colombiano?

3. In Teilen Südspaniens, auf den Kanarischen Inseln und in Lateinamerika benutzt man anstatt **vosotros/vosotras** die Form **ustedes**. Die Höflichkeitsform ist dann nur durch den Kontext zu erkennen.

📖 §§ 99-100

III. EL VERBO SER

Das Verb **ser** entspricht nur zum Teil dem deutschen **sein**. Mit **ser** drückt man unter anderem Identität, Nationalität, Verwandtschaft, Religion, Herkunft (*ser + de*), Beruf aus.

SER

yo	soy	Yo soy Guillermo Sánchez.
tú	eres	¿Tú eres Marta Loredo?
él/ella/usted	es	Griselda es profesora de alemán.
nosotros/-as	somos	Nosotros somos Ana y Andrés.
vosotros/-as	sois	¿Vosotros sois de Bolivia?
ellos/ellas/ustedes	son	Ellas son protestantes.

📖 § 205

IV. PRESENTE DE INDICATIVO: VERBOS REGULARES

Im Spanischen gibt es drei verschiedene Endungen für die Grundform eines Verbs (Infinitiv). Verben im Infinitiv enden immer auf **-ar**, **-er** oder **-ir**.

1ª CONJUGACIÓN	2ª CONJUGACIÓN	3ª CONJUGACIÓN
VIAJAR (reisen)	COMER (essen)	VIVIR (leben, wohnen)
viajo	como	vivo
viajas	comes	vives
viaja	come	vive
viajamos	comemos	vivimos
viajáis	coméis	vivís
viajan	comen	viven

Juan y Ariana viajan a Bogotá en diciembre.
¿Vivís en Barcelona o en Madrid?

Observe: Bei einigen Verben gibt es Verschiebungen in der Rechtschreibung, damit der Laut erhalten bleibt:

recoger (sammeln) ⇒ yo recojo
dirigir (leiten, führen) ⇒ yo dirijo

📖 § 143; 148-149; 151-152

V. PRONOMBRES INTERROGATIVOS   FRAGEWÖRTER

¿Qué?	Was?	¿Dónde?	Wo?
¿Quién?	Wer?	¿De dónde?	Woher?
¿Quiénes?	Wer? (Mehrzahl)	¿Cuándo?	Wann?
¿Cómo?	Wie?	¿Por qué?	Warum?

📖 § 89-98

LECCIÓN 1

📁 Ampliamos vocabulario

1. ENCUENTROS EN ESPAÑOL 　　　　BEGEGNUNGEN AUF SPANISCH

SICH BEGRÜSSEN

¡Hola!	Hallo!
¿Qué tal?	Wie geht es?
¿Cómo está(s)?	Wie geht es Ihnen/Dir?
¿Cómo le/te va?	Wie geht es Ihnen/Dir?
¡Buenos días!	Guten Morgen/Guten Tag!
¡Buenas tardes!	Guten Tag! (ab 13 Uhr)
¡Buenas noches!	Guten Abend (ab 20 Uhr)/Gute Nacht!

SICH VERABSCHIEDEN

¡Adiós!	Auf wiedersehen / Tschüss!
¡Hasta luego!	Bis nachher!
¡Hasta pronto!	Bis bald!
¡Hasta ahora!	Bis gleich!
¡Hasta mañana!	Bis morgen!

🕯️ **Observe:** In vielen Ländern Lateinamerikas benutzt man "Chau" anstatt "Adiós".

NACH DEM BEFINDEN FRAGEN

¿Cómo estás?	Wie geht es Dir?
¿Cómo está usted?	Wie geht es Ihnen?
¿Qué tal?	Wie geht es?
(Estoy) muy bien, ¿y tú?	Mir geht es gut, und Dir?
Muy bien, gracias.	Sehr gut, Danke!
Mal.	Schlecht.
Regular/Más o menos.	Es geht so.

SICH VORSTELLEN

¿Quién eres?   - Soy Carmen Maura.
¿Quién es usted?

¿Quiénes son ellas?   - (Ellas) son Mónica y María.

¿Cómo te llamas?   - Me llamo Andrés Calamaro.
¿Cómo se llama usted?

¿Cuál es tu nombre?   - Mi nombre es Juan Carlos.
¿Cómo es su nombre?

Mucho gusto/Encantado/-a   Angenehm.

Igualmente   Gleichfalls.

HERKUNFT

¿De dónde eres?   - Soy de Salamanca.
¿De dónde es él?   - Es español, de Oviedo.
¿Eres mexicano?   - No, soy venezolano.

Sehen Sie sich die folgenden Dialoge an:

- *Hola, yo soy Fernando, ¿y tú?*
- ○ *Me llamo Mariana, ¿qué tal? ¿Tú de dónde eres?*
- *Pues yo soy de Vigo, soy español.*

- *Buenos días, ¿es Vd. la Sra. Lugo, la directora?*
- ○ *Sí, sí, adelante.(herein) ¿Vd. es...?*
- *Mi nombre es Julio Calvo, ¿cómo le va?*
- ○*Bien, bien, gracias.*

2. ESPAÑOL PARA LA CLASE   SPANISCH FÜR DEN UNTERRICHT

Hier finden Sie einige Ausdrücke für den Unterricht, damit Sie schon auf Spanisch fragen können:

¿Cómo se pronuncia "reloj"?   Wie spricht man "reloj" aus?
¿Cómo se escribe "Sofía"?   Wie schreibt man "Sofía"?
¿Qué significa "todavía"?   Was bedeutet "todavía"?
¿Cómo se dice en español "Fluss"?   Wie sagt man "Fluss" auf Spanisch?

LECCIÓN 1

¿Puede repetir, por favor? Können Sie bitte wiederholen?
Tengo una pregunta. Ich habe eine Frage.
No entiendo. Ich verstehe nicht.
No sé. Ich weiß nicht.
En parejas. Zu zweit.

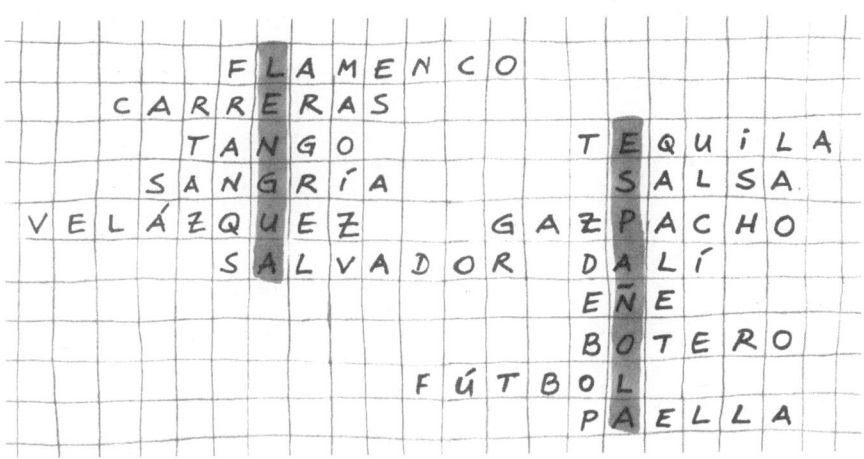

Welche Wörter verstehen Sie? Woher kennen Sie sie?
¿Qué palabras entiende? ¿De dónde las conoce?

Ejercicios

1. Tragen Sie die richtigen Formen der Verben ein:
   Escriba las formas correctas de los verbos:

   Montse y Alberto _____ estudiantes de Medicina. ser
   _____ español, catalán y alemán perfectamente. hablar
   En agosto y septiembre _____ en hoteles en la trabajar
   Costa Brava y _____ mucho dinero. ganar
5 Montse y Alberto _____ con los turistas alemanes y hablar
   _____ a las diferentes personas. presentar

- Yo _____ Montse y él _____ Alberto.   ser / ser
  ¿Quién _____ tú?   ser
- Mi nombre es Kerstin. _____ de Bremen. Y él   ser
  _____ Hannes, _____ de Hamburgo.   ser / ser
  Nosotros _____ y _____ en Berlín.   estudiar / vivir
- Muy bien. Y usted, ¿cómo se llama?
- Mi nombre es Oliver. _____ en una agencia de   trabajar
  viajes y _____ estudiante. _____ español   ser / aprender
  en la Universidad de Hildesheim.

mucho dinero	viel Geld	ganar	[hier] verdienen
trabajar	arbeiten	presentar	vorstellen
agencia de viajes, la	Reisebüro	aprender	lernen

2. Lesen Sie die folgenden spanischen Namen und achten Sie auf die Aussprache. Die betonte Silbe ist unterstrichen.
   Lea los siguientes nombres españoles y preste atención a la pronunciación. La sílaba acentuada está subrayada.

Bea<u>triz</u>	Ja<u>vier</u>	Ga<u>briel</u>	<u>Car</u>men	Espe<u>ran</u>za
<u>Bár</u>bara	<u>Jor</u>ge	Ro<u>dri</u>go	Con<u>sue</u>lo	<u>Zoi</u>lo
Va<u>le</u>ria	<u>Ju</u>lio	Gus<u>ta</u>vo	Encarna<u>ción</u>	Azu<u>ce</u>na
Vic<u>to</u>ria	Ger<u>mán</u>	Guiller<u>mi</u>na	En<u>ri</u>que	Ce<u>ci</u>lia
Ru<u>bén</u>	<u>Brí</u>gida	Gri<u>sel</u>da	Eze<u>quiel</u>	Gra<u>ci</u>ela
<u>Nie</u>ves	Je<u>sús</u>			
	Ji<u>me</u>na			

3. ¿Quién es quién? Setzen Sie die richtigen Formen des Verbs **ser** ein:
   Complete con las formas correctas del verbo **ser**.

   Me llamo Santiago. _____ de Buenos Aires y trabajo en un hospital.

   Carina y yo _____ argentinos. Y Juan y Cecilia _____ también de Buenos Aires.

   ¿Quiénes _____ Juan y Cecilia? Ella _____ estudiante y él _____ médico. Yo ayudo a Juan en el hospital y Carina escribe las recetas. Carina _____ asistente y yo _____ enfermero. ¿Y

LECCIÓN 1

vosotros? ¿Quiénes _____ vosotros? Creo que tú _____ estudiante de español.

hospital, el	Krankenhaus	**asistente, el/la**	Assisten/in, Helfer/in
médico/-a	Arzt/Ärztin	**receta, la**	Rezept
ayudar	helfen	**enfermero/-a**	Krankenpfleger/schwester
escribir	schreiben	**creer**	glauben

4. Setzen Sie die folgenden konjugierten Verben in die richtigen Kästen ein. Achten Sie auf die Endungen!
Ordene los verbos conjugados en los cuadros correspondientes:

viven - parte - crees - bebéis - necesito - comemos - escribes - soy - somos - trabajan - preguntamos - leo - partís - importas - crea - vivimos - canto - cocináis - bebe - escucho - usas - leéis - pregunta - creéis - crean - cocinas - come - escribimos - cantan - escuchamos

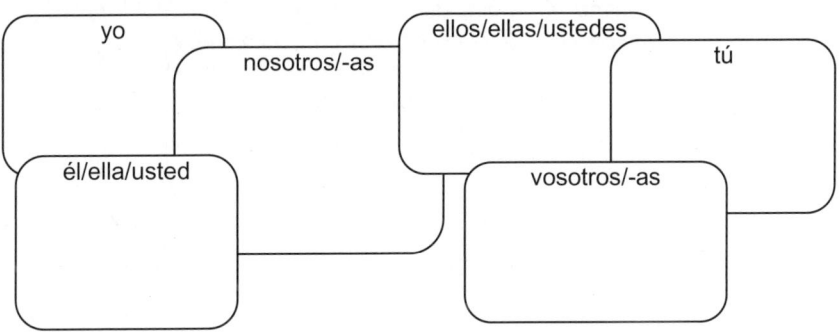

Und jetzt suchen Sie die Infinitivformen der Verben und ihre deutsche Bedeutung. Benutzen Sie dabei ein Wörterbuch.
Ahora busque los infinitivos de estos verbos y busque, con ayuda del diccionario, el significado en alemán.

5. Ordnen Sie die folgenden Fragewörter den Antworten richtig zu:
Una los pronombres interrogativos con las respuestas correctas:

¿De dónde?	Am Donnerstag.
¿Cuándo?	Ich hatte keine Lust.
¿Dónde?	Die beiden neben der Tür.
¿Qué?	Ich habe nichts gesagt.
¿Quiénes?	Beide kommen aus San José.
¿Quién?	Du drückst einfach drauf.
¿Cómo?	In Varadero, auf Kuba.
¿Por qué?	Sie ist die Frau von Ramón.

6. Zu zweit: Hier finden Sie einen Teil des Textes dieser Lektion. Eine(r) liest den Originaltext vor und der/die andere füllt diesen Lückentext aus.
En parejas: Aquí tiene una parte del texto de la lección. Uno/a lee el texto original y el otro/ la otra completa los espacios en blanco en éste.

El espa___ol es una de las len____s más habladas en el mundo: en ____tro continentes, en paí__es con cultu__as m___ di__erentes. Con letras, ortografía y pronunciación distintas del alemán: ___ina, tort___a, Espa__a, Z___re, __ungría, ____to, __eneral, pre__idente. Un idioma con mu___os diptongos: d___z, ___ropa, p___ne; y con muchos a__entos: *policía, caf__, árbol*. Con si___os de admiración y de inte___ogación: ¡____ bien! o ¿qué pasa? Con sustantivos en ma__úscula: *Antonio, __ene__uela __olom__ia*; y en minúscula: *madre, camino*. __ con pocas letras dobles, como *dire___ión, innovar, pe___o* o *llu__ia*. Una lengua con muchas influencias lin____sticas y tam__ién culturales (ára__e, persa, __ermánica, ma__a, a__teca, etc); influencias en la mú__ica, en la pintura, en la gastronomía, en la ar____tectura..., es decir, la __ida de los países hispano__ablantes.

LECCIÓN 1

7. Sylvia trifft einen Jungen auf der Straße in Santiago de Chile. Sie möchte sich vorstellen und von sich ein bisschen erzählen. Schreiben Sie mit Hilfe der Strukturen der Lektion den Dialog, den beide miteinander führen.
Sylvia se encuentra con un joven en la calle en Santiago de Chile y quiere presentarse y contar un poco sobre ella. Escriba un diálogo usando las estructuras de la lección.

8. Hier sehen Sie vier Bilder mit verschiedenen Situationen: Schreiben Sie für jedes Foto einen Dialog.
Aquí tiene cuatro fotos con diferentes situaciones. Escriba para cada una un diálogo.

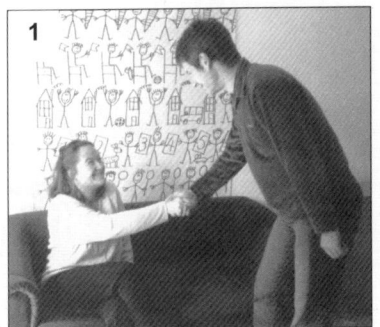

LECCIÓN 2
Llegada a Barajas

TEMAS	ESTRUCTURAS COMUNICATIVAS
• Un bar español • Países europeos y gentilicios	♦ Identificar objetos y personas
GRAMÁTICA	
✜ Artículos ✜ Género de los sustantivos ✜ Número de sustantivos y adjetivos	✜ Números hasta 30 ✜ Concordancia del adjetivo

Ordnen Sie die Bezeichnungen den Piktogrammen zu:

Punto de encuentro - Consigna - Cambio de moneda
Sala de espera - Escalera mecánica - Lavabos - Aduana
Alquiler de coches - Salida de vuelos - Objetos perdidos

LECCIÓN 2

Llegada a Barajas

Martin, un chico alemán, llega a Barajas, el aeropuerto de Madrid. Es de Berlín, pero pasa las vacaciones en España. En el aeropuerto hay mucha gente con maletas y paquetes grandes, gente que llega, gente que espera. También está Marta, española y novia de Martin:

5 – ¡Martin, Martin! ¡Hola! Bienvenido.
– ¡Hola Marta!
Después de un abrazo largo:
– ¿Cómo estás? ¿Qué tal el viaje?
– Bien, todo bien, gracias. Bueno, la comida mala, como siempre.
10 – ¡Sí, claro, pobre! Ahora en casa comemos. Hay un autobús en 10 (diez) minutos, ¿o tomamos un taxi?
– No, no, el autobús. ¿Y tú? ¿Qué tal...?
Por la tarde en un bar tranquilo toman algo y hablan de las novedades. En las mesas hay tazas, vasos, botellas, periódicos y revistas,
15 en el suelo hay servilletas de papel, colillas... Llaman al camarero: "¡Oiga, por favor! Un café con leche y un cortado". Hablan y hablan, y el tiempo pasa. Marta llama otra vez al camarero para pagar pero Martin protesta:
– ¿Cuánto es?
– No, Marta, hoy invito yo.
20 – No, no, nada de eso.
– ¡Marta, por favor!
– Bueno, vale, pero sólo hoy.

VOCABULARIO

llegada, la	Ankunft	**tranquilo/-a**	ruhig
chico/-a	Junge/Mädchen	**tomar**	nehmen, trinken
llegar a	ankommen in	**por la tarde**	nachmittags, abends
aeropuerto, el	Flughafen	**algo**	etwas
pero	aber	**novedad, la**	Neuigkeit
pasar		**mesa, la**	Tisch
las vacaciones	den Urlaub verbringen	**vaso, el**	Glas, Becher
hay	es gibt	**botella, la**	Flasche
gente, la	Leute	**periódico, el**	Zeitung
maleta, la	Koffer	**revista, la**	Zeitschrift
grande	groß	**suelo, el**	Boden
esperar a	warten auf	**colilla, la**	Zigarettenkippe
estar	sich befinden	**llamar a**	[hier] rufen

novia/-o	Freund(in), Verlobte(r)	camarero/-a	Kellner(in)
bienvenido/-a	willkommen	oiga	hallo, Sie!
después de	nach [Zeit]	leche, la	Milch
abrazo, el	Umarmung	cortado, el	Kaffee mit wenig Milch
largo/-a	lang	el tiempo pasa	die Zeit vergeht
viaje, el	Reise	otra vez	noch mal
todo bien	alles in Ordnung	pagar	bezahlen
comida, la	Essen	cuánto	wieviel
mala/-o	schlecht	hoy	heute
como siempre	wie immer	invitar	einladen
¡pobre!	du Arme(r)!	nada de eso	überhaupt nicht
ahora	jetzt, gleich	vale	in Ordnung
en casa	zu Hause	sólo	nur

🕮 Otra mirada al texto

- Markieren Sie die Stellen im Text, wo folgende Themen vorkommen:
    - erste Informationen über Personen (Vorstellung, Einführung)
    - erste Informationen über Orte

- Was braucht man für diese Informationen? Suchen Sie Beispiele von:
    - Artikeln (artículos) und Substantiven (sustantivos)
    - Substantiven und Adjektiven (adjetivos)
    - Verben (verbos)

- Achten Sie auf die Endungen und versuchen Sie typische feminine und maskuline Endungen, Singular und Plural zu entdecken.

📖 Gramática

I. ARTÍCULOS   ARTIKEL

	DETERMINADO (bestimmt)		INDETERMINADO (unbestimmt)	
	SINGULAR	PLURAL	SINGULAR	PLURAL
MASCULINO	el	los	un	unos
FEMENINO	la	las	una	unas
NEUTRO	lo	--	--	--

Marta es la novia de Martin. Es una chica española.
Barajas es el aeropuerto de Madrid. Tempelhof es un aeropuerto de Berlín.

| LECCIÓN 2 |

1. Mit **unos, unas** kann eine unbestimmte Anzahl ausgedrückt werden:

Martin pasa unas semanas en España.
　　　　　　　　　　　　　Martin verbringt ein paar Wochen in Spanien.
En el bar hay unas 50 personas.　　　In der Kneipe sind circa 50 Leute.

2. Das Neutrum **lo** wird bei substantivierten Adjektiven benutzt:

lo bueno, lo mejor, lo peor　　　　das Gute, das Beste, das Schlimmste

Observe:
***La** señora Torres y **el** señor Díez llegan hoy.*
　　　　　　　　　　　　Frau Torres und Herr Díez kommen heute an.

§§ 29, 32-33

II. GÉNERO DE LOS SUSTANTIVOS　　　　GENUS DER SUBSTANTIVE

Die Grundregel nach der Endung lautet:

-a	**femenino**	*la maleta, la comida, la mesa, la taza*
-o	**masculino**	*el aeropuerto, el vaso, el periódico*

Es gibt aber **Ausnahmen** (excepciones): *la radio, la mano* (Hand), *la foto, el día, el mapa* (Landkarte), etc.

1. Einige Endungen helfen bei der Bestimmung des Genus:

FEMENINO		MASCULINO	
-ad	*novedad, verdad* (Wahrheit)	-or	*motor, amor*
-ción	*información*	-ema	*tema, problema*
-sión	*expresión*		

Observe: Einige Substantive, die sich auf Personen beziehen, bleiben in ihrer Endung unverändert:

-ista	*el/la turista, el/la taxista*
-ante	*el/la estudiante, el/la hablante* (Sprecher(in))
-ente	*el/la docente, el/la asistente*

2. Das Genus von Substantiven mit anderen Endungen muss auswendig gelernt werden.

Femenino: *la gente, la leche, la región, la imagen* (Bild), *la postal* (Postkarte)
Masculino: *el viaje, el café, el salón, el bar, el autobús*

3. Feminine Substantive, die mit betontem **a-** beginnen, haben aus phonetischen Gründen im Singular den maskulinen Artikel, bleiben aber feminin:

el agua clara/las aguas claras klares Wasser
el ama de casa española/las amas de casa españolas

spanische Hausfrau(en)

📖 §§ 12-14, 31

III. NÚMERO DE SUSTANTIVOS Y ADJETIVOS   NUMERUS

Die Grundregel zur Bildung der Pluralform von Substantiven und Adjektiven lautet:

+ s nach Vokal: *las maletas, los viajes, españolas, grandes*
+ es nach Konsonant: *los bares, los autobuses, españoles, alemanes*

1. Manche Substantive, die auf **-s** enden, bleiben unverändert:
Wochentage *(lunes, martes, miércoles, jueves, viernes), crisis, atlas,* etc.

El viernes como con Marta.   Am Freitag esse ich mit Marta.
Dos viernes al mes trabajo en un bar.
            An zwei Freitagen im Monat arbeite ich in einer Kneipe.

2. Durch die Pluralbildung können sich Verschiebungen in der Betonung bzw. in der Akzentsetzung (lecc. 3) und in der Rechtschreibung ergeben:

el autobús ⇒ *los autobuses*   *el lápiz* ⇒ *los lápices* (Bleistift)
alemán ⇒ *alemanes*   *feliz* ⇒ *felices* (glücklich)

🕯 **Observe: gente** wird immer im Singular benutzt.

En el aeropuerto hay mucha gente que llega.
            Auf dem Flughafen gibt es viele Leute, die ankommen.

📖 §§ 21-22

LECCIÓN 2

IV. CONCORDANCIA DEL ADJETIVO — ANGLEICHUNG DES ADJEKTIVS

Grundregel: Adjektive werden in Genus und Numerus dem Substantiv angeglichen, auf das sie sich beziehen, und sie stehen meistens dahinter:

Singular: *un abrazo largo*   *una chica alemana*
Plural: *dos chicos alemanes*   *unas vacaciones largas*

1. Adjektive, die auf **-e, -ista** oder **Konsonant** enden, werden in der Regel nur im Plural angepasst:

   el viaje/la película interesante   ⇒ *los viajes/las películas interesantes*
   die interessante Reise/ der interessante Film

   el partido/la idea socialista   ⇒ *los partidos/las ideas socialistas*
   die sozialistische Partei/Idee

   un coche/una blusa gris   ⇒ *unos coches/unas blusas grises*
   ein graues Auto/eine graue Bluse

2. Nationalitätsadjektive müssen separat gelernt werden (s. nächste Seite).

Observe:
- **mucho(s) / mucha(s)** stehen immer vor dem Substantiv und stimmen mit ihm überein:

  Hay muchas personas en el aeropuerto.
  Ellos pasan muchos días en la playa.

- **muy** steht vor Adjektiven und ist unveränderlich:

  El libro es muy interesante.
  Los trenes son muy rápidos.

§§ 122-123, 125

V. NÚMEROS HASTA 30 — GRUNDZAHLEN BIS 30

0	cero	8	ocho	16	dieciséis	24	veinticuatro
1	uno/ -a	9	nueve	17	diecisiete	25	veinticinco
2	dos	10	diez	18	dieciocho	26	veintiséis
3	tres	11	once	19	diecinueve	27	veintisiete
4	cuatro	12	doce	20	veinte	28	veintiocho
5	cinco	13	trece	21	veintiuno/-a	29	veintinueve
6	seis	14	catorce	22	veintidós	30	treinta
7	siete	15	quince	23	veintitrés		

1. Uno wird vor maskulinen Substantiven zu **un** verkürzt:

un euro
veintiún euros

una mesa
veintiuna mesas

2. Das Fragewort **cuánto** (wie viel) wird in Genus und Numerus angepasst:

Singular: *cuánta gente*   *cuánto tiempo*
Plural: *cuántas personas*   *cuántos periódicos*

📖 §§ 79, 93

 Ampliamos vocabulario

1. EL MAPA DE EUROPA   DIE EUROPAKARTE

Vervollständigen Sie die Tabelle der EU-Länder (*países de la Unión Europea*) mit den Nationalitätsbezeichnungen. Benutzen Sie ein Wörterbuch:

Alemania		Hungría	
Austria	*austriaco/-a*	Irlanda	
Bélgica	*belga*	Italia	
Chipre		Letonia	
Dinamarca	*danés/danesa*	Lituania	
Eslovaquia		Luxemburgo	
España		Malta	
Estonia		Polonia	*polaco/-a*
Finlandia		Portugal	
Francia		Reino Unido (Gran Bretaña)	*británico/-a*
Grecia		República Checa	
Holanda (Países Bajos)		Suecia	

🕯 **Observe:** die Nationalitätsadjektive in der maskulinen Form bezeichnen auf Spanisch auch die Sprache: *Hablo danés y polaco.*

LECCIÓN 2

2. ACUERDO — Zustimmung   DESACUERDO — Ablehnung

Sí, de acuerdo   Muy bien   No, no, nada de eso
Bueno   Perfecto   Ni hablar
Está bien   Vale [coloquial]   Ni en broma
                                        No, hombre/mujer, no [coloquial]

✏ Ejercicios

1. Setzen Sie den bestimmten Artikel ein und bilden Sie den Plural.
Escriba el artículo determinado y el plural de los siguientes sustantivos:

1. ____ botella, _____
2. ____ pasaporte, _____
3. ____ bolso, _____
4. ____ paquete, _____
5. ____ silla, _____
6. ____ bar, _____
7. ____ universidad, _____
8. ____ ciudad, _____
9. ____ carta, _____
10. ____ camarero, _____

11. ___ mesa, _____		15. ___ café, _____	
12. ___ taxista, _____		16. ___ estudiante, _____	
13. ___ postal, _____		17. ___ profesora, _____	
14. ___ aeropuerto, _____		18. ___ problema, _____	

2. Verändern Sie die Sätze nach dem Modell. Achten Sie auf die Endungen:
Transforme las frases como en el modelo. Preste atención a las terminaciones:

Modelo: Juan es rubio. ⇒ Juan y su hermano *son rubios*.
1. ¡Jaime y Arturo son tontos! ⇒ ¡Tú ...!
2. Pedro es alto, como yo. ⇒ Luisa ...
3. Los estudiantes de español son en general simpáticos. ⇒ Las estudiantes...
4. Peter es alemán, de Hamburgo. ⇒ Peter y Udo ...
5. ¿Usted es pianista? ⇒ ¿Ester ...?
6. Los bares españoles son muy ruidosos. ⇒ Las discotecas ...

rubio/-a	blond	**alto/-a**	groß
hermano/-a	Bruder/Schwester	**en general**	im Allgemeinen
tonto/-a	dumm	**ruidoso/-a**	laut

3. Klären Sie die Bedeutung dieser Wörter und ordnen Sie sie nach Adjektiven und Verben:
Aclare el significado de estas palabras y ordénelas en adjetivos y verbos:

llegan	saludo	largos	está	tomas
vive	felices	alemanas	profesionales	escribe
leemos	blanco	especial	tomáis	franceses

Adjetivos   Verbos

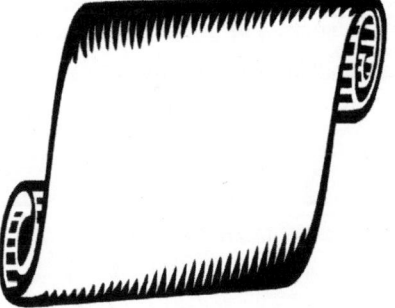 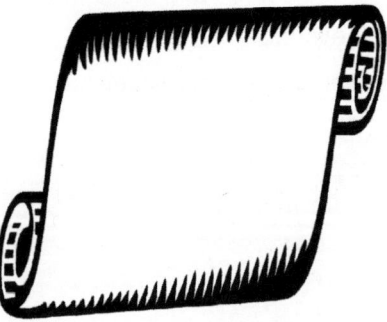

LECCIÓN 2

4. Zu zweit: Nach einem einmonatigen Spanienaufenthalt reisen Sie ab. Ihre Gastfamilie wirft einen Blick in Ihre Reisetasche:
En parejas: usted vuelve a casa después de pasar un mes en España. La familia con la que ha vivido echa un vistazo al bolso de viaje y le pregunta:

Modelo: pantalones, 3 ⇒ - *¿Cuántos pantalones llevas?*
— *Llevo tres (pantalones).*

1. libros de español: 4
2. pastillas para la alergia: 7
3. camisetas: 5
4. comida: 6 bocadillos
5. regalos: 8
6. calcetines, 3 pares
7. dinero europeo: 25 euros
8. botellas de agua: 2

pantalón, el	Hose	**bocadillo, el**	belegtes Brötchen
pastilla, la	Tablette	**calcetines, los**	Socken
camiseta, la	T-Shirt		

5. Traduzca al español:

1. Barcelona ist eine große und schöne Stadt. Hier wohnt Inmaculada Olmo, sie ist Studentin und stammt von (*ser de*) den Balearen.
2. Das Geschenk für (*para*) Pablo ist ein sehr interessantes Buch über Deutschland.
3. Ich trinke Kaffee schwarz, ohne Milch, ohne Zucker.
4. Kaufst du die Postkarten? - Ja, klar, die Zeitung auch.

6. Die europäischen Hauptstädte. Formulieren und beantworten Sie die Fragen:
Las capitales europeas. Formule y conteste las preguntas:

Modelo: Spanien - *¿Adónde viaja Vd./viajas?*   Wohin fahren Sie/fährst du?
— *Viajo a España, a Madrid.*   Ich fahre nach...

1. Dänemark
2. Frankreich
3. Italien
4. Portugal
5. Belgien
6. Griechenland
7. Schweden
8. Österreich
9. Irland

7. Formulieren Sie vier Fragen zum Lektionstext. Ihr(e) Nachbar(in) sucht die Antworten.
Formule cuatro preguntas sobre el texto. Su compañero/-a busca la respuesta:

- Quién
- Dónde
- Qué
- Cómo

8. Verändern Sie den Anfang des Lektionstextes (Zeile 1-4) nach folgender Situation: Martin und Klaus kommen an, im Flughafen warten Marta und Laura.
Cambie el principio del texto de la lección (líneas 1-4): llegan Martin y Klaus. En el aeropuerto esperan Marta y Laura.

Ejercicios de repaso

9. Lesen Sie laut. Die betonte Silbe ist unterstrichen:
Lea en voz alta. La sílaba acentuada está subrayada:

cuándo	quince	cuidado (Vorsicht)	cien (hundert)	Zaire
cuatro	quién	ciudad	policía	Cairo
cuadro	izquierda (links)	tranquilo (ruhig)	pequeño (klein)	Suecia

10. a) Montse arbeitet in einem Hotel. Heute hat sie ein Gespräch mit einem Kunden. Vervollständigen Sie den Dialog mit den Verben im Präsens:
Montse trabaja en un hotel. Hoy habla con un cliente. Complete con la forma de los verbos en presente:

Hoy, un chico _____ ligar con Montse en el hotel:	intentar
- Oye, por favor...	
- ¿Sí? ¿ _____ ayuda?	necesitar
- Sí, _____ un plano del centro. _____ la	necesitar
5 calle Muntaner.	buscar
- ¿Muntaner? A ver... _____ esta calle de aquí.	ser
- Ah, gracias... eh... ¿cómo te llamas?	
- Montse. ¿Y tú?	
- Me llamo Gert. _____ belga, de Bruselas ¿Tú _____	ser, ser
10 catalana?	
- Sí, sí, de Barcelona. _____ muy bien español.	hablar
- Gracias, eh... yo... eh... ¿ _____ un café?	tomar
- Pues... es que Alberto, un amigo, y yo _____	comer
juntos y...	
15 - Ah, ya... Bueno, otro día.	
- Sí, claro, otro día...	
- Vale, adiós.	

LECCIÓN 2

intentar	versuchen	calle, la	Straße
ligar	anbändeln	entonces	dann, also
necesitar	benötigen	bonita/-o	schön
ayuda, la	Hilfe	aquí	hier
plano, el	[hier] Stadtplan	juntos/-as	zusammen
buscar	suchen	otro día	[hier] ein anderes Mal

b) Montse ist die Abkürzung von Montserrat. Kennen Sie andere spanische Vornamen?
Montse es la forma familiar de Montserrat. ¿Conoce usted otros nombres españoles?

11. Arbeiten Sie zu zweit: Sie schreiben Ihren Nachbarn/Ihre Nachbarin in einen Spanischkurs ein. Stellen Sie die notwendigen Fragen:
En parejas: Usted inscribe a su compañero/-a en un curso de español. Haga las preguntas necesarias:

ENVIE ESTA TARJETA Y RECIBIRA COMPLETA INFORMACION.
SEND/FAX THIS CARD TO RECEIVE FULL INFORMATION.
ENVOYEZ CETTE CARTE POUR RECEVOIR UNE DOCUMENTATION.

|_|_|_|_|_|_|_|_|_|_|_|_|_|_|_|_|_|_|_|
APELLIDO

|_|_|_|_|_|_|_|_|_|_|_|_|_|_|_|_|_|_|_| ♂ ♀
NOMBRE   M F

|_|_|_|_|_|_|_|_|_|_|_|_|_|_|_|_|_|_|_|
DOMICILIO

|_|_|_|_|_|_|_|_|_|_|_|_|_|_|_|_|_|_|_|
CODIGO/CIUDAD

|_|_|_|_|_|_|_|_|_|_|_|_|
PAIS

|_|_|_|_|_|_|_|_|_|_|_|
UNIVERSIDAD • EMPRESA

|_|_|_|_|_|_|_|_|_|_|_|_|_|_|_|_|_|_|_|
TELEFONO • TELEFAX

INFORMACION EN:
☐ ESPAÑOL ☐ ENGLISH ☐ FRANÇAIS ☐ DEUTSCH

Estudio Internacional Sampere
FAX: Internacional +341 575 95 09 • TEL.: Internacional +341 431 43 66

Estudio Internacional Sampere

CASTELLO, 50

E-28001 MADRID

(ESPAÑA)

LECCIÓN 3
Algunos datos sobre España

TEMAS	ESTRUCTURAS COMUNICATIVAS
• España: Comunidades Autónomas, clima, industria y lenguas • Medios de transporte • Países de lengua alemana	♦ Describir un país ♦ Localizar objetos, personas, lugares ♦ Expresar posesión
GRAMÁTICA	
✤ Estructura de la oración ✤ Posesivos: adjetivos y pronombres ✤ Verbos **hay** y **estar**	✤ Verbo **ir** ✤ Reglas de acentuación

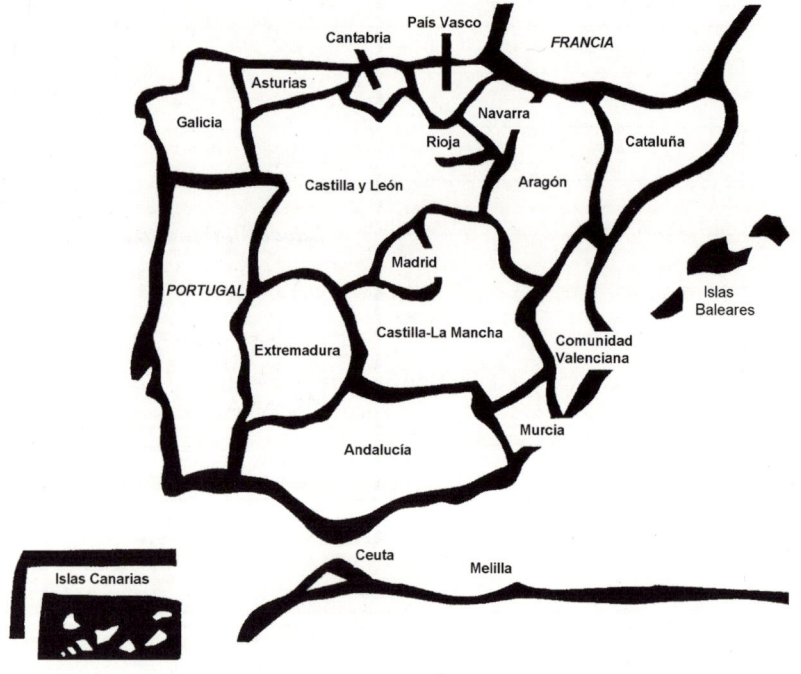

Algunos datos sobre España

España es un puente entre continentes: está en el suroeste de Europa y al norte de África, entre el Mediterráneo y el Atlántico; culturalmente también entre Hispanoamérica y el resto de Europa. Es en la actualidad un país de inmigración.

Su capital, Madrid, está en el centro del país. Hay 17 regiones o Comunidades Autónomas, algunas con una provincia (como Navarra o Murcia), otras con varias (como Extremadura con dos o Castilla y León con nueve). Cada Comunidad tiene una capital: la de Cantabria es Santander, la de Cataluña es Barcelona, etc. Sus lenguas oficiales son: castellano o español en todo el país, gallego en Galicia, vasco en el País Vasco y Navarra, y catalán en Cataluña, en la Comunidad Valenciana y en las Islas Baleares. Hay también varios dialectos del castellano, como por ejemplo el andaluz.

El país goza en general de un clima suave, los veranos son largos y calurosos y los inviernos cortos y no muy fríos, aunque hay bastante diferencia entre el norte (la "España verde", con un clima húmedo) y el sur (con el desierto de Almería, por ejemplo). También hay diferencias entre el centro (por ejemplo Castilla y León, una meseta rodeada de montañas), la costa y las islas (como las Islas Canarias, con clima tropical y suelo volcánico).

La Costa Brava, en Cataluña, y la Costa del Sol, en Andalucía, son zonas turísticas importantes, donde trabajan muchas personas en hoteles y restaurantes en el verano. La mayoría de los turistas europeos van a las islas y muchos pasan gran parte del año en el país.

Andalucía y La Rioja son regiones famosas por el vino. Andalucía produce además aceite de oliva y cereales. Los principales centros industriales están en Madrid, Cataluña y el País Vasco. La mitad norte, Castilla y León, Galicia, Asturias y Santander, es principalmente agrícola.

el norte
el noroeste — *el nordeste*
el oeste — *el este*
el suroeste — *el sureste*
el sur

VOCABULARIO

puente, el	Brücke	bastante	[hier] ziemlich viel
entre	zwischen	diferencia, la	Unterschied
en la actualidad	in der Gegenwart	verde	grün
inmigración, la	Einwanderung	húmedo/-a	feucht
capital, la	Hauptstadt	desierto, el	Wüste
Comunidad Autónoma, la	Autonome Region	meseta, la	Hochebene
		rodeada/-o	umgeben
algunas/-os	manche, einige	montaña, la	Berg
isla, la	Insel	importante	wichtig
varias/-os	mehrere	mayoría, la	Mehrheit
tener (tiene)	haben (lecc. 4)	año, el	Jahr
gozar de	genießen	famoso/-a	berühmt
en general	im Allgemeinen	vino, el	Wein
suave	mild, weich	además	außerdem
verano, el	Sommer	aceite, el	Öl
caluroso/-a	warm	cereal, el	Getreide
invierno, el	Winter	mitad, la	Hälfte
corto/-a	kurz	principalmente	hauptsächlich
frío/-a	kalt	agrícola	landwirtschaftlich
aunque	obwohl		

✍ Otra mirada al texto

- Markieren Sie auf der Landkarte die verschiedenen Sprachgebiete.
- Entwerfen Sie Symbole für andere Informationen aus dem Text (z. B. Klima) und tragen Sie sie in die Karte ein.
- Suchen Sie 3 Sätze mit **estar** und 3 mit **hay** und übersetzen Sie sie ins Deutsche.

📖 Gramática

I. ESTRUCTURA DE LA ORACIÓN   **SATZBAU**

Ein Hauptsatz wird in der Regel wie folgt gebildet:

SUJETO	NUCLEO VERBAL	COMPLEMENTO(S) DEL VERBO
Subjekt	Prädikat	Verbergänzung(en)
España	*es*	*en la actualidad un país de inmigración.*
Martin	*pasa*	*las vacaciones en España.*

LECCIÓN 3

1. Eine Ergänzung kann auch am Anfang des Satzes erscheinen, wenn sie mehr Gewicht hat. Bei Fragen steht das Verb vor dem Subjekt:

   En la actualidad, España es un país de inmigración.
   ¿Dónde está Santander?

2. Wenn das Subjekt bekannt ist, wird es meistens weggelassen. Unpersönliche Sätze (**oraciones impersonales**) haben kein Subjekt:

   Martin es alemán. Vive en Berlín pero pasa las vacaciones en España.
   Hay varios dialectos del castellano.   Es gibt mehrere Dialekte.

3. Die Verneinung steht vor dem Verb:

   *Marta **no** espera a Martin en casa.*
   *Los inviernos **no** son muy fríos en España.*

   §§ 276-278

II. POSESIVOS   POSSESSIVA

Die Endung der Possesiva (Genus und Numerus) bezieht sich auf das Besitzobjekt.

ADJETIVOS (unbetonte Formen)

SINGULAR	PLURAL
mi	mis
tu	tus
su	sus
nuestro/-a	nuestros/-as
vuestro/-a	vuestros/-as
su	sus

Su capital, Madrid, está en el centro del país.
Sus lenguas oficiales son cuatro.
Nuestros profesores de español son argentinos.

PRONOMBRES (betonte Formen)

SINGULAR	PLURAL
mío/-a	míos/-as
tuyo/-a	tuyos/-as
suyo/-a	suyos/-as
nuestro/-a	nuestros/-as
vuestro/-a	vuestros/-as
suyo/-a	suyos/-as

Las camisas son mías.

Las llaves son de Víctor, son suyas.
    Die Schlüssel sind von Víctor, es sind seine.

Observe: Für den Ausdruck **von mir/dir...** stellt man im Spanischen das Possessivpronomen hinter das Substantiv:

un amigo mío ein Freund von mir

📖 §§ 43-45

III. LOS VERBOS **HAY Y ESTAR**

Zur Angabe der lokalen Bestimmung (was/wo gibt es...?, was/wo befindet sich...?) kann man u. a. folgende Verben benutzen:

1. HAY (es gibt, es ist/sind, es steht/stehen, es liegt/liegen) ist eine unpersönliche Verbform. Es steht immer im Singular und wird verwendet:

- mit unbestimmten Substantiven:

  Aquí hay dinero y un diccionario, ¿de quién son?
  Hay algunas Comunidades con una provincia.

- mit Zahlen:

  En España hay 17 regiones o Comunidades Autónomas.

Observe: hay que bedeutet "man muss":

Hay que visitar el norte de España. Es muy bonito.

2. ESTAR (sich befinden, stehen, liegen) wird immer mit Subjekt verwendet:

estoy	• bei bestimmten Substantiven und Eigennamen
estás	*Encima de la mesa está **el** azúcar.*
está	*Aquí está **mi** dinero.*
estamos	*¿Está **Margarita** en casa?*
estáis	
están	• bei **todo(s)/-a(s)** (alle):

En el examen no están todos los estudiantes.

📖 §§ 207, 209

LECCIÓN 3

IV. EL VERBO IR

voy	Voy a la universidad.
vas	
va	
vamos	Vamos en autobús a la biblioteca.
vais	
van	Ellas van a comprar una casa en Gran Canaria.

Dieses Verb hat verschiedene Funktionen mit unterschiedlicher Bedeutung:

1. ir + a + Ziel gehen, fahren nach/in/zu

-¿**Adónde** vas hoy? Wohin gehst du heute?
-Voy a la bibloteca y luego al teatro.

☼ **Observe:** a + el= al

Excepciones: ohne Artikel bei **a casa, a clase** und vielen geographischen Namen.

Voy a clase y después a casa de Luis. zu Luis (nach Hause)
Vamos siempre de vacaciones a Suiza/Turquía. in die Schweiz, die Türkei

2. ir + en + Verkehrsmittel fahren mit

¿Vas en autobús a clase?

☼ **Observe:** ir andando/ir a pie zu Fuß gehen

3. ir + a + Infinitiv: Hilfsverb für nahe Zukunft, Absicht:

Vamos a trabajar en un proyecto interesante. Wir werden/Wir haben vor...

📖 § 243.13

V. REGLAS DE ACENTUACIÓN   AKZENTREGELN

Um die Betonung eines Wortes zu bestimmen, wird es in Silben geteilt. Bei Doppellauten (**diptongos**) fällt die Betonung auf den starken Vokal (a/e/o):

   tiem-po   a-cei-te   in-for-ma-ción   in-dus-trial   puen-te

Spanische Wörter werden nach folgenden Regeln betont:

1. Wörter werden auf der vorletzten Silbe betont, wenn sie auf Vokal, **-n** oder **-s** enden:

-vocal	_bol_-so	e-_jem_-plo	Es-_pa_-ña
-n	_can_-tan	_lle_-van	
-s	_li_-bros	ca-_mi_-sas	

2. Wörter, die auf andere Konsonanten enden, werden auf der letzten Silbe betont:

vi-si-_tar_   us-_ted_   co-_ñac_   ho-_tel_

3. Der Akzent weist auf:

- eine von Regel 1 oder 2 abweichende Betonung:

    regla 1: *Pe-rú, Pa-rís, Ber-lín*
    regla 2: *Cá-diz, a-zú-car, ár-bol*

- eine Betonung auf der dritt-, viert- oder fünftletzten Silbe:

    te-lé-fo-no   *ló-gi-ca-men-te* (logischerweise)

- die Trennung eines Diphthongs (Akzent auf dem schwachen Vokal i/u):

    dí-a   *rí-o* (Fluss)   *Ma-rí-a*

- die Unterscheidung von einsilbigen Wörtern mit verschiedener Bedeutung:

    mi (mein/-e)   *tu* (dein/-e)   *te* (dir, dich)   *el* (Artikel maskulin)
    mí (mich, mir)   *tú* (du)   *té* (Tee)   *él* (er)

- ein Fragepronomen auch in Ausrufesätzen:

    ¿Qué lleva usted en el bolso?   Was haben/tragen Sie in der Tasche?
    No sé cómo se llama.   Ich weiß nicht, wie er/sie heißt.
    ¡Qué bien!   Wie schön!
    ¡Cuánto tiempo sin verte!   Ich habe dich lange nicht gesehen!

§§ 6-7

LECCIÓN 3

 Ampliamos la lengua

1. MEDIOS DE TRANSPORTE   VERKEHRSMITTEL

Los medios de transporte no se llaman igual en todos los países hispanohablantes, incluso en España hay diferencias. Normalmente se toma **el autobús**, en las Islas Canarias y en algunos países de Hispanoamérica **la guagua** o **el colectivo**. No hay muchas personas que usan **la bicicleta** en las ciudades españolas. Hay problemas de tráfico porque en España demasiadas personas van en **coche**, que en Hispanoamérica se llama también **auto** o **carro**. En grandes ciudades se toma **el tren de cercanías** o también **el metro** (en Buenos Aires **el subte**). Otra posibilidad es tomar **un taxi**, que no es tan caro como en Alemania. En España ya no hay casi **tranvías**. Para viajes largos se toma mucho el autobús; también el tren o **el avión** (por ejemplo, el puente aéreo Madrid-Barcelona), y a las islas también **el barco**.

Ergänzen Sie die Tabelle mit den spanischen Vokabeln:

Bus	Straßenbahn
Fahrrad	Taxi
Flugzeug	U-Bahn
Nahverkehrszug	Wagen
Schiff	Zug

2. PAÍSES DE HABLA ALEMANA   DEUTSCHSPRACHIGE LÄNDER

Wie heißen Ihre Stadt und Ihr Land auf Spanisch? Tragen Sie sie auf der Karte auf der nächsten Seite ein! (Nicht aufgelistet sind Städte und Länder, die den deutschen Namen im Spanischen beibehalten):

ALEMANIA			AUSTRIA y SUIZA
ciudades		Estados federados	ciudades
Aquisgrán	Friburgo	Baja Sajonia	Basilea
Augsburgo	Hamburgo	Baviera	Berna
Berlín	Hannóver	Mecklenburgo-Antepomerania	Ginebra
Brandemburgo	Magdeburgo		Lausana
Coblenza	Maguncia	Renania-Westfalia	Lucerna
Colonia	Múnich	Renania-Palatinado	Salzburgo
Dresde	Núremberg	Sajonia-Anhalt	Viena
Flensburgo	Ratisbona	El Sarre	Zúrich
Francfort	Tréveris	Turingia	

Tragen Sie auch ein: *los Alpes, la Cuenca del Ruhr, la Selva Negra, el Danubio, el Elba, las Islas Frisias, el Mar Báltico, el Mar del Norte, el Rin y el Lago de Constanza.*

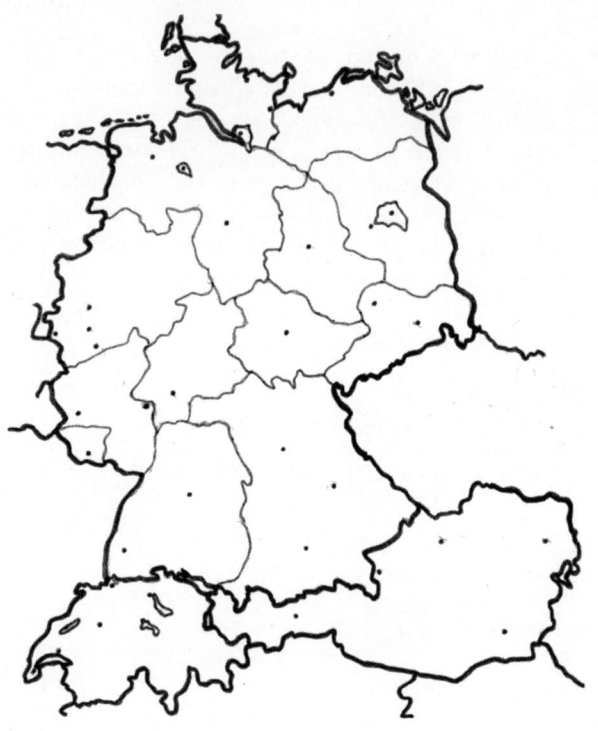

Ejercicios

1. Setzen Sie die Formen von **ir** + ggf. Präposition ein:
Complete con las formas de **ir** + preposición, si es necesario:

1. ¿Cuándo (tú) _____ hablar con la profesora?
2. Los estudiantes que viven cerca de la universidad _____ andando _____ casa. Yo vivo un poco lejos y _____ casa en bicicleta.
3. ¿(Tú) _____ a estudiar esta tarde o (nosotras) _____ tomar algo?
4. La Ministra de Cultura y su secretario _____ viajar _____ Mónaco. De allí _____ barco _____ Sicilia.

5. Hoy (nosotros) _____ comer en un restaurante griego y mañana _____ teatro, _____ ver una obra de Fernando Arrabal.

un poco lejos   etwas weit   **de allí**   von dort

2. Traducción al español, el verbo **ir**:
   1. Wir fliegen morgen nach Madrid. Wir werden nur Spanisch sprechen, so werden wir mehr lernen. Wir werden unter anderem (*entre otras cosas*) das Prado-Museum besichtigen.
   2. Was habt ihr morgen vor? Geht ihr zu Simon? - Nein, Simon ist morgen bei (*en casa de*) Monika.
   3. Wohin gehen Sie? - Ich gehe nach Hause.
      Fahren Sie mit dem Bus? - Nein, ich gehe zu Fuß, es ist nicht weit.
   4. Sie fährt mit dem Rad nach Hause.

3. a) Bilden Sie Dialoge nach dem folgenden Modell. Arbeiten Sie zusammen:
   En grupos: construyan diálogos según el siguiente modelo:

   Modelo: libro - tú ⇒ - *Oye, aquí hay un libro, ¿es **tuyo**?*
   - *No, no es **mío**, es de Klaus*
   - *Ah, sí, es **mío**, gracias.*

1. un reloj - tú
2. una carta - yo
3. una pulsera y un anillo - yo
4. unas fotos - ustedes (Oigan, señores)
5. un pasaporte - usted
6. una cerveza sin alcohol - tú
7. una agenda - vosotros
8. un pañuelo - yo

reloj, el	Uhr	**cerveza, la**	Bier
pulsera, la	Armband	**agenda, la**	Terminkalender
anillo, el	Ring	**pañuelo, el**	Taschentuch

b) Üben Sie jetzt mit Gegenständen in Ihrer Nähe.
Ahora practique con los objetos que tiene cerca.

4. a) María erzählt über ihr Leben. Setzen Sie Punkte und Kommas wo nötig:
María habla de su vida. Escriba comas y puntos donde sea necesario:

mi familia no es muy grande somos mi padre mi madre mi hermano Alberto mi hermana Marta y yo vivimos en Salamanca nuestro piso es de tres habitaciones y no está lejos del centro mi barrio es tranquilo pero no aburrido:

hay un cine una discoteca y muchos bares mis amigas Rosa y Teresa viven también allí cerca de mi casa

padre, el	Vater	**aburrido/-a**	langweilig
madre, la	Mutter	**cine, el**	Kino
piso, el	Wohnung	**muchos/-as**	viele
habitación, la	Zimmer	**cerca de**	nahe bei
barrio, el	Stadtviertel		

b) Ändern Sie den Text wo nötig: Erzählen Sie über María in der 3. Person.
Ahora cambie el texto en lo necesario: hable de María en tercera persona.

5. Herr López kennt sich in der Stadt nicht aus. Setzen Sie **estar**, **hay** oder **ser** ein.
El señor López no conoce la ciudad. Complete con estar, hay o ser:

Sr. López: Oiga, por favor ¿ _____ por aquí un banco?

Una señora: Sí señor, en la calle Uría _____ uno. _____ el Banco de Bilbao.

Sr. López: Muchas gracias. También busco un supermercado.

Una señora: Sí, sí, _____ dos en la calle Uría. _____ cerca del banco.

Sr. López: ¿Y el hotel Cervantes? ¿También _____ en la calle Uría?

Una señora: No, no. El Cervantes _____ en la plaza del Quinto Centenario.

Sr. López: Y esta plaza, ¿ _____ lejos?

Una señora: ¡No, qué va! _____ cerca. Pero también _____ una pensión en la calle Uría. Se llama Pineda y _____ muy buena.

6. Versuchen Sie jetzt zu zweit einen ähnlichen Dialog zu führen. Sie suchen ein billiges und gutes Hotel. Ihr Nachbar kennt eins in der Nähe.
Ahora intenten hacer en parejas un diálogo semejante. Usted busca un hotel bueno y barato. Su vecino conoce uno muy cerca.

7. Gruppenarbeit: Erweitern Sie die Informationen des Lektionstextes:
Trabajo de grupo: ampliar la información del texto de la lección:
- Gibt es Gemeinsamkeiten zwischen Spanien und Ihrem Land?
- Wie heißen die Gebirge, die die "Meseta Castellana" umgeben?
- Im Text werden zwei Küsten genannt. Tragen Sie sie auf der Karte ein.
- Suchen Sie Information über die Situation von Ausländern in Spanien.

- ¿Cómo se llaman las Islas Baleares?
- ¿Cuál es el nombre de otros vinos famosos españoles?

Folgende Internetadressen können Ihnen dabei behilflich sein:
Las siguientes direcciones de internet pueden ser de ayuda:

"Sí, España": www.sispain.org
"All about Spain": www.red2000.com
"Turespaña": www.tourspain.es

Ejercicio de repaso

8. Schreiben Sie den ersten Brief oder die erste E-Mail an Ihre(n) Brieffreund(in):
Escriba la primera carta o el primer mensaje por correo electrónico a un(a) amigo/-a por correspondencia:

(Fecha) 15-03-2006

Hola _____ (nombre del amigo/ de la amiga):

¿Qué tal? Tú estudias alemán y buscas un amigo o una amiga para practicar. Yo estudio español, me gusta mucho escribir cartas y también necesito practicar. Voy a contar un poco de mí ...

Bueno, esto es todo de momento. En la próxima carta mando una foto. ¡Hasta pronto!

(Firma)

fecha, la	Datum	**de mí**	[hier] über mich
me gusta mucho	ich mag sehr	**mandar**	schicken
contar (ue) [lecc. 6]	(er)zählen	**firma, la**	Unterschrift

9. Zu zweit, üben Sie die Zahlen bis 30. Sie formulieren vier bis fünf Fragen mit **cuántos/-as hay**, Ihr(e) Nachbar(in) soll sie beantworten.
*En parejas: practiquen los números hasta el 30. Usted formula 4 ó 5 preguntas con **cuántos/-as**, su compañero/-a responde.*
Ejemplo: *¿Cuántos hombres hay hoy en clase de español?*

LECCIÓN 4
Profesiones y formas de vida

TEMAS	ESTRUCTURAS COMUNICATIVAS
• Profesiones • Días de la semana	♦ Dar información personal: trabajo y convivencia ♦ Expresar gusto y desagrado
GRAMÁTICA	
ᴥ Verbos irregulares en 1ª persona ᴥ Verbos **tener** y **venir**	ᴥ Preposiciones y partes de la oración ᴥ Números hasta el 100

¡Hola! Yo soy Pedro López. Soy camarero en un bar madrileño. El trabajo es duro pero me gusta hablar con los clientes que vienen por nuestros pinchos. Vivo en un piso compartido con una estudiante de Derecho y con su hermana, que es profesora de Latín. Siempre discutimos por las tareas de casa. Normalmente yo hago la compra y cocino; conozco bien la cocina española.

Y yo soy Carmen Martínez. Tengo 30 (treinta) años y soy soltera. Soy de Granada pero actualmente trabajo en un hospital de Segovia. Soy dentista. Vivo en un apartamento con mi perro y salgo mucho al campo. Tengo una persona que ayuda en el trabajo doméstico porque yo no tengo tiempo y, bueno, no me gusta.

LECCIÓN 4

¡Hola! Yo me llamo Isabel Costa. Tengo 25 años y soy casada; soy directora de la Oficina de Turismo de Montevideo. No gano mucho pero basta para vivir. A veces doy clases particulares de Inglés. Viajo bastante por mi trabajo; mi compañero es traductor y está mucho en casa.

Yo me llamo Antonio Loredo. Soy mexicano y periodista, trabajo para el periódico español "El País" y a veces salgo muy tarde de trabajar. Soy casado y tengo dos hijos: un niño que tiene 12 años y una niña de 8. Mi mujer es estudiante. Hacemos el trabajo de casa entre los dos, pero la verdad es que yo veo poco a mis hijos durante la semana.

VOCABULARIO

profesión, la	Beruf	**campo, el**	Feld, Land
madrileño/-a	Madrider(in)	**ayudar**	helfen
duro/-a	hart	**doméstico/-a**	Haus-
cliente, el/la	Kunde/in	**porque**	weil
venir (g, ie)	kommen	**casado/-a**	verheiratet
pinchos, los	Häppchen	**bastar**	genügen
piso compartido, el	Wohngemeinschaft	**a veces**	manchmal
Derecho, el	Jura	**dar (doy)**	geben, erteilen
profesor(a)	Lehrer(in), Dozent(in)	**clases particulares, las**	Nachhilfeunterricht
discutir	[hier] streiten	**compañero/-a**	Partner(in)
tareas de casa, las	Hausarbeit	**traductor(a)**	Übersetzer(in)
normalmente	normalerweise	**periodista, el/ la**	Journalist(in)
hacer (hago)	tun, machen	**hijo/-a**	Sohn, Tochter
compra, la	Einkäufe	**niño/-a**	Kind
conocer (zc)	kennen	**mujer, la**	(Ehe)Frau
cocinar	kochen	**entre los dos**	zu zweit
soltera/-o	ledig	**semana, la**	Woche
sola/-o	allein	**ver (veo)**	sehen
apartamento, el	kleine Wohnung	**durante**	während
salir (salgo)	ausgehen		

ᴼ⁻ Otra mirada al texto

In Lektion 3 haben Sie einen ersten Blick auf den Satzbau im Spanischen geworfen. Suchen Sie jetzt in den Lektionstexten Beispiele für folgende Satzteile und achten Sie dabei auf die Präpositionen:

- Ortsangabe (lokale Ergänzung): wo, woher, wohin
- Grund (kausale Ergänzung): warum, weswegen
- Zeitangabe (temporale Ergänzung): wann
- Direktes Objekt (Akkusativ): wen, was

📖 Gramática

I. VERBOS IRREGULARES — UNREGELMÄSSIGE VERBEN

Die unregelmäßigen Verben werden in verschiedene Gruppen eingeteilt. Alle Verben, die derselben Gruppe angehören, weisen die gleichen Unregelmäßigkeiten auf:

1. Unregelmäßigkeit nur in der **ersten Person** Singular:

DAR (geben)	VER (sehen)	SABER (wissen, können)	CONOCER (kennen)	HACER (tun, machen)
doy	veo	sé	conozco	hago
das	ves	sabes	conoces	haces
da	ve	sabe	conoce	hace
damos	vemos	sabemos	conocemos	hacemos
dais	veis	sabéis	conocéis	hacéis
dan	ven	saben	conocen	hacen

Yo doy clases de inglés en la universidad.
Conozco bien la cocina española.

- Zu der Gruppe **c ⇒ zc** gehören viele Verben auf **-ocer**, **-ecer** und **-ucir**:

  conducir: (Auto) fahren, führen
  ofrecer: anbieten
  parecer: aussehen, ähneln, scheinen
  pertenecer a: gehören

  producir: herstellen, verursachen
  reconocer: erkennen, einsehen
  reducir: reduzieren
  traducir: übersetzen

LECCIÓN 4

- Wichtige Verben mit **g** in der 1. Person sind:

poner ⇒ yo pon**g**o	Pongo el libro en la mesa.	hinstellen, -legen
salir ⇒ yo sal**g**o	A veces salgo tarde de trabajar.	ausgehen
traer ⇒ yo tra**ig**o	¿Qué traigo del supermercado?	holen, bringen

2. Unregelmäßigkeit in mehreren Personen:

TENER

tengo	Pedro tiene una casa en Menorca.	Pedro hat ein Haus...
tienes	¿Tienes frío/calor?	Ist dir kalt/warm?
tiene	¿Cuántos años tiene Ester?	Wie alt ist Ester?
tenemos	Tenemos hambre/sed	Wir haben Hunger/Durst.
tenéis	¿Tenéis sueño?	¿Seid ihr müde?
tienen	Tienen prisa.	Sie haben es eilig.

- **tener que** + Infinitiv   müssen

  Tengo que llamar por teléfono.

- **tener ganas de** + Infinitiv   Lust auf etwas haben

  Hoy no tengo ganas de ir a la universidad.

Observe: ¿Cuándo **es** tu cumpleaños?   Wann hast du Geburtstag?

VENIR

vengo		
vienes		
viene	¿De dónde vienes tan tarde?	
venimos	- Vengo del cine.	Ich komme aus dem Kino.
venís		
vienen		

Observe: de + el ⇒ **del**

§§ 150.2-3, 153.4, 153.6

II. PARTES DE LA ORACIÓN Y PREPOSICIONES

Wie Sie gesehen haben, werden Artikel, Substantive und Adjektive nicht dekliniert. Satzteile kann man in der Regel an Präpositionen erkennen. Hier sind einige wichtige:

a

- Richtung→ wohin? (Dirección→ ¿adónde?)
Voy a España de vacaciones.
Llegamos a Paraguay.

- Akkusativobjekt bei Personen und Tieren→ wen?/was?
(Complemento directo: personas y animales→ ¿a quién?)
No conozco a la profesora.
Dejo al perro en casa.

Ausnahme! Mit dem Verb **tener**:
Tengo muchos amigos en España.

Observe: Vor Sachen und Orten steht keine Präposition!
No conozco París.
Dejo los libros en casa.

- Dativobjekt → wem? (Complemento indirecto → ¿a quién/¿a qué?)
Tengo que escribir a mi madre.
Saco las hojas a la planta.   Ich nehme der Pflanze die Blätter weg.

con

Trabajo con Manuel en Vigo.   Ich arbeite mit Manuel in Vigo.

de

- Herkunft → woher? (Procedencia → ¿de dónde?)
Yo soy de Cataluña.

- Attribut, Ergänzung eines Substantivs (Complemento de sustantivo)
los días de vacaciones   die Urlaubstage

- Zugehörigkeit → von wem?/wessen? (Pertenencia → ¿de quién?)
Las revistas son de Lola y los libros de la biblioteca.

LECCIÓN 4

en

- Ort, Situation → wo? (Lugar: situación → ¿dónde?)
  Estamos en la universidad.
  Trabajo en una empresa francesa.
  Las fotos están en la página 26.

- Zeit → wann? Bei Monaten, Jahren und Jahrhunderten
  (Tiempo → ¿cuándo? Con meses, años, siglos)
  En marzo vamos a Berlín.
  En 2006 no tengo clases.
  En el siglo XX.

🕯 **Observe:** Bei Wochentagen und mit dem Ausdruck "fin de semana" benutzt man keine Präposition.
  El lunes no tengo clases.
  El fin de semana estamos en casa.

para

- Bestimmung, Ziel oder Empfänger/in → wofür?/für wen?
  (Finalidad, destino o destinatario/-a → ¿para qué?/¿para quién?)
  Estudio español para viajar a Perú.
  El periódico es para Ana.

- Frist → bis wann? (Plazo → ¿para cuándo?)
  Los ejercicios son para mañana.

por

- Grund → weswegen?/warum? (Causa, motivación → ¿por qué?)
  Tengo problemas en la universidad por el inglés.
  Por mí no hay problema.   Wegen mir gibt es kein Problem.
  Gracias por venir.   Danke für das Kommen.

- Durchgang → wodurch? (Lugar de paso → ¿por dónde?)
  Tenemos que pasar por el jardín.   durch den Garten

🕯 **Observe: Por** drückt auch "vorbeigehen" und "vorbeifahren" aus:
  Tengo que pasar por la farmacia.   Ich muss bei der Apotheke vorbei.

- Zeit → Ungenaue Zeitangabe am Tage (Tiempo → Partes del día)
  Nos vemos por la noche.   Wir sehen uns am Abend.

- Preis, Tausch → wofür? (Cambio, precio → ¿por qué (cosa)?/¿por cuánto?)
  Compramos el libro por 12 euros.
  Cambio dólares por euros.

sin
El precio es sin IVA.   Der Preis ist ohne Mehrwehrsteuer.

hasta
¡Hasta mañana!   Bis morgen!

Combinación de preposiciones con pronombres personales:

a	mí
de	ti
en	él / ella / usted
para	nosotros / -as
por	vosotros / -as
sin	ellos / ellas / ustedes

¿El regalo es para mí?

Hacemos el trabajo sin él.

Observe: conmigo, contigo, con él / ella / usted, con nosotros/-as...
¿Vienes conmigo al teatro?   Kommst Du mit mir ins Theather?

Hier eine Liste der Präpositionen nach ihrer Anwendung:

a) Ortsangabe (complemento de lugar)

- Situation → *en*
- Herkunft → *de*
- Richtung → *a*
- Durchgang → *por*

b) Zeitangabe (complemento de tiempo)

- Situation → *en*
- Frist → *para*
  Wochentage → Ø

c) Direktes Objekt oder **Akkusativ** (complemento directo)

- Personen, Tiere → *a*   **Excepciones** con **tener** → Ø
- Sachen, Orte → Ø

d) Indirektes Objekt oder **Dativ** (complemento indirecto)

- wem (*a quién*) → *a*

e) Andere Ergänzungen

- Ziel, Bestimmung → *para*
- Grund → *por*

- Tausch, Preis → *por*
- Attribut → *de*

§§ 269-274

III. NÚMEROS HASTA EL 100

20	veinte	30	treinta	70	setenta
21	veint**i**uno/-a	31	treinta **y** uno/-a...	80	ochenta
22	veintid**ós**	40	cuarenta	90	noventa
23	veintitr**és**...	50	cincuenta	100	**cien**
26	veintis**éis**...	60	sesenta	101	**ciento** uno/-a

1. Die Konjunktion **y** steht nur zwischen Zehnern und Einern:

   186   *ciento ochenta **y** seis*

2. **Recuerde**: **uno** wird vor maskulinen Substantiven zu **un** verkürzt (lecc.2).

   veintiún libros   *treinta y un años*   *ciento un euros*

§§ 79-80

 Ampliamos vocabulario

1. GUSTO Y DESAGRADO	**GEFALLEN UND MISSFALLEN**

- me gusta + infinitivo: *Me gusta hablar con los clientes.*   gerne tun
- me gusta(n) + sustantivo: *Me gusta el queso. No me gustan los plátanos.*

  (nicht) mögen, gefallen, schmecken

- me gusta(n) mucho/ me encanta(n)   ich mag sehr
- me interesa(n)   ich interessiere mich für
- no me gusta(n) nada   ich mag überhaupt nicht
- me molesta(n)   es stört/stören mich
- odio   ich hasse

2. PROFESIONES

Sammeln Sie die Berufsbezeichnungen, die in den Lektionstexten vorkommen. Wie sind die feminine und die maskuline Form? Hier sind noch einige in der maskulinen Form:

abogado	dependiente	mecánico
actor	diseñador	médico
ama de casa	empleado	peluquero
arquitecto	ingeniero	policía
asesor financiero	intérprete	programador
asistente de vuelo	maestro	técnico

Observe: ser autónomo/-a selbständig sein
 estar en paro / estar desocupado/-a arbeitslos sein

3. LOS DÍAS DE LA SEMANA WOCHENTAGE

Los días laborables = de trabajo: lunes, martes, miércoles, jueves y viernes.
El fin de semana: sábado y domingo.
Cuando el viernes o el lunes es fiesta también, entonces se forma un puente.
El 1 de enero es fiesta = festivo = feriado.

Observe: Cada semana = cada 8 días jede Woche, einmal in der Woche
 Cada dos semanas = cada 15 días jede zweite Woche
 Recuerde: el lunes am Montag
 los lunes montags

✏ Ejercicios

1. Completar con el presente de los verbos:

Vivir en Madrid

 Por la tarde hay siempre mucho tráfico en el centro de Madrid, y la estación de Atocha _____ un hormiguero. Hay mucha gente que hace cola en las taquillas. Todos _____ prisa por volver a casa. La gente que

 parecer
 tener-plural

| LECCIÓN 4 | | 47 |

5 _____ en las afueras de la ciudad _____ vivir / pasar
unas dos horas al día en el tren.
Pablo Rey comenta: "De la oficina a la estación _____ necesitar-yo
30 minutos. Si _____ de trabajar a las 6, _____ salir / llegar
a tiempo para tomar el tren de las 7. Si no, _____ que tener
10 esperar una hora hasta el próximo. ¿Qué _____ hacer-yo
entonces? Pues _____ el periódico, _____ un leer / tomar
café..., lo normal."
Para mucha gente, esta forma de vida _____ ser
imposible de entender. Para Pablo "la vida en una ciudad
15 pequeña no _____ muchos atractivos, no hay caras tener
nuevas. ¿El estrés de la gran ciudad? ¡Bah, no es para
tanto!"

estación, la	Bahnhof	**si**	wenn, falls
hormiguero, el	Ameisenhaufen	**a tiempo**	rechtzeitig
hacer cola	Schlange stehen	**entonces**	[hier] dann
taquilla, la	[hier] Schalter	**pues**	nun, also
volver (ue) [lecc. 6]	zurückkehren	**cara, la**	Gesicht
afueras, las	Stadtrand	**pequeña/-o**	klein
necesitar	brauchen	**estrés, el**	Stress
oficina, la	Büro	**no es para tanto**	es ist halb so schlimm

2. Ergänzen Sie mit **tener** oder **tener que**:
   Complete con las formas de **tener** o **tener que**:

   1. Los estudiantes normalmente no _____ mucho dinero, por eso
      _____ trabajar en las vacaciones.
   2. (Yo) No _____ coche ni bicicleta. Por eso _____ ir a clase en bus.
   3. ¿(Tú) _____ tiempo esta tarde? - No, hoy _____ mucho
      trabajo.
   4. (Yo) _____ hablar con el decano.
      decano/-a   Dekan(in)

3. Traducir al español:
   1. Ich muss Carlos anrufen. Er hat heute Geburtstag.
   2. Pedro ist 7 Jahre alt. Er geht schon zur Schule.
   3. Lola ist Ärztin und arbeitet zur Zeit in einem kleinen privaten Krankenhaus.
   4. Ich bin Journalistin und arbeite für eine englische Zeitung.
   5. Wir haben es sehr eilig. Wir müssen ins Krankenhaus gehen.
   6. Meine Freundin Blanca arbeitet in einer Autofabrik.

4. Bilden Sie fünf Sätze mit Ergänzungen. Setzen Sie, wenn nötig, Präpositionen.
   Formar cinco frases con complementos. Completar si es necesario con preposiciones.

   Ejemplo: *Celia y yo vamos a pasar las vacaciones en las Islas Baleares.*

   sujeto + nucleo verbal
✗ Celia y yo ir a pasar	España tener	El examen ser
Mis padres buscar	La universidad necesitar	Yo hablar
Dos amigas mías ir a tomar	Vosotros llamar	

   complementos
un hotel de tres estrellas	dinero	el 20 de enero
✗ las vacaciones	✗ las Islas Baleares	la noche
una biblioteca buena	un café	el centro
Mercedes	la puerta del cine	descansar
una amiga	construir	un examen
el bar de la esquina	el domingo	la costa

pasar	[hier] verbringen
estrella, la	Stern
esquina, la	Ecke
construir (y)	bauen
enero	Januar
descansar	sich erholen
puerta del cine	Kinoeingang

5. Traducir estas palabras compuestas al español con la preposición **de**:
   Modelo: ein Wochenende ⇒ Woche + Ende ⇒ *un fin de semana*

   1. eine Weinflasche ⇒ _____
   2. eine Arbeitsgruppe ⇒ _____
   3. ein Kommunikationsmittel ⇒ _____
   4. ein Ausdrucksmittel ⇒ _____
   5. eine Internetseite ⇒ _____

LECCIÓN 4

49

6. eine 3-Zimmer-Wohnung ⇒ _____
7. der Spanischlehrer ⇒ _____
8. der Spanischunterricht ⇒ _____
9. zwei Urlaubstage ⇒ _____

6. Completar con por o para.

1. Tengo que llamar _____ avisar que llego más tarde.
   Ich muss anrufen, um Bescheid zu sagen, dass ich später komme.
2. ¿Vamos _____ el centro?
   Gehen wir durch die Innenstadt?
3. ¿ _____ quién es eso?
   Für wen ist das?
4. Podemos poner el cable _____ detrás de la estantería.
   Wir können das Kabel hinter dem Regal verlegen.
5. Este ejercicio es _____ el próximo miércoles.
   Diese Übung ist für nächsten Mittwoch.
6. Tengo que comprar una radio nueva _____ el coche.
   Ich muss für das Auto ein neues Radio kaufen.
7. Me gustaría reservar una mesa _____ cuatro personas.
   Ich möchte gerne einen Tisch für vier Personen reservieren.
8. ¿ _____ qué estudias español?
   Warum lernst du Spanisch?
9. Necesito una habitación, pero no _____ más de 25 euros.
   Ich brauche ein Zimmer, das nicht teurer als 25 € ist.
10. Tengo que pasar _____ casa de Antonia _____ recoger un libro.
    Ich muss bei Antonia vorbeigehen, um ein Buch abzuholen.
11. Ahora él mira _____ la ventana.
    Er schaut gerade aus dem Fenster.

7. Completar con preposiciones: por - para - a - en - de - con - hasta

1. Este tren no va _____ Sevilla.
2. ¿ _____ quién es esta revista?
3. Vamos a ir a Portugal _____ avión _____ sólo 30 euros.
4. Mañana vamos _____ ver el partido de tenis _____ casa _____ Juan.
5. Esta crema es buena _____ la piel (Haut).
6. Mi madre no conoce _____ Juana, la novia _____ mi hermano Hernán.

7. Elena es _____ Cádiz, _____ el sur de España.
8. ¿Te gusta pasear _____ el puerto?
9. ¿Ya estás _____ casa _____ Roberto? ¡Qué rápido!
10. ¿Vamos _____ ir el domingo _____ bicicleta _____ la playa?
11. ¡_____ el lunes!
12. Héctor está _____ casa, _____ la cama.
13. Vamos a brindar (anstossen) _____ tu examen.
14. Estos dulces los compro _____ Amalia _____ su cumpleaños.

8. Sie möchten etwas von Ihrer Nachbarin/Ihrem Nachbarn erfahren. Führen Sie ein kurzes Interview. Natürlich auf Spanisch!
   Usted quiere saber algo de su vecino/-a. Hágale una entrevista corta, ¡en español!

   - Wie heißt du? Woher kommst du?
   - Wie alt bist du?
   - Warum lernst du Spanisch?
   - Hast du vor, im Sommer zu arbeiten? Weißt du schon wo?
   - Was machst du gewöhnlich am Wochenende?
   - Wohnst du in einer WG, in einem Studentenwohnheim (*residencia de estudiantes*) oder bei deinen Eltern (*con tus padres*)?
   - Wie organisiert ihr die Hausarbeit?

9. a) Was haben Sie in der Woche vor? Tragen Sie in Ihren Terminkalender ein:
   ¿Qué planes tiene para la próxima semana? Escriba en su agenda:

b) Tauschen Sie die Informationen mit Ihrem Nachbarn/Ihrer Nachbarin aus und machen Sie Pläne, um zusammen auszugehen:
Intercambie la informacione con su compañero/-a y haga planes para salir.

Ejemplo: - *¿Tienes tiempo el martes por la tarde?*
    - *No, el martes no. Tengo que ir al médico, ¿y el miércoles?...*

10. Gehen Sie zur Übung 1 zurück und besprechen Sie zu zweit:
Volver al ejercicio 1 y comentar en parejas:
- ¿Cómo ve Pablo Castillo la vida en la ciudad?
- Y tú, ¿dónde vives? ¿En una ciudad o un pueblo? ¿Te gusta? ¿Por qué?

Puede necesitar el siguiente vocabulario:

carretera, la	Landstraße	**tráfico, el**	Verkehr
contaminación, la	Verschmutzung	**tranquilo/-a**	ruhig
habitantes, los	Einwohner	**ruidoso/-a**	laut

11. Schauen Sie sich die Fotos an. Sie kennen zwei von diesen Personen. Ihr(e) Nachbar(in) kennt zwei andere. Erzählen Sie:
Mire estas fotos. Usted conoce a dos de estas personas y su vecino/-a a otras dos:

¿Quiénes son? ¿Qué hacen, dónde trabajan? ¿Cuántos años tienen? ¿Tienen familia? ¿Dónde y cómo viven?...

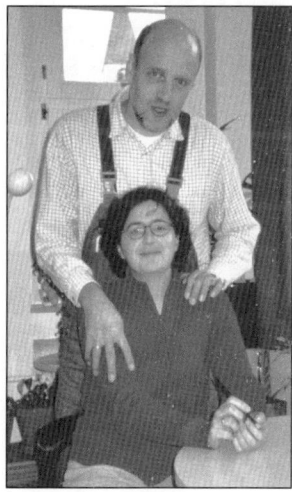

Ejercicios de repaso

12. Completar con posesivos (lecc. 3), según las personas de la derecha.

1. Petra y _____ amigas estudian Historia del Arte.	ella
2. ¿Tienen _____ padres una casa en la costa?	tú
3. Habla siempre de _____ trabajo. ¡Qué aburrido es!	él
4. ¿Es bonita _____ ciudad?	vosotros
5. - Necesito dinero urgentemente.	
- ¿Por qué no habla con _____ banco?	usted
6. _____ compañeros de piso nunca limpian la cocina.	yo

urgentemente dringend

13. Modificar los textos de la lección con los siguientes datos:
- En el hospital trabaja Carmelo Martínez. (texto 2)
- En la oficina trabaja Luis Costa. (texto 3)
- Para la revista "Tiempo" trabaja Ana Loredo. (texto 4)

14. ¿Con o sin acento? (lecc. 3)

M<u>e</u>xico	cat<u>ala</u>n	pa<u>pel</u>
anda<u>luz</u>	conti<u>nen</u>te	fot<u>o</u>grafa
art<u>i</u>culo	tam<u>bien</u>	mili<u>tar</u>
cl<u>a</u>sico	facul<u>tad</u>	tr<u>a</u>fico
a<u>vion</u>	hot<u>el</u>	inteli<u>gen</u>te

LECCIÓN 5
El origen y la expansión del español

TEMAS	ESTRUCTURAS COMUNICATIVAS
• Origen y expansión del español • Gentilicios hispanoamericanos • Los meses, la fecha y las estaciones	♦ Hablar de una lengua ♦ Ubicar en el espacio
GRAMÁTICA	
✤ Demostrativos ✤ Marcadores temporales	✤ Verbos irregulares **e** ⇒ **ie** ✤ Negación de los verbos

Miguel de Cervantes
Don Quijote de la Mancha

Gabriel García Márquez
Cien años de soledad

Laura Esquivel
Como agua para chocolate

Isabel Allende
La casa de los espíritus

Mario Vargas Llosa
La ciudad y los perros

Julio Cortázar
Rayuela

El origen y la expansión del español

El español es una lengua románica que tiene influencias de diferentes culturas. Los romanos llegan a España en el siglo II antes de Cristo y hablan latín. Los pueblos que conviven en la Península Ibérica tienen varias lenguas, pero con el tiempo aprenden el latín vulgar, que en las diferentes regiones del país da lugar después a muchas lenguas románicas: el gallego, el astur-leonés, el castellano, el navarro-aragonés, el catalán y otras. Luego llega el período del reino visigodo que introduce palabras y nombres de origen germánico como *guerra, ropa, Luis* o *Elisa*.

Durante la Edad Media, España y Portugal son territorios musulmanes y por eso el español recibe una fuerte influencia del árabe. Claros ejemplos son las palabras *ojalá, álgebra, alcohol, jazmín,* etc. Durante la ocupación, la lengua española toma forma sobre todo en Castilla. Desde el norte de la Península comienza la reconquista cristiana. En el siglo XV (quince), con los Reyes Católicos (Isabel de Castilla y Fernando de Aragón), comienza la unión política y cultural de España y la expansión del castellano. Con la llegada de Cristóbal Colón al continente americano en 1492 (mil cuatrocientos noventa y dos) y por medio de las rutas comerciales hacia Oriente, llega también esta lengua a América, África y Asia.

Junto al orden político que introducen los españoles en América, el español se establece en el continente y recibe influencias de las lenguas indígenas. Palabras como *cacao, tomate, puma* y *jaguar* son ejemplos de esta influencia, que pasan también después a otras lenguas europeas.

El español es la lengua oficial de todo el Estado español y de todos los países hispanohablantes de América, así como lengua de tradición en Filipinas y en Guinea Ecuatorial. También de comunidades supranacionales como la Unión Europea y el Mercosur. Es una de las seis lenguas oficiales de las Naciones Unidas. En la actualidad existen unos cuatrocientos cincuenta millones (450.000.000) de hispanohablantes en todo el mundo.

En Hispanoamérica hay junto al español otras lenguas oficiales: el quechua y el aimará en Perú, y el guaraní en Paraguay. En Estados Unidos (EE UU) es la segunda lengua más hablada y tiene muchos medios de expresión.

Existen organismos que cuidan y reglamentan la lengua como la Real Academia Española de la Lengua o las Academias de la Lengua Española en América. Hay también instituciones públicas para la difusión del idioma español, como el Instituto Cervantes.

LECCIÓN 5

VOCABULARIO

origen, el	Ursprung	ocupación, la	Besetzung
románico/-a	romanisch	tomar forma	sich formen
influencia, la	Einfluss	sobre todo	vor allem
siglo, el	Jahrhundert	reconquista, la	Wiedereroberung
antes de	vor [Zeit]	comenzar (ie)	anfangen
pueblo, el	[hier] Volk	por medio de	durch, mittels
convivir	zusammenleben	ruta comercial, la	Handelsroute
dar lugar a	Anlass geben zu	junto a	zusammen mit, neben
luego	danach	orden (político), el	[hier] System
período, el	Zeitabschnitt	establecerse (zc)	sich niederlassen
reino, el	Königreich	indígena	einheimisch
visigodo/-a	westgotisch	después	danach, später
introducir (zc)	einführen	pasar a	gelangen zu, nach
palabra, la	Wort	Estado, el	Staat
guerra, la	Krieg	medio de	
ropa, la	Kleidung	expresión, el	Ausdrucksmittel
territorio, el	Gebiet	cuidar	pflegen
recibir	bekommen, erhalten	comunidad, la	Gemeinschaft
fuerte	stark	público/-a	öffentlich
claro/-a	klar	difusión, la	Verbreitung

🖉 Otra mirada al texto

- Die folgenden Aussagen sind nicht richtig. Suchen Sie im Text, wo das Gegenteil steht.

    – El español **no** se habla fuera de (außerhalb) Europa.

    – En español **no** hay palabras extranjeras.

    – **Nadie** habla español en Asia.

    – **No** existe **ninguna** (keine) institución para la difusión de la lengua española.

- Und jetzt übersetzen Sie die vier Sätze ins Deutsche und achten Sie auf die Verneinung in beiden Sprachen.

El mundo del Español

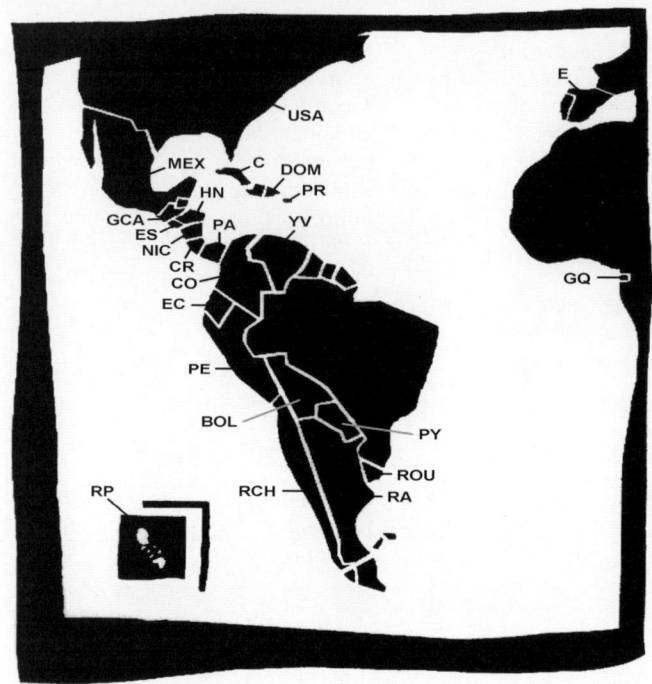

Relacione los países con las siglas del mapa:

- ____ Argentina *36.000.000*
- ____ Bolivia *9.500.000*
- ____ Chile *15.100.000*
- ____ Colombia *44.000.000*
- ____ Costa Rica *3.700.000*
- ____ Cuba *11.200.000*
- ____ Ecuador *13.200.000*
- ____ El Salvador *6.700.000*
- ____ España *43.000.000*
- ____ Estados Unidos *40.000.000*
- ____ Filipinas *3.000.000*
- ____ Guatemala *7.500.000*
- ____ Guinea Ecuatorial *12.000*
- ____ Honduras *5.800.000*
- ____ México *105.000.000*
- ____ Nicaragua *5.000.000*
- ____ Panamá *2.900.000*
- ____ Paraguay *4.000.000*
- ____ Perú *22.000.000*
- ____ Puerto Rico *4.000.000*
- ____ República Dominicana *8.500.000*
- ____ Uruguay *3.300.000*
- ____ Venezuela *26.000.000*

¿Cómo se escriben o pronuncian estos países en alemán? ¿Hay diferencias?

Gramática

I. DEMOSTRATIVOS   DEMONSTRATIVA

MASCULINO		FEMENINO		NEUTRO
este	estos	esta	estas	esto
ese	esos	esa	esas	eso
aquel	aquellos	aquella	aquellas	aquello

1. Die Demonstrativa beziehen sich auf die räumliche und zeitliche Entfernung vom Sprechenden. Vergleichen Sie mit den lokalen Adverbien:

este	nahe beim Sprechenden	aquí
ese	beim Angesprochenen	ahí
aquel	von beiden weiter entfernt	allí

2. Wenn sie das Substantiv begleiten (Demonstrativadjektive), müssen sie mit ihm übereinstimmen (concordancia de género y número, lecc. 2):

   Esta biblioteca es muy completa.
   Aquellos hombres son de Costa Rica.

3. Die Demonstrativpronomen ersetzen das Substantiv und können mit Akzent geschrieben werden.
   - *Mamá, quiero un caramelo* (Bonbon).
   - *¿Cuál? ¿Éste?*
   - *Sí, ése.*

4. **Esto, eso** und **aquello** sind neutrale Pronomen und ersetzen immer einen Sachverhalt, eine Aussage oder ein unbekanntes Objekt.

¡Eso es!	Das ist es!
Necesito aquello.	Ich brauche das dort.
¿Qué es esto?	Was ist das?

   §§ 37-42

II. MARCADORES TEMPORALES   TEMPORALE KONNEKTOREN

Durch die temporalen Konnektoren werden zeitliche Angaben eingeführt.

mientras + verbo   während + Verb
Mientras prepara la comida Laura habla con Juan.

durante + sustantivo   während + Substantiv
Nosotros estudiamos durante el viaje.

antes (de) [+ infinitivo]   vor, bevor, davor, vorher
Voy al banco antes de ir al cine.

después (de) [+ infinitivo]   nach, nachdem, danach, nachher
Después de comer voy a tu casa.
Ahora no quiero, como después.

desde que   seitdem
Desde que habla español sólo escucha música española.

cuando   (immer) wenn
Pienso en él cuando estoy en casa.

Observe:

    desde + Zeitpunkt   seit
    Desde octubre estudio español en la universidad.

    desde hace + Zeitraum   seit
    Desde hace tres meses estudio español.

§ 261

III. VERBOS IRREGULARES E ⇒ IE   VERBENGRUPPE E ⇒ IE

Bei einigen Verben wird der Vokal **-e-** vor der Konjugationsendung zu **-ie-** im Präsens erweitert. Die 1. und 2. Person Plural bleiben aber regelmäßig.

PENSAR (denken)	QUERER (möchten, wollen)	SENTIR (fühlen)
pienso	quiero	siento
piensas	quieres	sientes
piensa	quiere	siente
pensamos	queremos	sentimos
pensáis	queréis	sentís
piensan	quieren	sienten

Pienso que sí.	Ich denke/meine schon.
¿Quieres un poco más de sopa?	Möchtest du ein bisschen mehr Suppe?
¿No siente dolor?	Fühlen Sie keinen Schmerz?

Weitere Verben dieser Gruppe sind:

advertir de	warnen, tadeln	**invertir en**	investieren
cerrar	schließen	**mentir**	lügen
comenzar (a)	anfangen, beginnen	**nevar**	schneien
empezar (a)	anfangen, beginnen	**perder**	verlieren, verpassen
encender	anzünden, einschalten	**preferir**	vorziehen, lieber tun
entender	verstehen	**recomendar**	empfehlen

Prefiero aprender español.
La clase comienza a las 8.

☼ **Observe**: **adquirir** (erwerben) gehört auch zu dieser Gruppe: *adqu**ie**ro, adqu**ie**res…*

                                               📖 §§ 150,153

IV. NEGACIÓN DE LOS VERBOS — VERNEINUNG

1. Die einfache Verneinung wird durch **no** oder andere verneinende Wörter wie z.B. **nadie** (niemand), **nada** (nichts), **nunca** (niemals), **ninguno/-a** (kein/e) oder **tampoco** (auch nicht) ausgedrückt und steht immer vor dem Verb.

No *tengo tiempo.*	Ich habe keine Zeit.
*¿**No** estudias español?*	Lernst du nicht Spanisch?
No, no *quiero fumar.*	Nein, ich möchte nicht rauchen.
Nunca *está satisfecho.*	Er ist nie zufrieden.
Nadie *sabe dónde está María.*	Niemand/Keiner weiß, wo María ist.

2. Die doppelte Verneinung wird verwendet, wenn ein verneinendes Wort nach dem Verb steht. **No** muss trotzdem vor dem Verb stehen.

No *está **nunca** satisfecha.*	Sie ist nie zufrieden.
*Hoy **no** trabaja **nadie**.*	Heute arbeitet niemand.

☼ **Observe:** Doppelte Verneinung ist im Spanischen keine Bejahung!

3. Nach einer Frage, die verneint wird, steht meistens zweimal **no**.

¿*Quiere café?*
- ***No, no*** *quiero, gracias.*   **Nein**, ich möchte **nicht**, danke.

¿*Tienes tiempo?*
- ***No, no*** *tengo tiempo.*   **Nein**, ich habe **keine** Zeit.

🕯 **Observe:** Auf Spanisch muss man auf die Betonung des **no** achten. Das Komma spielt bei der Sprechpause eine wichtige Rolle. Sehen Sie sich die Beispiele an:

¿*Quieres leche?*
- ***No, no*** *quiero leche, gracias.*   **Nein**, ich möchte **keine** Milch, danke.

¿*Quieres limón en el té?*
- ***No, no.*** *Quiero leche, gracias.*   **Nein, nein**. Ich möchte Milch, danke.

📖 §§ 252-253

📂 Ampliamos vocabulario

1. LOS MESES, LA FECHA Y LAS ESTACIONES	MONATE, DATUM UND JAHRESZEITEN

Die Namen der Monate können klein oder groß geschrieben werden:

enero	abril	julio	octubre
febrero	mayo	agosto	noviembre
marzo	junio	septiembre	diciembre

15-02-2005: 15 de febrero de 2005

🕯 **Observe:** tres meses: un trimestre
cuatro meses: un cuatrimestre
seis meses: un semestre

Las estaciones del año son: el invierno, la primavera, el verano y el otoño.

2. HABLAR DE UN IDIOMA

- la lengua / el idioma   die Sprache
  La lengua inglesa / El idioma portugués
  En Honduras se habla español.   man spricht...
  ¿Dónde se habla inglés?
  Mi lengua materna es (el) francés.   Muttersprache
  Estudio alemán como lengua extranjera.   Fremdsprache

- el dialecto   der Dialekt
  El bávaro es un dialecto del alemán.   das Bayrische

- el acento   der Akzent
  José no tiene acento (español) cuando habla inglés.   spricht akzentfrei

3. GENTILICIOS HISPANOAMERICANOS

- Aquí tiene la lista de los países hispanoamericanos. Complete la tabla con gentilicios:

Argentina		Honduras	
Bolivia	*boliviano/-a*	Nicaragua	
Chile		Panamá	
Colombia		Paraguay	
Costa Rica		Perú	*peruano/-a*
Cuba		Puerto Rico	
Ecuador		República Dominicana	
El Salvador	*salvadoreño/-a*	Uruguay	
Guatemala		Venezuela	

Ejercicios

1. Formular en plural o singular, según el modelo:
Modelo: Este libro es interesante. ⇒ *Estos libros son interesantes.*
1. Esas niñas son las hijas del director de la escuela.
2. Aquellos estudiantes son alemanes y ahora estudian español.
3. Ese diccionario es práctico pero éste no.
4. Ese chico va a viajar pronto (bald) a Holanda.
5. ¡No entiendo este ejercicio!

2. Escribir la forma de los verbos en presente:

Axel y Tanja _____ a Barcelona pero no _____ español. Los dos _____ estar en Cataluña tres semanas. En el albergue de la juventud _____ por un plano de la ciudad y de las líneas del metro. Allí _____ Anna, una chica catalana. Ella _____ alemán y _____ si _____ un mapa de la ciudad o de toda Cataluña. Por la tarde Axel y Tanja _____ por la ciudad con Anna porque ella _____ la tarde libre y ella _____ el paseo para _____ libros.	llegar hablar / querer preguntar trabajar entender preguntar / querer pasear tener aprovechar comprar

albergue de la juventud, el Jugendherberge **aprovechar para** die Gelegenheit
línea del metro, la U-Bahnlinie nutzen

3. Traducir las siguientes frases:
1. Die Bank schließt heute früh und wir müssen noch Geld wechseln.
2. Du lügst! Es schneit nicht.
3. Wann fängt der Film an? Ich möchte nicht länger warten!
4. Denkt ihr auch an die Ferien?
5. Verstehst du die Erklärung nicht?

LECCIÓN 5

4. a) Tina besucht die Buchhandlung der Universität Vigo. Die Verkäuferin ist neu und beide führen ein komisches Gespräch miteinander, als Tina nach einer spanischen Grammatik fragt. Übersetzen Sie den Dialog.
Tina visita la librería de la Universidad de Vigo. La vendedora es nueva y las dos mantienen un diálogo muy raro cuando Tina le pregunta por una gramática española. Traduzca el diálogo:

Tina: Ich brauche ein Buch über spanische Grammatik.
Verkäuferin: Ja, einen Moment bitte. Dieses hier ist sehr gut.
Tina: Dieses? Es ist sehr teuer. Und dieses da?
Verkäuferin: Dieses da ist nicht sehr gut, aber das dort hinten.
Tina: Warum? Dieses da sieht besser aus als das dort.
Verkäuferin: Ja, aber das dort hat mehr Erklärungen.
Tina: Na, gut. Dann nehme ich dieses hier.

b) Spielen Sie die Situation zu zweit.
En parejas: representen la situación.

5. Complete con *durante, antes de, desde que, mientras, cuando* y *después de*.

Dos pensionistas observan un accidente en la autopista:

Manolo: ¡Qué horror! Esta gente no sabe conducir. ¿Qué hacen _____ el viaje?

Noelia: Es terrible. No entiendo por qué no aprenden a respetar las señales de tráfico _____ subir al coche.

Manolo: _____ no hay límite de velocidad en las autopistas los conductores olvidan el resto.

Noelia: Vamos a ayudar _____ llega la ambulancia.

Manolo: No, mejor esperamos aquí. No quiero molestar...

Noelia: ¡Que sí, hombre! Necesitan ayuda.

Manolo: Bueno, podemos ayudar _____ aparece la policía.

Noelia: ¡Manolo! ¡Vamos ahora! Tienes que ser más solidario.

Manolo: ¡Yo no quiero problemas, mujer!

Noelia: Entonces voy yo. Tú observas _____ yo ayudo.

Manolo: Está bien. Pero _____ ayudar vamos a casa.

pensionista, el/la	Rentner(in)	**subir al coche**	ins Auto einsteigen
observar	beobachten	**velocidad, la**	Geschwindigkeit
accidente, el	Unfall	**olvidar**	vergessen
autopista, la	Autobahn	**molestar**	stören
saber	[hier] können	**ayudar a**	helfen
conducir (zc)	[hier] fahren	**ambulancia, la**	Krankenwagen
señal de tráfico, la	Verkehrszeichen		

6. Formulieren Sie Fragen zu dem Text der Übung 2 dieser Lektion:
Formular preguntas al texto del ejercicio 2 de esta lección:

Ejemplo: Axel y Tanja llegan a Barcelona pero no hablan español. ⇒
¿Quiénes llegan a Barcelona?

7. Verneinen Sie die folgenden Sätze:
Haga la negación de las siguientes frases:
1. Vamos a ir todos a tu fiesta. ¿Necesitas ayuda?
2. Ahora tengo ganas de comer. Siempre tengo hambre.
3. Nacho está siempre nervioso. Estudia mucho para los exámenes.
4. Vanesa también quiere estudiar en España.
5. ¡Yo sé dónde están! Están todas en el parque.
6. ¿Hay alguna revista interesante?

8. Preguntas sobre el texto de la lección y para ampliar información:
1. ¿Qué pueblos viven en España antes de los romanos?
2. ¿Quiénes llegan a España en el sigo II antes de Cristo y qué hablan?
3. ¿Por qué hablan latín vulgar y no latín culto?
4. ¿Qué otras lenguas se hablan en la Península Ibérica en aquella época?
5. ¿Cuántos siglos están los visigodos en la Península Ibérica?
6. ¿Cuántos años ocupan los árabes la Península?
7. ¿Cuándo y quién comienza la unión política?
8. ¿Cuándo y cómo llega el español a América?
9. ¿Qué países forman parte de la U E (Unión Europea) y el Mercosur?
10. Elija uno de los escritores / una de las escritoras de la primera página de la lección y busque información (biografía, obras, etc.)

Recuerde: en la lección 3 tiene direcciones de internet que le pueden ayudar.

9. Sie sind als Austauschstudent/in in Spanien. Ihre Gastfamilie möchte wissen, welche Bedeutung Ihre Muttersprache (oder eine andere, die Sie sprechen) hat. Schreiben Sie zuerst Stichpunkte auf und tauschen Sie Informationen mit Ihren Kommilitonen aus. Mit diesen Informationen schreiben Sie einen kleinen Text. Hier finden Sie einige Punkte als Hilfe:

- ¿Dónde se habla?
- ¿Tiene dialectos?
- ¿Es una lengua importante para la industria o para el turismo?
- ¿Hay instituciones públicas para la difusión de esta lengua en el mundo?
- ¿Es la única lengua oficial en el país?
- ¿Tiene influencias de otras lenguas?

Ejercicios de repaso

10. Completar con pronombres interrogativos sin repetir y traducir al alemán (lecc. 1): **qué - dónde - de dónde - cómo - quién(es) - cuándo - por qué**

    1. Hola, ¿_____ tal estás?

    2. ¿_____ es el edificio de la Oficina de Turismo?

    3. ¿_____ sois vosotras?

    4. Yo soy de Nicaragua, ¿_____ eres tú?

    5. ¿_____ está tu amigo? ¿En la universidad?

    6. ¿_____ está tu hermana en casa?

    7. ¿Sabes _____ no está Verónica hoy en la oficina?

11. Relacione los posesivos con las personas. Hay varias posibilidades (lecc. 3):

    1. Las revistas son <u>suyas</u>.   – Julián y Rodrigo

    2. El libro es <u>vuestro</u>.   – nosotros

    3. El ordenador es <u>suyo</u>.   – Laura

    4. Las servilletas son <u>mías</u>.   – la señora Bernal

    5. La maleta es <u>tuya</u>.   – yo

    6. Los bares son <u>suyos</u>.   – vosotras

    7. Los discos son <u>nuestros</u>.   – tú

12. Complete con **tener, tener ganas de, tener frío, tener prisa, tener sueño** o **tener que** (lecc. 4):

1. Marcos no _____ ir al cine mañana.
2. ¿Cuándo _____ hablar Juan con la profesora? ¿Mañana?
3. ¿Por qué no vamos mañana al teatro? Hoy _____.
4. Nuria ya _____ 25 años. ¡Qué increíble!
5. Hoy no voy con vosotras a la piscina. _____.
6. ¡_____! Mañana hablamos, ¿sí?

13. Schreiben Sie Sätze mit den folgenden Präpositionen. Achten Sie darauf, wofür sie gebraucht werden!
Escriba frases usando preposiciones. Observe para qué se usan.

a) Ortsangabe (complemento de lugar): Situation → **en** / Richtung → **a** / Herkunft → **de** / Durchgang → **por**

b) Zeitangabe (complemento de tiempo): Situation → **en**

c) Andere Ergänzungen: Ziel, Bestimmung → **para** / Tausch, Preis → **por** / Grund → **por**

14. Tauschen Sie Telefonnummern aus. Sie arbeiten auf dieser Seite. Ihr/Ihre Nachbar(in) auf Seite 265:
Intercambien números de teléfono. Usted trabaja en esta página. Su compañero/-a en la página 265:

¿Cuál es el número de…?

- Patricia: _____
- Andrea: 45 14 68
- Maximiliano: _____
- María Rosa: 91 25 33
- Nicolás: _____
- Lorenzo: 11 72 56
- Carolina: _____
- Manuel: 81 15 100
- Magdalena: _____

Test de autoevaluación, lecciones 1-5

1. Completar la tabla con las formas verbales que faltan:

Alemán	Español	Presente, yo	Presente, él / ella
trinken			
		trabajo	
	ser		
		escribo	
			habla
	pensar		
tun, machen			
	tener		
verstehen			
			sabe

2. Completar las palabras con la(s) letra(s) que faltan:

Espa____a es un puente entre ____ontinentes: geográficamente está en el su____ste de Europa y a___ norte de Áfri___a, entre el Medite_____neo y el Atlántico; ___ultur____mente también entre Hispanoam_____ y el resto de Europa. Es en la actualidad un p____ de inmigración. ____u capital, Madrid, está en el ___entro del país. Hay 17 re_____nes o Comunidades Aut_____.

3. Leer el siguiente texto:

Raúl es estudiante de Traducción en Granada. Comparte un piso con su hermano, que se llama Fernando y estudia Medicina, y con un estudiante inglés. Los padres y la abuela de Raúl y Fernando, bueno, toda su familia vive en Madrid. La novia de Fernando vive también en Madrid, y por las noches hablan horas por teléfono. Raúl no tiene novia, sólo estudia y su madre piensa que esto no es muy normal. Fernando y sus amigos nunca están en casa, pero esto para su madre tampoco es normal.

Transformar el texto: ahora es Fernando el que habla:
Me llamo Fernando y...

4. Completar las frases con **hay**, **está(n)** o **es**:

1. En la plaza de Colón _____ dos hoteles.
2. Isabel _____ jefa de personal en el Banco Condal. Este banco _____ en la Plaza Central. Allí _____ también una oficina de Correos.
3. Por favor ¿dónde _____ la calle de Alcalá?
4. ¿Sabe usted si _____ una cabina de teléfonos por aquí cerca?
5. Ella _____ mi hermana Miriam.

5. Completar con las preposiciones correctas: **en, a, de, por, para, sin** y **con**:

1. Estoy _____ casa _____ un amigo y queremos tomar un café. Mi amigo quiere el café _____ azúcar; yo prefiero _____ porque estoy a dieta.
2. Queremos comprar _____ Cristina un libro de gramática _____ 19 € _____ la librería de la universidad.
3. Elena vive cerca _____ Madrid y _____ ir al trabajo tiene que pasar _____ el centro de la ciudad.

6. Elegir en cada caso la respuesta adecuada:

1. Hola, ¿qué tal?
    a) Hasta luego.
    b) Hola, bien ¿y tú?
    c) Gracias.
2. ¿Cuál es tu nombre?
    a) Carlos Gutiérrez.
    b) Soy yo.
    c) 25.
3. ¿De dónde sois?
    a) Es de Salamanca.
    b) No soy de aquí.
    c) De Chile.
4. 15 y 50 se escriben...
    a) quince y cincuenta
    b) cince y cincuenta
    c) cuince y cinquenta

5. Soy Lucas Martínez.
    a) Tengo hambre.
    b) Encantada.
    c) No sé.
6. ¿Su profesión, por favor?
    a) No tengo tiempo.
    b) Soy peluquera.
    c) Soy guatemalteca.
7. No entiendo nada.
    a) Yo sí.
    b) Yo también no.
    c) Yo no.
8. _____ - Mesa.
    a) ¿Cómo se llama "Tisch" en español?
    b) ¿Cómo se dice "Tisch" en español?
    c) ¿Cómo llama "Tisch" en español?

LECCIÓN 6
El horario de un día normal

TEMAS	ESTRUCTURAS COMUNICATIVAS
• Vida de familia • La hora • España: gentilicios	♦ Dar información personal: jornada ♦ Situar en el tiempo y en el espacio

GRAMÁTICA	
✤ Números cardinales ✤ Números ordinales ✤ Preposiciones de lugar	✤ Verbos reflexivos ✤ Verbos irregulares o ⇒ ue ✤ Oraciones de relativo con **que** y **donde**

Marisa Buñuel Ferrán

Carlos Buñuel Rey

Ana Ferrán Ruiz

Alfonso Buñuel Ferrán

El horario de un día normal

Este puede ser un día normal en la vida de muchas familias españolas de clase media, por ejemplo la familia de Ana Ferrán Ruiz, Carlos Buñuel Rey y sus hijos Marisa y Alfonso Buñuel Ferrán.

Marisa y Alfonso viven con sus padres en Barcelona, que es la segunda ciudad más grande de España. No tienen bastante dinero para vivir en un piso propio: Marisa tiene 19 años y es estudiante, y Alfonso tiene 25 y trabaja como redactor en un periódico desde hace sólo 6 meses. Por la mañana, primero se levantan Carlos y Ana a las siete, luego Marisa a las siete y media para ir a la universidad. Después de ducharse y vestirse, Marisa desayuna en 10 minutos un café y una tostada con mermelada o unas galletas. Se tiene que dar prisa para tomar a las ocho y veinticinco el metro a la Facultad de Económicas, donde las clases empiezan a las nueve. Carlos normalmente no ve a sus hijos por la mañana.

Alfonso no empieza el trabajo hasta la tarde, por eso se puede quedar más tiempo en la cama. Cuando se levanta lee dos o tres periódicos tranquilamente y luego se ducha. A veces se tiene que quedar en la redacción hasta bastante tarde, ya que tiene que hacer horas extra, y al día siguiente duerme casi hasta la hora de comer. Entre las dos y las tres, llegan Carlos, que es empleado bancario, y Ana, que es profesora en un instituto de educación secundaria. Durante la comida, ven las noticias. Después de comer, Alfonso va a trabajar, Marisa a veces tiene clase y los padres tienen tiempo para tomar un café y ver la televisión o dormir siesta. Durante la semana Marisa estudia por las tardes y no suele salir por la noche. Ana tiene pocas tardes libre, porque siempre hay algo que hacer para el instituto: corregir tareas, preparar exámenes, etc.

Por la noche cenan entre nueve y media y diez: una sopa, huevos o pescado y algo de queso o fiambre. Después miran una película, un concurso o un programa de entrevistas. No es fácil ponerse de acuerdo.

Los fines de semana, los dos hermanos salen. Los domingos se reúnen todos con los abuelos o tíos. Marisa y Alfonso tienen muchos primos y primas. Se llevan muy bien con los que tienen más o menos la misma edad, y a veces salen juntos.

LECCIÓN 6

VOCABULARIO

horario, el [hier]	Tagesablauf	comida, la	[hier] Mittagessen
clase media, la	Mittelstand	noticia, las	Nachricht
poder (ue)	können, dürfen	estudiar	[hier] lernen
propio/-a	eigene(r)	soler (ue)	zu tun pflegen
desde hace	seit	corregir (i) [lecc. 7]	korrigieren, vergleichen
levantarse	aufstehen	tareas, las	[hier] Hausaufgaben
ducharse	duschen	cenar	zu Abend essen
vestirse (i) [lecc. 7]	sich anziehen	huevo, el	Ei
desayunar	frühstücken	pescado, el	Fisch
galleta, la	Keks	queso, el	Käse
darse prisa	sich beeilen	fiambre, el	Wurst
clase, la	[hier] Unterricht	película, la	Film
no...hasta	erst	concurso, el	Wettbewerb
quedarse	bleiben	entrevista, la	Interview
cama, la	Bett	ponerse de acuerdo	sich einigen
tranquilamente	in Ruhe	reunirse	sich treffen
a veces	manchmal	abuelo/-a	Großvater/mutter
ya que	denn	tío/-a	Onkel/Tante
horas extra, las	Überstunden	primo/-a	Cousin(e)
dormir (ue)	schlafen	llevarse bien	sich gut verstehen
casi	fast	juntos/-as	zusammen
instituto de educación secundaria, el	Gymnasium		

⌒ Otra mirada al texto

Vervollständigen Sie die Tabelle nach den Informationen des Lektionstextes. Können Sie bestimmte Uhrzeiten finden?

	Marisa Buñuel Ferrán	Alfonso Buñuel Ferrán	Ana Ferrán Ruiz	Carlos Buñuel Rey
por la mañana				
por la tarde				
por la noche				

📖 Gramática

I. NÚMEROS CARDINALES — GRUNDZAHLEN

0	cero	14	catorce	200	doscientos/-as
1	uno/-a	15	quince	300	trescientos/-as
2	dos	20	veinte	400	cuatrocientos/-as
3	tres	21	veintiuno/-a	500	**quinientos/-as**
4	cuatro	30	treinta	600	seiscientos/-as
5	cinco	31	treinta y uno/-a	700	setecientos/-as
6	seis	40	cuarenta	800	ochocientos/-as
7	siete	50	cincuenta	900	novecientos/-as
8	ocho	60	sesenta	1.000	mil
9	nueve	70	setenta	1.100	mil cien
10	diez	80	ochenta	100.000	cien mil
11	once	90	noventa	1.000.000	un millón
12	doce	100	cien	6.000.000	seis millones
13	trece	101	ciento uno/-a	1.000.000.000	mil millones

1. **Recuerde:** Die Konjunktion **y** steht nur zwischen Zehnern und Einern:

   1.147 *mil ciento cuarenta y siete*
   323.068 *trescientos veintitrés mil sesenta y ocho*

2. Die Hunderter zwischen 200 und 900 richten sich nach dem dazugehörigen Substantiv:

   300 (*trescientos*) *euros*   250 (*doscientas cincuenta*) *coronas*

3. Zwischen **millón** und dem folgenden Substantiv steht die Präposition **de**:

   un millón de habitantes

   📖 § 79

II. NÚMEROS ORDINALES — ORDNUNGSZAHLEN

1º/ 1ª	primer(o)/-a	6º/ 6ª	sexto/-a
2º/ 2ª	segundo/-a	7º/ 7ª	séptimo/-a
3º/ 3ª	tercer(o)/-a	8º/ 8ª	octavo/-a
4º/ 4ª	cuarto/-a	9º/ 9ª	noveno/-a
5º/ 5ª	quinto/-a	10º/ 10ª	décimo/-a

LECCIÓN 6

73

1. Die Ordnungszahlen verhalten sich wie Adjektive, aber sie stehen **vor** dem Substantiv:

   Eres la segunda persona que llama hoy.
   Es el cuarto día que trabajo aquí.

2. **Primero** und **tercero** werden vor maskulinen Substantiven im Singular zu **primer** und **tercer** verkürzt.

   Juan vive en el primer (1<u>er</u>) piso, yo vivo en el tercero.
   Es el tercer (3<u>er</u>) libro de Isabel Allende.

3. Meist werden die Ordnungszahlen nur bis 10. gebraucht, und ab 11. verwendet man die Grundzahlen:

   el rey Juan Carlos I (primero)   *el papa Benedicto XVI (dieciséis)*
   la reina Isabel II (segunda) de Inglaterra   *Luis XIV (catorce) de Francia*

   en el siglo I a.C. (primero/uno antes de Cristo)
   en el siglo XXI (veintiuno)

4. In der Datumsangabe kann die Ordnungszahl beim 1. des Monats benutzt werden:

   ¿Qué día es hoy?   Welchen Tag haben wir heute?
   El primero/uno de noviembre de 2006 (dos mil seis)

   §§ 81-82

III. PREPOSICIONES de LUGAR

¿Dónde está la bicicleta?

a la izquierda   a la derecha
del autobús   del autobús

dentro del bus, en el bus   entre el bus
                                            y la señora

¡debajo del autobús!   encima de la línea

En el alfabeto, la letra B está... detrás de la A y delante de la C.

Madrid está cerca de Lisboa y lejos de Moscú.

📖 § 268

IV. VERBOS REFLEXIVOS   REFLEXIVE VERBEN
Bei den reflexiven Verben ist Subjekt gleich Objekt.

	LLAMARSE (heißen)	PONERSE (anziehen)	SENTIRSE (sich fühlen)
yo	me llamo	me pongo	me siento
tú	te llamas	te pones	te sientes
él/ella/usted	se llama	se pone	se siente
nosotros/-as	nos llamamos	nos ponemos	nos sentimos
vosotros/-as	os llamáis	os ponéis	os sentís
ellos/ellas/ustedes	se llaman	se ponen	se sienten

Weitere spanische reflexive Verben:

casarse con heiraten
convertirse en (ie) sich verwandeln in
divertirse (ie) sich amüsieren, Spaß haben
ducharse duschen
levantarse aufstehen
quedarse (ver)bleiben
referirse a (ie) sich beziehen auf
sentarse (ie) sich hinsetzen

Marisa se levanta todos los días a las siete.
¿Dónde te sientas tú hoy?

- Das Pronomen steht unmittelbar vor dem konjugierten Verb oder es wird an den Infinitiv angehängt. Wir empfehlen zunächst die Stellung vor dem konjugierten Verb. Die Negation steht dann vor dem Pronomen:

   ¿Por qué no te pones el pantalón verde esta noche?
   Warum ziehst du nicht die grüne Hose heute Abend an?
   Te tienes que duchar todos los días. = *Tienes que **ducharte** todos los días.*

Observe: no son reflexivos en español **descansar** (sich ausruhen, sich erholen), **cambiar** (sich ändern), **conversar** (sich unterhalten) e **intercambiar información** (sich austauschen).

§§ 195-196

V. VERBOS IRREGULARES O ⇒ UE

Hier wird der Vokal -o- durch -ue- ersetzt. **Recuerde**: die 1. und 2. Person Plural bleiben regelmäßig.

ENCONTRAR (finden)	PODER (können, dürfen)	DORMIR (schlafen)
encuentro	puedo	duermo
encuentras	puedes	duermes
encuentra	puede	duerme
encontramos	podemos	dormimos
encontráis	podéis	dormís
encuentran	pueden	duermen

Este puede ser un día normal en la vida de muchas familias españolas.
Alfonso duerme hasta la hora de comer.

Weitere wichtige Verben dieser Gruppe sind unter anderem:

acordarse (de)	sich erinnern an	**morir**	sterben
contar	(er)zählen	**resolver**	lösen (Problem)
costar	kosten	**sonar**	klingeln, klingen
devolver	zurückgeben	**soñar (con)**	träumen von
encontrarse (con)	sich treffen (mit)	**volar**	fliegen
encontrarse (en)	sich befinden	**volver**	zurückkehren
llover	regnen		

- Zu dieser Gruppe gehören auch die Verben **jugar** (spielen: **jue**go, **jue**gas etc.) und **oler** (riechen):

huelo	*Hueles bien.*	Du riechst gut.
hueles	*Huele mal.*	Er/Sie/Es stinkt.
huele	*Huele a limón.*	Es riecht nach Zitrone.
olemos		
oléis		
huelen		

📖 § 150.1

VI. ORACIONES DE RELATIVO CON **QUE** Y **DONDE** RELATIVSÄTZE

Die Relativsätze übenehmen die Funktion eines Adjektivs. Sie werden mit dem Hauptsatz durch Relativpronomen oder -adverbien verbunden (**pronombres o adverbios relativos**):

1. Das meist benutzte Relativpronomen ist **que**. Es kann sich auf Sachen oder Personen beziehen und bleibt immer unverändert:

   Entre las dos y las tres, llegan Carlos, que es empleado bancario, y Ana, que es profesora en un instituto.

   Los exámenes que tengo son muy largos, de 4 horas.

2. Die lokale Ergänzung wird durch das Adverb **donde** angegeben:

   Marisa tiene que tomar el metro a la Facultad de Económicas, donde las clases empiezan a las nueve.

3. Relativsätze, die keine notwendige Information zum Verständnis des Hauptsatzes geben, werden durch Komma getrennt.

   José, que vive en Montevideo, es el nuevo colega.

🕯 **Observe**: Relativpronomen und -adverbien tragen keinen Akzent.

📖 §§ 115, 121

| LECCIÓN 6 |

📂 Ampliamos vocabulario

1. LA HORA   DIE UHRZEIT

Die Stunden stehen vor den Minuten:

¿Qué hora es? ¿Tiene(s) hora?   Wie spät ist es?
¿Qué hora tiene(s)?

Es la una/**Son** las dos y veinte.   Es ist...
Van a ser las dos.   Es ist gleich zwei.
Son las dos pasadas.   Es ist zwei vorbei.
Son alrededor de las dos.   Es ist ca. zwei Uhr.

¿A qué hora? A las dos y media.   Um wieviel Uhr? Um halb drei.

```
                         EN PUNTO
              cinco                      cinco
              diez                        diez
  MENOS    CUARTO                   Y   CUARTO
              veinte                     veinte
              veinticinco                veinticinco
                          Y MEDIA
```

- Zur näheren Bestimmung können diese Ausdrücke verwendet werden:

de la mañana	morgens/vormittags, bis ca. 12.00 Uhr
de la mediodía	mittags
de la tarde	nachmittags/abends, bis etwa 20.00 Uhr
de la noche	abends/nachts

- Offizielle Zeitangabe, z.B. im Rundfunk, auf Abfahrts- und Abflugplänen:

  Buenas noches, son las veintitrés horas y dos minutos. Noticias...
       Guten Abend, es ist 23.02 Uhr. Die Meldungen...

  El tren con destino a Madrid sale a las trece cincuenta del andén 5.
       Der Zug Richtung Madrid fährt 13.50 von Gleis 5 ab.

¿Qué hora es? Complete:

2. GENTILICIOS ESPAÑOLES — SPANISCHE VOLKSNAMEN

Vervollständigen Sie die Tabelle der **Comunidades Autónomas**:

Andalucía	andaluz(a)	Galicia	
Aragón	aragonés/aragonesa	Islas Baleares	balear
Asturias	asturiano/-a	Islas Canarias	
Cantabria		La Rioja	
Castilla-La Mancha		Madrid	
Castilla y León		Murcia	
Cataluña		Navarra	
Comunidad Valenciana		País Vasco	
Extremadura			

3. LA FAMILIA

Vervollständigen Sie mit den deutschen Begriffen:

- el cuñado/la cuñada   _____
- el padre/la madre   _____
- el marido/la mujer   _____
- el yerno/la nuera   _____
- el sobrino/la sobrina   _____
- el suegro/la suegra   _____
- el nieto/la nieta   _____
- el hijo/la hija   _____
- el abuelo/la abuela   _____
- el primo/la prima   _____
- el hermano/la hermana   _____

- Vervollständigen Sie das Bild der Familie von Marisa Buñuel Ferrán auf der ersten Lektionsseite. Denken Sie sich Namen und Verwandtschaftsgrade aus.

Ejercicios

1. Completar el texto en presente de indicativo (reflexivos, e ⇒ ie, o ⇒ ue, *ser*):

Perú y Ecuador

Perú _____ uno de los países más grandes e interesantes de América Latina (cinco veces mayor que la República Federal de Alemania). Al norte _____ Ecuador. Los dos países _____ regiones diferentes: la
5 costa, con los principales cultivos, los Andes y la Selva Amazónica. La mayor parte de la población _____ en las ciudades. Aproximadamente la mitad _____ indígenas, el 10% (diez por ciento) blancos y el resto mestizos. En Perú hay además una importante minoría de
10 origen asiático. Las familias que _____ en el campo _____ en general numerosas, y muchos niños no _____ ir a la escuela porque _____ que trabajar

ser
encontrarse
tener
concentrarse
ser
vivir
ser
poder, tener

para ayudar a la familia. El trabajo en el campo _____ duro, | ser
y aquí no se _____ otro, así muchos jóvenes | encontrar
15 _____ irse a la capital. | preferir

Basado en Otero, C.: *Aproximación al mundo hispánico*. Wilhelmsfeld: 2005

mayor que	[hier] größer als	aproximadamente	ungefähr
cultivo, el	Anbaugebiet	mitad, la	Hälfte
sierra, la	Gebirge	mestizo/-a	Mischling
selva, la	Urwald	minoría, la	Minderheit
mayor parte, la	der größte Teil	en el campo	auf dem Land
población, la	Bevölkerung		

2. Hacer diálogos con diferentes personas (tú, vosotros/ -as, usted, ustedes...):

¿A qué hora...?	leer el periódico	ir a la compra	A la(s)..
¿Cuándo...?	comer	jugar al tenis	Antes de + infinitivo
	hacer los ejercicios	ir a clase	Después de + infinitivo
	volver de clase	levantarse	
	preparar la comida	salir del trabajo	

Ejemplo: - *¿Cuándo vas hoy a la compra?* - *Después de volver de clase.*

3. Schreiben Sie fünf Zahlen - mindenstens vierstellige. Diktieren Sie sie Ihrem Nachbarn/Ihrer Nachbarin mit einer Währung kombiniert:
Escribir cinco números de cuatro cifras o más. Dictar al vecino/a la vecina combinados con las monedas:

la libra esterlina   el bolívar venezolano   el euro   el rublo ruso
la corona danesa   el dólar americano   el peso argentino   el sol peruano

4. Kombinieren Sie folgende Substantive mit Ordnungszahlen von 1 bis 5:
Combine estos sustantivos con números cardinales del 1 al 5:

clase - día - país - vez - perra - ciudad - examen - lengua - autobús - amigo

5. Bilden Sie aus den beiden Sätzen nur einen, indem Sie Relativpronomen benutzen:
Forme, a partir de las dos oraciones, una sola utilizando pronombres relativos:

1) Juana es una actriz famosa. Ella trabaja ahora en Caracas.
2) Tengo el nuevo disco de Diego Torres. El disco tiene la canción "Sueños".
3) Esa es la universidad. En esa universidad voy a estudiar.
4) Voy a comprar el libro de español. El libro es muy fácil de leer.

5) Carmen ya no vive con sus padres. Allí también vive la abuela.
6) Los hermanos de Tomás viven en Córdoba. Estudian Medicina.

6. Zu zweit: besprechen Sie, was heute im Fersehen läuft und was Sie anschauen möchten. Hier finden Sie weitere nützliche Vokabeln:
En parejas: comenten qué hay hoy en la televisión y qué quieren ver. Aquí tiene más vocabulario de ayuda:

¿Por qué no vemos...? - ¿Te gusta(n)...? - ¿A qué hora empieza/termina/ es...? - ¿Qué hay/ponen en...? (was läuft bei...?) - ¿Cuánto dura...? (wie lange dauert...?) - ¿Quieres ver...? - Podemos ver... - Prefiero...

la película, el concurso, la entrevista, el documental (Dokumentarfilm), **las noticias** (Nachrichten), **el deporte** (Sport), **el partido de fútbol** (Fußballspiel), **el canal** (Sender, Programm), **el programa de...** (Sendung)

Tele 1	Canal 3	Antena 4	Cadena 5
6.45 *Los inmortales*	6.00 *Euronews*	08.00 *Series infantiles*	8.30 *Melrose Place*
7.30 *El hombre araña*	7.50 *Concierto*	12.00 *Futurama* (subtitulada para sordos)	9.30 *Pokemon* Serie
10.00 *El super club de la risa* Infantil	8.35 *Tiempo de Dios*		**10.30**
12.00 *Almuerzo con todos* Programa de interés general	9.50 *España actual*	13.00 *Los Simpson*	
14.30 *Corazones*	10.00 *El día del señor* En directo desde la Basílica de San Pedro	14.00 *Noticias*	
15.00 *Telediario*	12.40 *Deporte por la tarde* Fútbol y boxeo	15.05 *¿Quién eres tú?* Telenovela	
15.30 *El tiempo*	**15.45**	16.30 *La próxima estrella* - España busca a su cantante	
15.35 *Ciclismo en España* En directo		18.00 *El Cardenal* Documental	**Club "Disney"**
17.30 *Cine de la tarde*: "Amor"		**19.30**	12.45 *Telenoticias infantiles*
19.45 *Hoy tú, mañana yo* Novela			13.15 *Buscando amores* Serie
20.20	**Cine español** "La barca" con Alfonsa Moreno Bernal		15.00 *Telenoticas*
			16.00 *El tiempo*
	17.30 *Nuestra historia* "Los Reyes Católicos"		16.05 *Sol* Novela
	20.00 *Documentales actuales* "El hombre"	**Cine especial: "Doble Identidad"**	17.05 *Cine de la tarde:* "Rocky III"
"Tres gatos locos" serie	21.30 *Europa y nosotros*	21.00 *Problemas familiares* Serie	19.00 *Sorpresas* Interés general
21.00 *Telediario 2*	22.50 *Música de aquí*	22.15 *La peli de la noche:* "Sin fronteras"	20.30 *La Bolsa* Economía
21.30 *El tiempo*			21.00 *Telenoticias*
21.35 *La película de la semana:* "El actor"			22.00 *El gran hermano* En directo desde Castellón

7. Observe el árbol genealógico (Familienbaum) y complete las frases con las palabras correctas:

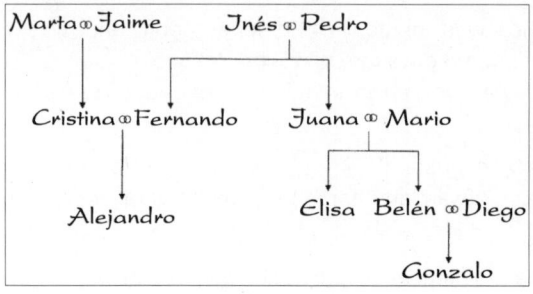

- Jaime es _____ de Alejandro.
- Gonzalo es _____ de Elisa.
- Juana es _____ de Fernando.
- Marta es _____ de Fernando.
- Alejandro es _____ de Elisa y de Belén.
- Diego es _____ de Elisa.
- Juana es _____ de Mario.
- Elisa es _____ de Pedro.
- Fernando es _____ de Alejandro.
- Marta es _____ de Cristina.
- Diego es _____ de Belén.
- Alejandro es _____ de Cristina.

8. Trabajar en grupo: traducir al español y comentar las respuestas:
- Wieviele Einwohner hat Ihre Stadt/Ihr Wohnort?
- Wieviele Quadratmeter (*metros cuadrados*) hat Ihre Wohnung/Ihr Zimmer? Wieviel kostet die Miete (*el alquiler*)?
- Mit wievielen Personen oder Tieren (*animales*) wohnen Sie zusammen?
- Wieviele Unterrichts- oder Arbeitsstunden haben Sie in der Woche?
- Wieviele Bücher lesen Sie im Monat?
- Wieviele Geschwister (*hermanos y hermanas*) haben Sie?
- Welches sind wichtige Tage in Ihrer Familie?

cumpleaños, el Geburtstag	**aniversario de boda, el**	Hochzeitstag
santo, el Namenstag	**día del padre/la madre, el**	Vater-, Muttertag

9. Sind Sie künstlerisch begabt? Sie zeichnen, Ihre Nachbarin beschreibt die Zeichnung mit folgenden Elementen; benutzen Sie Präpositionen:
   ¿Es usted un(a) artista? Usted dibuja y su vecina describe un dibujo con los siguientes elementos; use preposiciones de lugar:

   un árbol, una casa, agua, un puente, muchas flores (Blumen),
   un libro, un teléfono, un animal, usted

10. Gehen Sie zurück zum Lektionstext und besprechen Sie in der Gruppe, welche Unterschiede es zwischen der spanischen Familie und Ihrer eigenen gibt.
    Vuelva al texto de la lección y comente en el grupo las diferencias entre la familia española y la suya.

Ejercicios de repaso

11. Rechtschreibung: Ihr Nachbar/Ihre Nachbarin diktiert Ihnen einen Abschnitt aus dem Lektionstext.
    Ortografía: su vecino/-a le dicta un fragmento del texto de la lección.

12. Verbinden Sie die Verben mit einer passenden Präposition (lecc. 4) und bilden Sie Beispielsätze. Arbeiten Sie mit einem Wörterbuch:
    Relacione los verbos con preposiciones y construya frases. Trabaje con diccionario:

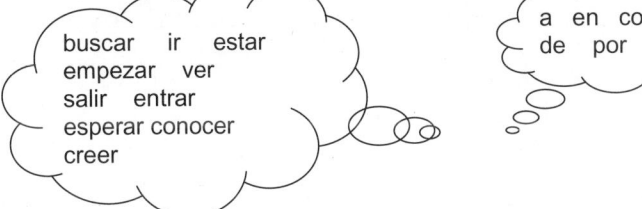

LECCIÓN 7
Buscando piso

TEMAS	ESTRUCTURAS COMUNICATIVAS
• La vivienda • Los muebles • El carácter de las personas	♦ Llamar por teléfono ♦ Concertar una cita ♦ Describir personas
GRAMÁTICA	
✎ Verbos irregulares **e** ⇒ **i** ✎ Verbos irregulares **i** ⇒ **y**	✎ Gerundio: morfología y usos ✎ Usos de **ser** y **estar**

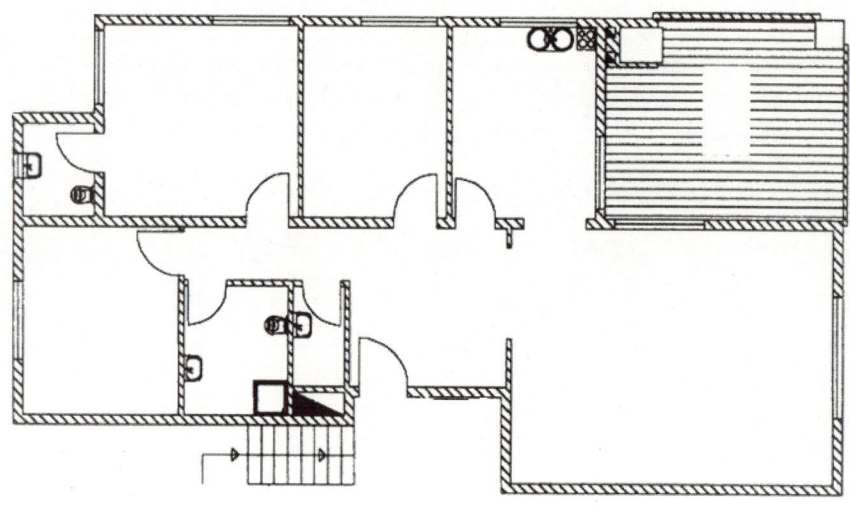

Buscando piso

Marta y su novio, Martin, están en Madrid buscando piso. Martin se queda a vivir en España y ya tiene trabajo. Está trabajando en una empresa de informática y ella trabaja en un hotel como recepcionista. Actualmente viven en un piso de alquiler demasiado pequeño. Por eso están buscando uno más grande, pero no encuentran ninguno.

El problema es que es difícil encontrar un buen piso en Madrid. Los alquileres son muy altos. Una mañana, leyendo el periódico, Marta encuentra una oferta interesante. Antes de ir al trabajo llama por teléfono al dueño del piso:

Dueño: ¡Diga!
Marta: Buenos días. Llamo por el anuncio. ¿Alquilan ustedes todavía el piso de la Plaza Santa Ana?
Dueño: Sí, señora, alquilamos un piso de tres habitaciones, sala de estar, cocina y baño.
Marta: Muy bien y ¿en qué planta está?
Dueño: Está en la tercera planta, con ascensor, por supuesto.
Marta: ¿Y está amueblado?
Dueño: Pues casi, la cocina está completamente amueblada. Tiene una cocina eléctrica, nevera, lavaplatos y dos pequeños armarios. En todos los dormitorios hay dos camas y armarios empotrados. Y en la sala de estar tenemos un sofá con dos sillones, una mesa grande y cuatro sillas.
Marta: ¿Y en qué estado está el piso?
Dueño: Está casi nuevo, lo estamos pintando. La semana próxima va a estar terminado.
Marta: Muy bien, ¿y cuánto cuesta el alquiler?
Dueño: Son 600 euros al mes, más los gastos de calefacción, agua y electricidad.
Marta: Dígame, ¿puedo ver el piso esta tarde?
Dueño: Pues sí, claro, no hay ningún problema. ¿A las 5, por ejemplo?
Marta: Sí, de acuerdo. Yo me llamo Marta Jordá.
Dueño: Mi nombre es Carlos Arana. El piso es el 3° F.
Marta: Muy bien, entonces hasta luego.
Dueño: Adiós.

VOCABULARIO

quedarse	bleiben	por supuesto	selbstverständlich
empresa, la	Firma	amueblado/-a	möbliert
piso de alquiler, el	Mietwohnung	cocina eléctrica, la	Elektroherd
demasiado/-a	zu... (sehr)	nevera, la	Kühlschrank
alquiler, el	Miete	lavaplatos, el	Geschirrspülmaschine
alto/-a	hoch	armario, el	Schrank
oferta, la	Angebot	dormitorio, el	Schlafzimmer
llamar por teléfono	anrufen	empotrado/-a	eingebaut
dueño/-a	Vermieter(in)	sillón, el	Sessel
anuncio, el	Anzeige	silla, la	Stuhl
alquilar	[hier] vermieten	estado, el	Zustand
habitación, la	(Schlaf)Zimmer	pintar	(an)streichen
sala de estar, la	Wohnzimmer	terminar	beenden
cocina, la	Küche	gastos, los	[hier] Nebenkosten
baño, el	Badezimmer	calefacción, la	Heizung
planta, la	[hier] Etage	electricidad, la	Strom
ascensor, el	Fahrstuhl		

🔎 Otra mirada al texto

- Im Text finden Sie eine neue Verbform. Es ist das **Gerundium** oder die Verlaufsform. Suchen Sie im Text, wo folgende Informationen stehen:

    - Sie suchen gerade eine größere Wohnung.
    - Wir sind dabei, sie zu streichen.
    - Beim Zeitung Lesen, findet Marta ein interessantes Angebot.

- Suchen Sie die Grundformen der Verben im Gerundium.

Gramática

I. VERBOS IRREGULARES E ⇒ I   **VERBENGRUPPE E ⇒ I**

Bei einigen Verben auf **-ir** wechselt der Vokal **-e-** vor der Konjugationsendung zu **-i-** im Präsens.

PEDIR	VESTIRSE	
(bitten, bestellen)	(sich anziehen)	
pido	me visto	
pides	te vistes	
pide	se viste	*Pido un café en el bar.*
pedimos	nos vestimos	*Me visto rápidamente.*
pedís	os vestís	
piden	se visten	

Weitere Verben dieser Gruppe:

competir	konkurrieren	impedir	(ver)hindern
conseguir	erreichen, bekommen	medir	(ver)messen
corregir	korrigieren	repetir	wiederholen
despedir	entlassen, verabschieden	reír	lachen
elegir	auswählen	seguir	folgen, weitermachen
freír	fritieren	servir	dienen, nutzen

1. Das Verb **decir** (sagen) gehört auch zu dieser Gruppe, aber bei der ersten Person taucht eine andere Unregelmäßigkeit auf:

   DECIR
   digo
   dices
   dice   *¿Qué dices? No entiendo.*
   decimos
   decís
   dicen

2. **Reír** (lachen) bekommt einen Akzent bei allen Personen: **río, ríes, ríe...**

📖 §§ 152-153

II. VERBOS IRREGULARES I ⇒ Y

Verben, die im Infinitiv auf **-uir** enden, verwandeln das unbetonte **-i-** in ein **-y-**.

CONSTRUIR (bauen, bilden)
constru**y**o
constru**y**es
constru**y**e   *Ingenieros españoles construyen un puente en Sevilla.*
construimos
construís
constru**y**en

Weitere Verben dieser Gruppe sind:

contribuir a	beitragen zu	**influir en**	beeinflussen
disminuir	vermindern	**instruir**	unterrichten
distribuir	verteilen	**sustituir**	ersetzen, vertreten

§ 153

III. GERUNDIO: MORFOLOGÍA Y USOS   GERUNDIUM

Das Gerundium ist die Verlaufsform eines Verbs. Es gibt zwei verschiedene Endungen.

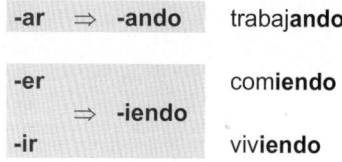

-**ar** ⇒ -**ando**   trabaj**ando**

-**er**
         ⇒ -**iendo**   com**iendo**
-**ir**   viv**iendo**

1. Die unregelmäßigen Formen kann man in 3 Gruppen einteilen:

- Der Stammvokal **e** wird zu **i** (alle Verben auf **-ir**)

    d**e**cir ⇒ d**i**ciendo   pref**e**rir ⇒ pref**i**riendo   r**e**ír ⇒ r**i**endo
    p**e**dir ⇒ p**i**diendo   m**e**dir ⇒ m**i**diendo   v**e**nir ⇒ v**i**niendo

- Bei **dormir**, **morir** und **poder** wird der Stammvokal **o** zu **u**:

    d**o**rmir ⇒ d**u**rmiendo   m**o**rir ⇒ m**u**riendo   p**o**der ⇒ p**u**diendo

- Steht ein Vokal vor dem unbetonten **-i-** bei der Endung **-iendo**, wird dieses zu **y**:

  construir ⇒ constru**y**endo
  leer ⇒ le**y**endo
  creer ⇒ cre**y**endo

  Observe: Das Gerundium von **ir** ist **yendo**.

2. Man verwendet **estar + Gerundium**, um Handlungen oder Vorgänge zu beschreiben, die gerade stattfinden oder sich entwickeln.
   Martin está buscando piso.   Martin sucht gerade eine Wohnung.

3. Das Gerundium drückt auch eine Handlung aus, die parallel zu einer anderen stattfindet.
   Gabriel lee fumando un cigarrillo.   Gabriel liest und dabei raucht er.

4. Das Gerundium kann die Funktion eines Modaladverbs übernehmen.
   José habla gritando.   José schreit beim Sprechen.

   ¿Cómo se abre la puerta?
   - Apretando el botón.   Indem man auf den Knopf drückt.

5. Die Pronomen stehen entweder vor dem konjugierten Verb oder nach dem Gerundium und werden angehängt. Bei letzterem Fall ist auf die Akzentsetzung zu achten!
   Me estoy afeitando. = Estoy afeitándome.

   §§ 218 - 221.1

¡Español en Buenos Aires!

Aprenda español caminando por la calle, hablando por teléfono, visitando a amigos, tomando mate, bailando tango, comiendo asado, bebiendo vino o viajando en subte.
Instituto de Idiomas "Pampa"
Calle Libertad, 185
(1640) Martínez, Buenos Aires
Teléfono: (+54) 1 792 59 41

IV. USOS DE SER Y ESTAR

SER	ESTAR
• Beschreibung der **Eigenschaften** oder **Qualitäten** einer Person, einer Sache oder eines Ortes:	• Beschreibung der **Zustände** einer Person, einer Sache oder eines Ortes:
Mariana es muy tranquila. *La playa (Strand) es grande.* *La paella es un plato español.* *Tomás es simpático y atractivo.* *La estantería es de metal.*	*Mariana está más tranquila.* *La playa está contaminada.* *La paella está muy salada* (salzig). *Tomás está gordo* (dick). *La mesa está sucia* (schmutzig).
- ¿Qué tal la clase? *- Es buena pero hay que traducir.*	*- ¿Qué tal la clase?* *- Está aburrida, hoy hay gramática.*
• Mit der Bedeutung "stattfinden"	• Mit der Bedeutung "sich befinden, liegen, stehen"
La fiesta es en casa de Nacho. *Mi cumpleaños es en marzo.* *El concierto es mañana.*	*San José está en Costa Rica.* *¿Estáis todavía en Madrid?* *La bicicleta está en el garaje.* *Estamos en verano.*

• Identität, Nationalität, Beruf, Herkunft, Verwandtschaftsgrad

Soy Bill Gates, soy millonario.
Javier es programador.
Somos franceses, somos de París.
Ella es mi madre.

• Besitz (ser + de...)

Los libros son de Gonzalo.

• Ordnung, Nummer, Datum, Uhrzeit

Juan es el tercero.
Mi apartamento es el doce.
Hoy es 15 de marzo.
Son las dos menos veinte.

Pero... ¿qué le pasa hoy a Luis? ¿Está tonto?

No, mujer. Hoy y siempre. ¡Es que es tonto!

Observe: *¡Estoy harto/-a!* Ich habe es satt!

§§ 206 - 208

Ampliamos vocabulario

1. EL PISO — DIE WOHNUNG

balcón, el	Balkon
compañero/a de piso, el/la	Mitbewohner(in)
despensa, la	Speise-, Vorratskammer
entrada, la	Eingang
moqueta, la	Teppich
persiana, la	Jalousie
portero/a, el/la	Hausmeister/in
puerta, la	Tür
techo, el	Decke
tejado, el	Dach
ventana, la	Fenster
piso compartido, el	Wohngemeinschaft
piso de estudiantes, el	Studenten-WG

2. ELECTRODOMÉSTICOS — HAUSHALTSGERÄTE

Wissen Sie, wofür diese Haushaltsgeräte gebraucht werden? Ordnen Sie zu.

- la aspiradora
- la batidora
- la lavadora
- el microondas   *Se usa para...*
- la nevera
- la plancha
- el tostador

planchar
calentar, cocinar
tostar
lavar
aspirar
batir
enfriar

Kennen Sie die Namen anderer Haushaltsgeräte auf Spanisch? Was kann man damit machen?

3. EL CARÁCTER DE LAS PERSONAS — CHARAKTER DER PERSONEN

¿Cuál es la traducción en alemán? Complete la tabla:

alegre: _____	introvertido/-a: _____
antipático/-a: _____	liberal: _____
apasionado/-a: _____	optimista: _____
callado/-a: _____	perfeccionista: _____
cariñoso/-a: _____	pesado/-a: _____
coqueto/-a: _____	pesimista: _____
despierto/-a: _____	serio/-a: _____
dinámico/-a: _____	simpático/-a: _____
directo/-a: _____	sincero/-a: _____
divertido/-a: _____	sociable: _____
emprendedor(a): _____	tímido/-a: _____
extrovertido/-a: _____	tranquilo/-a: _____

Ejercicios

1. Complete la tabla:

INFINITIVO	YO	VOSOTROS/-AS	GERUNDIO
medir			
		construís	
			diciendo
sustituir			
	muero		
		podéis	
	voy		

2. Un periodista está haciendo una encuesta sobre los cambios en los hombres españoles: Ponga en gerundio los verbos en el siguiente diálogo

Periodista: Perdone señora, estamos _____ [hacer] una encuesta para Radio Nacional sobre los hombres de hoy. ¿Cree usted que están _____ los [cambiar]

españoles?

Señora: Pues... yo creo que sí, afortunadamente. Creo que los hombres poco a poco están _____ esa mentalidad tan machista, tan típica de los años 60, ¿no? La mayoría de los hombres está _____ a comprender que el mundo ya no es el de antes. Están _____ el miedo a mostrar sus sentimientos.

Periodista: Entonces ¿usted cree que están _____ los típicos "latin lover"?

Señora: Sí, bueno, siempre hay excepciones ¿no?, pero en general yo creo que sí, que es verdad, realmente se están _____ en seres más sensibles. Se están _____ los estereotipos. ¡Y eso está muy bien!

Periodista: De acuerdo, muchas gracias señora.

olvidar
empezar
perder
desaparecer
convertirse
destruir

encuesta, la	Umfrage	**miedo, el**	Angst
afortunadamente	glücklicherweise	**desaparecer**	verschwinden
poco a poco	nach und nach	**ser, el**	[hier] Mensch

3. ¿**Ser** o **estar**? Complete las siguientes frases:

1. Antonio últimamente come poco, yo creo que _____ enamorado.

2. La verdad, Juan no tiene muchos amigos porque _____ bastante antipático.

3. - A ver Marta ¿cuántos dedos hay aquí?
   - Yo veo dos.
   - Marta, ¡sólo hay uno! ¡ _____ totalmente borracha!

4. - No veo a los niños.
   - Es que _____ detrás de los árboles jugando al escondite.

5. ¡Claro que gasta mucho dinero!: _____ ingeniero y bastante rico.

6. - ¿Dónde nos sentamos, por favor?
   - Se pueden ustedes sentar a esta mesa, que ya _____ limpia.

7. - ¿Quién _____ esta chica? _____ igual que tú.
   - ¡Lógico! _____ mi hermana gemela.

8. -¿Puedo hablar con Raúl un momento?
- Pues, Raúl _____ en la cama. Después del examen de Inglés de tres horas _____ muy cansado.
9. La mesa de la cocina tiene un diseño moderno: _____ de metal y cristal.
10. Voy a ir en la bicicleta de Pablo. Es _____ nueva y más cómoda.

últimamente	neulich, in letzter Zeit	borracho/-a	betrunken
enamorado/-a	verliebt	jugar al escondite	Versteck spielen
antipático/-a	unsympathisch	gemelo/-a	Zwillingsbruder/-schwester
dedo, el	Finger		

4. Traduzca utilizando **ser** o **estar**:

Magdalena besucht ihren Bruder Sergio in Spanien. Die beiden sind in Salamanca. Magdalena und Sergio kommen aus Paraguay, aber wie viele Lateinamerikaner sind sie eine Mischung aus verschiedenen Nationalitäten. Ihr Vater ist Deutscher und ihre Mutter kommt aus Tafalla. Tafalla liegt in
5 Nordspanien und ist eine kleine Stadt in der Provinz Navarra.
Magdalena ist Sozialpädagogin, arbeitet zur Zeit aber als Krankenschwester in einer Klinik bei Asunción, der Hauptstadt von Paraguay. Sie arbeitet mit Leuten, die seit langer Zeit krank sind. Seit März befindet sich auch ihre Großmutter in der Klinik. Sie ist schon 85 Jahre alt und liegt die ganze Zeit im
10 Bett.
Magdalena ist klein und hübsch. Sergio ist auch nicht groß, aber seitdem er in Spanien lebt, ist er ein bisschen dicker.

5. Wie macht man...? Antworten Sie mit dem Gerundium.
¿Cómo se hace? Responda utilizando el gerundio.

Ejemplo: ¿Cómo se averigua un número de teléfono? ⇒
Buscando en la guía telefónica o llamando a informaciones.

1. ¿Cómo se aprende alemán?
2. ¿Cómo se calienta una comida en el microondas?
3. ¿Cómo se pueden adelgazar 5 kilos en una semana?
4. ¿Cómo se pueden ganar 100.000 euros en un año?
5. ¿Cómo se encuentra trabajo?

| **averiguar** | ermitteln | **calentar** | (er)wärmen |
| **guía telefónica, la** | Telefonbuch | **adelgazar** | abnehmen |

LECCIÓN 7

6. Crucigrama: complete con las palabras en español con ayuda del diccionario.

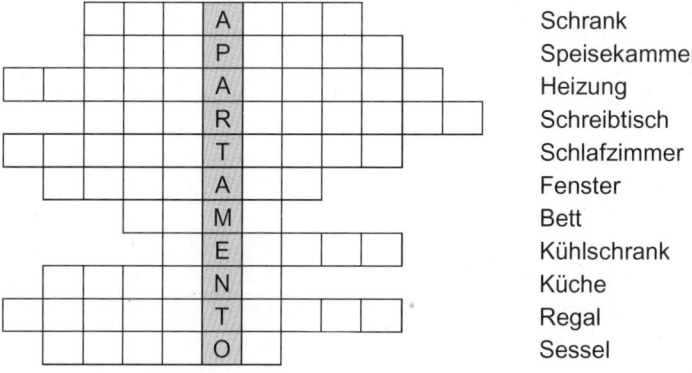

Schrank
Speisekammer
Heizung
Schreibtisch
Schlafzimmer
Fenster
Bett
Kühlschrank
Küche
Regal
Sessel

7. Erzählen Sie von der Wohnung, in der Sie leben:
Cuente sobre el piso donde vive:
- ¿Dónde está? ¿En qué planta?
- ¿Cuántas habitaciones tiene?
- ¿Vive solo o es un piso compartido? ¿Con cuánta gente?
- ¿Cómo es su habitación? ¿Tiene bastante luz?
- ¿Cómo es la cocina?
- ¿Cuánto paga de alquiler?
- ¿Cómo son sus vecinos? ¿Tiene contacto con ellos?
- ¿Cómo es la relación con el dueño/ la dueña del piso?

luz, la Licht   **vecino/-a** Nachbar(in)

8. Trabaje con su compañero/-a. Imagínese que van a compartir un piso y lo tienen que decorar. Use el plano de la primera página de la lección.
- precio de alquiler
- número de habitaciones
- situación del piso (centro, afueras (außerhalb), etc.)
- colocación (Platzierung) de los muebles

9. Lesen Sie die folgenden Anzeigen und schreiben Sie anschließend an eine dieser Personen einen kurzen Brief. Beschreiben Sie dort Ihren Kommilitonen oder Ihre Kommilitonin und erzählen Sie, warum Sie der Meinung sind, dass die beiden gut zusammenpassen.

Lea los siguientes anuncios y luego escríbale a una de las personas contándole cómo es su compañero/-a y por qué cree que van a formar una buena pareja:

> Me llamo Sandra. Tengo 26 años y busco a un hombre tranquilo, sincero y divertido. Yo soy un poco tímida pero muy cariñosa.

> Mi nombre es Claudio y tengo 43 años. Vivo con mis padres y soy actor. Quiero conocer a una persona muy despierta y liberal. Me encantan las fiestas.

> ¡Hola! Soy Germán, 35 años. Soy informático. A veces soy un poco serio y callado. Busco a la mujer de mis sueños: coqueta, inteligente y directa. Me gusta mucho cocinar y hacer deportes.

> Belén, 53 años, vendedora, de Madrid. Alegre, emprendedora y trabajadora. Quiero conocer a un hombre dinámico y apasionado. Soy muy perfeccionista. Vivo con mis 3 hijas.

Ejercicios de repaso

10. Complete el siguiente ejercicio con **tener** o **tener que** (lecc. 3).

1. Cristina no _____ coche, por eso _____ ir en tren.
2. Está nerviosa porque _____ buscar la dirección de la agencia.
3. ¿Todavía no _____ amigos en Madrid? (vosotras)
4. Para aprender bien el español _____ hacer un curso intensivo. (vosotros)
5. ¿ _____ la llave de mi habitación? (tú)
6. La profesora no _____ mucha experiencia.
7. Todos _____ problemas en la vida.
8. No todos los estudiantes _____ dinero para viajar.

11. Escriba en cifras los siguientes números (lecc. 6):

- cinco
- ciento cincuenta
- quinientos
- quince

- ciento cinco
- cincuenta
- veinticinco
- seiscientos cinco

LECCIÓN 7

12. a) Lea el siguiente texto:

Marisa Buñuel, como muchos estudiantes, está mal de dinero. El que recibe de sus padres no llega para los gastos de todo el año. Por eso busca un trabajo para los meses de verano. Todos los días mira los anuncios en los periódicos. Por la mañana, antes de desayunar, va a la calle y compra el
5 periódico en el quiosco de la esquina. Hoy encuentra un anuncio muy interesante. En la agencia de viajes Campoverde buscan chicas con idiomas para julio y agosto. Después de desayunar llama por teléfono:

- Agencia Campoverde, buenos días, ¡dígame!
- Buenos días. Mire, llamo por su anuncio en El País. Ustedes buscan una
10 chica con conocimientos de idiomas, ¿verdad?
- Sí, así es. ¿Qué idiomas habla Vd.?
- Hablo alemán e inglés.
- ¿Y tiene Vd. experiencia?
- No mucha, la verdad.
15 - Bueno, pues tiene Vd. que pasar mañana por nuestra oficina y hablar con el jefe, ¿de acuerdo?
- Bien, ¿y a qué hora, más o menos?
- A las 11.
- Vale, gracias, hasta mañana entonces.

estar mal de dinero	knapp bei Kasse sein	**esquina, la**	Ecke
recibir	bekommen	**conocimiento, el**	Kenntnis

b) En parejas: imaginen el diálogo de Marisa con el jefe de la agencia.

13. Complete el texto, si es necesario, con las terminaciones que faltan (lecc. 2):

1. Me gust__ vivir en Cádiz. Es un__ ciudad tranquil__ y al mismo tiempo con much__ movimiento.
2. Mi__ padres viven aquí y yo tengo un__ piso grand__ en las afueras.
3. Mi__ madre es traductor__ en un__ empresa aleman__ y mi__ padre es programador__.
4. Mi__ novi__, Javier, es periodist__ en un__ revista madrileñ__.
5. Yo soy Carla, soy diseñador__ de modas y trabajo con un__ amiga, Francisca, que es un__ mujer dinámic__ y muy divertid__.

al mismo tiempo	gleichzeitig

LECCIÓN 8
Christina en Valladolid

TEMAS	ESTRUCTURAS COMUNICATIVAS
• La ciudad	♦ Preguntar y describir un camino

GRAMÁTICA	
᪥ Pretérito perfecto: morfología y uso ᪥ Complemento directo y pronombres personales	᪥ Comparativo y superlativo

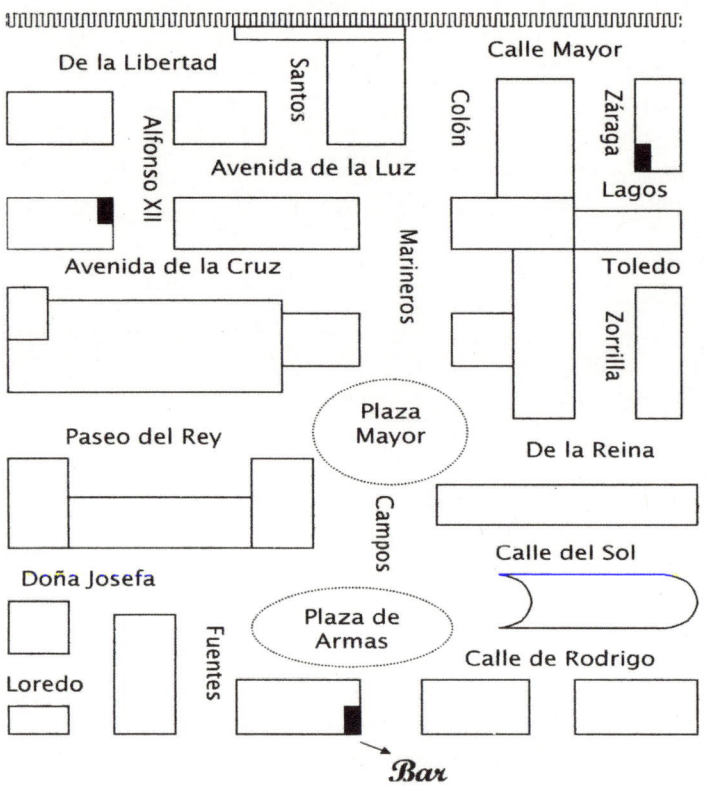

Christina en Valladolid

La Comunidad Autónoma de Castilla-León es "la tierra de los castillos" y la cuna del castellano. Valladolid es su capital y muchos extranjeros van allí para aprender la lengua.

Christina es una chica alemana de Colonia y acaba de llegar a
5   Valladolid esta mañana para hacer un curso de español en el instituto de idiomas *Lingualid*. Ha viajado toda la noche en tren y está muy cansada. Ya son las 9 de la mañana y todavía no ha desayunado. Busca un bar en la estación pero no encuentra ninguno agradable. Antes de buscar la pensión que ya ha reservado desde Alemania, decide ir al centro de la
10 ciudad para tomar allí un café y comer algo.

Camarero: ¡Hola! ¿Qué vas a tomar?
Christina: ¡Hola! Un café con leche y un bocadillo de jamón, por favor.
Camarero: ¡Cómo no, enseguida!

Después de un rato vuelve el camarero con lo que ha pedido Christina.

15 Camarero: Aquí está el café y el bocadillo. Tú no eres de aquí, ¿estás de paso?
   Christina: No, no soy de aquí, pero tampoco estoy de paso. Acabo de llegar de Alemania para hacer un curso de español en *Lingualid*.
20 Camarero: ¿En *Lingualid*? ¡Qué casualidad! Allí trabaja mi hermana. Da clases de conversación. Y las da muy bien. ¡Seguro que la vas a conocer!
   Christina: ¿Ah sí? Pues las clases comienzan mañana. ¿Tú sabes dónde está el Instituto? Lo estoy buscando en el plano pero no lo
25   encuentro.
   Camarero: Claro que sí. Es muy fácil. Mira, en esta esquina para el autobús 10, ¿ves? Lo coges y vas hasta la calle Mayor, son unas 4 paradas. En la calle Mayor tomas la primera calle a la derecha, la Calle Záraga, y sigues hasta la esquina. Allí está el
30   instituto, tiene un letrero muy grande. Lo vas a reconocer rápidamente.
   Christina: Pues no es tan difícil, muchas gracias. ¿Y sabes dónde está la calle Alfonso XII? Tengo que ir allí a buscar la pensión *Miraflor*.
   Camarero: ¿La calle Alfonso XII? También es muy fácil. Puedes ir a pie
35   desde aquí. Vas por esta calle hasta la Plaza de Armas, es una plaza muy grande con muchos árboles.
   Christina: Un momento. ¿Lo puedes explicar más despacio? Creo que si

no, me voy a perder.
Camarero: Sí, claro. Mira, mejor te dibujo el recorrido en una servilleta. A ver, aquí está el bar y aquí la Plaza Mayor. Atraviesas la plaza y cuando llegas al semáforo tomas la Avenida de la Cruz a la izquierda hasta la próxima esquina. Ésa es la calle Alfonso XII.

VOCABULARIO

tierra, la	[hier] Land	coger (j)	nehmen
castillo, el	Schloss, Burg	parada, la	Haltestelle
cuna, la	Wiege, Geburtsort	letrero, el	Schild
acaba de llegar	ist gerade angekommen	reconocer (zc)	erkennen
cansado/-a	müde	plaza, la	(Stadt)Platz
todavía	immer noch	despacio	langsam
agradable	angenehm	si no	sonst
decidir	entscheiden	perderse (ie)	[hier] sich verlaufen
jamón, el	Schinken	dibujar	zeichnen
cómo no	selbstverständlich	recorrido, el	Weg
enseguida	sofort	atravesar (ie)	durchqueren
rato, el	die Weile	semáforo, el	Ampel
estar de paso	auf der Durchreise sein	próximo/-a	nächste(r)
¡qué casualidad!	Was für ein Zufall!		

ᕦ Otra mirada al texto

- In der Lektion 4 wurden bereits zusammen mit den Präpositionen die Satzteile vorgestellt. Beantworten Sie die folgenden Fragen mit Hilfe des Textes:

  ¿Qué toma Chistina? Was isst und trinkt Christina?
  Ella toma _____. (Zeile 12)

  ¿A quién va a conocer? Wen wird sie kennenlernen?
  Va a conocer _____. (Zeile 18)

  ¿Qué dibuja el camarero? Was zeichnet der Kellner?
  Él dibuja _____. (Zeile 39)

  Wie heißen diese Satzteile auf Deutsch?

- Dibuje en el plano el recorrido que el camarero le explica a Christina.

 Gramática

I. PRETÉRITO PERFECTO: MORFOLOGÍA Y USO

Das Perfekt wird gebildet mit dem Hilfsverb **haber** und dem **Partizip** des Hauptverbs.

FORMACIÓN DEL PARTICIPIO		HABER	PARTICIPIO
Verbos en **-ar ⇒ -ado**:	particip**ado**	he	
		has	tom**ado**
		ha +	beb**ido**
Verbos en **-er o -ir ⇒ -ido**:	ten**ido**	hemos	viv**ido**
	sufr**ido**	habéis	
		han	

☼ **Observe:** Im Spanischen gibt es nur ein Hilfsverb:
Juan ha leído el texto.   Juan **hat** den Text gelesen.
Christina ha regresado a España.   Christina **ist** nach Spanien zurückgekehrt.

1. Einige Verben haben ein unregelmäßiges Partizip. Die wichtigsten sind:

abrir	⇒ **abierto**	hacer	⇒ **hecho**	romper	⇒ **roto**
decir	⇒ **dicho**	morir	⇒ **muerto**	ver	⇒ **visto**
descubrir	⇒ **descubierto**	poner	⇒ **puesto**	volver	⇒ **vuelto**
escribir	⇒ **escrito**	resolver	⇒ **resuelto**		

María Laura ha descubierto un nuevo virus en internet.   hat entdeckt
Juanjo, ¿tú has roto el libro?   Hast du das Buch kaputtgemacht?

2. Das Partizip ist unveränderlich:

Patricia y Romina ya han desayunado.
¿Has desayunado ya?

3. Das Perfekt drückt abgeschlossene Handlungen aus, die in einem zum Sprechzeitpunkt noch nicht abgeschlossenen Zeitraum stattfinden: **hoy, hasta ahora, nunca, esta mañana, este año, este mes, en mi vida**...

He trabajado mucho todo el día.
Este año hemos estado de vacaciones en la Selva Negra.
Isabel ha ido esta semana dos veces al cine.

§ 157

II. COMPLEMENTO DIRECTO Y PRONOMBRES PERSONALES
DIREKTES OBJEKT UND PERSONALPRONOMEN

Das Objekt (Sache oder Person), das von der Aktion, Handlung oder Wirkung des Verbs direkt betroffen wird, nennt man direktes Objekt. Das direkte Objekt antwortet auf die Frage ¿**qué?** für Sachen und ¿**a quién?** für Personen (**was?** oder **wen?**).

¿Qué has vendido? - *He vendido **los** libros.*
¿A quién conocen tus compañeros de piso? - *Conocen **a mi madre**.*

Recuerde: en el complemento directo se utiliza la preposición **a** para personas o animales (lecc. 4).

1. Durch die Personalpronomen wird in der Regel die unnötige Wiederholung von Information vermieden.

   ÁTONOS (unbetont)

me	
te	¿Has comprado los libros?
lo / la	- Sí, **los** he comprado hoy.
nos	
os	¿Has llamado ya a Patricia?
los / las	- No, **la** llamo mañana.

- Die unbetonten Formen können in der Satzstellung variieren. Beim konjugierten Verb stehen die Pronomen vor der Verbform:
  - *¿Vas a preparar la ensalada? - Sí, **la** voy a preparar. / Sí, voy a preparar**la**.*

- Bei unbetonten Pronomen steht das Negationsadverb vor dem Pronomen.
  *No **los** reconocen.*

- Steht das direkte Objekt vor dem Verb, muss das unbetonte Pronomen trotzdem erscheinen. Diese Form wird benutzt, um die Hervorhebung des Objektes zu unterstützen.

  *La ensalada **la** prepara mi madre.*   Den Salat bereitet meine Mutter zu.
  *A Pablo **lo** entiendo perfectamente.*   Pablo verstehe ich vollkommen.

- **Lo** kann auch eine Aussage oder einen Sachverhalt ersetzen.
  *Isabel es detective, pero sus amigos no **lo** saben.*
  ***Lo** siento.*   Es tut mir leid.

Observe: In Spanien wird das Pronomen **lo** bei Personen oft durch **le** ersetzt.
- ¿Ves **a Juan**?
- Sí, **le** veo.

2. In kurzen Sätzen ohne Verb werden die betonten Pronomen benutzt:

TÓNICOS (betont)	
a mí	
a ti	-¿Ves a Merche y a Luis?
a él / a ella / a usted	- **A ella** sí, pero **a él** no. Sie schon, aber ihn nicht.
a nosotros/-as	
a vosotros/-as	
a ellos / a ellas / a ustedes	

📖 §§ 101 - 105, 108, 111

III. COMPARATIVO Y SUPERLATIVO

1. El comparativo se construye de las siguientes maneras:
- Para comparar elementos diferentes:

  `más/menos + adjetivo/sustantivo + que`

  Juan y Gabriela son más inteligentes que Augusto y Silvina.
  Has tenido menos errores que yo en el examen.

  `verbo + más/ menos + que`

  Está comprobado que los varones estudian más que las chicas.

- Para comparar elementos iguales:

  `tan + adjetivo + como`

  Madrid, la capital de España, es tan grande como Berlín.

  `tanto(s)/-a(s) + sustantivo + como`

  Ariel ha escrito tantos textos como Mariana, por eso tiene la misma nota.

  `verbo + tanto + como`

  Miriam trabaja en la escuela tanto como Miguel.

2. El superlativo se construye de la siguiente manera:

> artículo definido + más/menos + adjetivo

Tu idea es realmente la más interesante.
Federico es el menos problemático del grupo.

Observe: bien, mal, bueno(s)/-a(s) und **malo(s)/-a(s)** bilden Komparativ und Superlativ mit einer eigenen Form:

bien ⇒ *Vuestro trabajo es el **mejor**.*
mal ⇒ *Esta enciclopedia es **peor** que la mía.*

§§ 133 - 137, 140

Ampliamos vocabulario

EXPLICAR EL CAMINO/EL RECORRIDO	WEGBESCHREIBUNG

PARA PREGUNTAR

Disculpe (entschuldigen Sie), ¿sabe Vd. dónde hay un banco?

Perdona (entschuldige), ¿sabes dónde está la biblioteca?

¿Cómo llego/voy a la estación?

¿Cómo se va al museo?

¿Está lejos/cerca del cine?

PARA DAR INFORMACIÓN

Tiene(s) que:
- seguir todo recto
- seguir hasta el semáforo/el cruce
- torcer/doblar (abbiegen) a la derecha
- tomar la primera a la izquierda
- cruzar/atravesar el parque
- pasar por

Ejercicios

1. Pasar las siguientes frases a pretérito perfecto utilizando expresiones temporales:

1. Julio y Carlos (abrir) los libros después de tres semanas de vacaciones.
2. Ángela no (decir) la verdad. Yo creo que (mentir).
3. (ver, yo) a Juan esta mañana. (tener) muchos problemas en el trabajo.
4. - ¿Cuántas cartas (escribir, tú)?
   - (poder, yo) escribir solamente dos.

5. Rodrigo, Ramón y yo (trabajar) mucho. Y no (salir) de vacaciones.
6. (oír, yo) el mensaje de tu madre. Está muy enojada.
7. - No (comer, tú) nada. ¿(estar) enfermo?
   - No, (levantarse, yo) muy tarde.
8. ¿Qué (hacer, vosotros) esta tarde? No os (ver, nosotros).

enojado/-a   zornig   **mensaje, el**   Nachricht

2. Traducir las siguientes frases:

1. Wir haben ein Haus in der Nähe von Barcelona gekauft, und deswegen sind wir dorthin geflogen.
2. Er hat den Brief noch nicht gelesen, aber er weiß schon, was sie geschrieben hat.
3. Hast du die Bücher schon bezahlt? Ich habe dieselben woanders gesehen und sie sind billiger.
4. Habt ihr schon gefrühstückt? Ich habe heute nichts gegessen und habe viel Hunger.
5. Laura hat das Mittagessen zubereitet, aber Marcelo ist nicht gekommen.
6. Im Urlaub haben wir viel geraucht, zu viel getrunken und sind jeden Abend ausgegangen.
7. Diese Woche konnte mein Vater nicht zur Arbeit gehen und er musste heute sogar zum Arzt.
8. Wir haben die Straße im Stadtplan nicht gefunden, deswegen sind wir mit einem Taxi gekommen.

3. Completar con el pronombre personal correspondiente:

1. Tomo un cigarrillo y _____ enciendo.
2. Javier escucha la pregunta y _____ responde.
3. Pago las revistas y _____ llevo.
4. Elena mira las fotos y _____ comenta.
5. ¿Por qué no tomas el café?   - Ya _____ tomo.
6. ¿No me estás escuchando?   - Sí, _____ hago.
7. Tengo muchos casetes pero no _____ escucho.
8. Leemos las frases pero no _____ entendemos.
9. Esta tarde no puedo ir, _____ siento.

4. Diese Personen wiederholen zu viel Information. Ersetzen Sie die Akkusativobjekte und lassen Sie nach Möglichkeit die Subjekte aus, damit die Dialoge nicht allzu langweilig wirken.
Estas personas repiten demasiada información. Sustituya los complementos directos y elimine los sujetos, siempre que pueda, para que los diálogos no sean tan aburridos.

1. - ¿Miramos la película? La película es muy buena.
   - No, ahora nosotros no miramos la película. Yo tengo mucho sueño.
2. - Isabel, ¿tú has escuchado la radio hoy?
   - No, yo no he escuchado la radio. ¿Yo me he perdido algo interesante?
3. - Mariela, la niña intenta abrir la puerta. ¡Cuidado!
   - No pasa nada. La niña no puede abrir la puerta porque la puerta está cerrada con llave.
4. - ¿Por qué cierras tú todas las ventanas?
   - Si yo no cierro todas las ventanas, yo sólo cierro las ventanas del dormitorio y las ventanas de la sala.
5. - Mira, ahora ella toma las pastillas y ella se queda dormida. ¡Qué buena película!
   - ¿Tú crees que ella va a tomar las pastillas en serio?
6. - Andrés ha comido la carne. ¿Y ahora qué hacemos nosotros?
   - ¿Pero cuándo ha comido la carne Andrés? No puede ser, Andrés es vegetariano.
7. - ¿Tú necesitas ahora las llaves del piso?
   - No, ahora yo no necesito las llaves. Mañana yo voy a necesitar las llaves.
8. - Julio, esa mujer es la madre de Romina.
   - Si yo ya conozco a esa mujer. Yo he conocido a esa mujer hoy a la mañana.

tener sueño	müde sein	**llave, la**	Schlüssel
perderse algo	etwas verpassen	**en serio**	im Ernst
pastilla, la	Tablette, Pastille	**carne, la**	Fleisch
cerrado/-a	geschlossen		

5. Complete usando el comparativo o el superlativo:

1. Yo no sé si la película es _____ interesante _____ el libro.
2. Estos discos son _____ mejores.

LECCIÓN 8

3. ¿Has estudiado _____ Alejandro? No lo creo.
4. La música aquí es _____ en el bar de José.
5. Actualmente viajar en avión _____ caro _____ que en barco.
6. Creo que ahora ella gana _____ dinero _____ nosotros.

6. Compare con ocho frases dos ciudades que conoce bien:

Ejemplo: *Mi ciudad es más tranquila que ...*
En mi ciudad hay menos habitantes que en ...
Los alquileres en mi ciudad cuestan más que en ...

7. Sie treffen auf der Straße zwei Spanischlehrer. Die beiden fragen nach dem Weg zum Bahnhof (auf Spanisch, selbstverständlich). Sie möchten sich über die beiden lustig machen und geben einen falschen Weg an. Denken Sie sich einen aus und erzählen Sie ihn anderen Kursteilnehmern/-innen.
Usted encuentra en la calle a dos profesores de español y ellos le preguntan (en español, por supuesto) cómo llegar a la estación de trenes. Usted quiere reírse un poco y les explica (en español, obviamente) un recorrido falso. Invente uno y cuénteselo a sus compañeros/-as.

8. Su universidad tiene un servicio en internet para estudiantes extranjeros. Haga una breve descripción de su ciudad en español. Puede usar estas palabras y agregar preposiciones de lugar:

el museo - el aeropuerto - la plaza central - la vida nocturna - la catedral - el centro - la estación de trenes - los monumentos - el parque - los bares - la zona peatonal - las tiendas - los alrededores - el ambiente - el cine - la exposición - las fiestas - la juventud - el trabajo - los autobuses

vida nocturna, la	Nachtleben	**tienda, la**	Laden
monumento, el	Denkmal	**cine, el**	Kino
zona peatonal, la	Fußgängerzone	**alrededores, los**	Umgebung

Ejercicio de repaso

9. Complete las frases con las preposiciones **a, en, para, por** o **de** (lecc. 4):

1. Estudio - este - instituto - aprender - español.
2. - ir - Tarragona - hay - que - pasar - Cambrils.
3. Espero - mi - padre - cenar - su - restaurante - preferido.
4. Llegamos - Sevilla - las - ocho - la - noche.
5. - Galicia - hay - zonas - mucha - lluvia.
6. Necesito - unas - vacaciones - descansar - y - tomar - el - sol.
7. - ir - vacaciones - es - necesario - tener - suficiente - dinero.
8. Voy - ir - tren - Londres - porque - es - más - barato.
9. Estoy - viaje - Europa - y - quiero - conocer - muchos - países.

10. Tachar el verbo que no corresponde: (lecc. 7)

1. *Es / Está* lloviendo y Jorge todavía no *es / está* en casa.
2. Julia *es / está* de Bilbao pero *es / está* trabajando en Sevilla.
3. Silvia *es / está* contenta porque su hijo hoy *es / está* muy tranquilo.
4. El concierto *es / está* el lunes. Los músicos *son / están* excelentes.
5. Mi abuelo tiene noventa años y *es / está* muy bien. Camina mucho.
6. Aquel coche *es / está* de la empresa. *Es / Está* un Seat azul.
7. El reloj de la cocina *es / está* roto. ¿Qué hora *es / está*?
8. Estela *es / está* loca. Dice que yo no la quiero.

11. a) Completar la forma de los adjetivos posesivos que faltan en el primer texto.

- Y tú, ¿dónde vives?
- En la Plaza de Armas. En un piso muy grande. Es _____ . Lo he comprado este año.
- ¿Y con quién vives?
- Vivo con _____ novio. _____ hermana gemela, Elena, vive con nosotros. Ella está estudiando aquí. A veces viene _____ novio, que también estudia Derecho. Pero creo que me estás preguntando mucho. _____ vida privada no es asunto tuyo.

  No es asunto tuyo   Das geht dich nichts an

b) Transformar los otros dos después (atención también cambian los verbos) (lecc. 3):

- ¿Dónde vive tu amigo Alejandro?...
- ¿Dónde vivís tu hermano y tú?...

12. Intercambiar datos: Usted tiene algunos datos de las siguientes personas. Para completar la tabla pregunte a su compañero/-a, pues él / ella tiene en la página 265 los datos que faltan, y viceversa. Los huecos en negrita son para que usted invente la información:

	Nombre	Edad	Profesión	Estado civil / hijo(s)	País / Ciudad
1	Luis Miguel			/ 7 hijos	Paraguay /
2		29		soltera /	
3	Griselda			soltera /	España /
4			dentista	/ 3 hijas	/ Montevideo
5				tiene novia	/ Cancún
6		22	estudiante		Alemania /
7	Germán		médico	/ 4 hijos	/ Tenerife
8		26		soltero /	/ Quito

13. Escriba el diálogo entre el padre y la hija usando especialmente los demostrativos. Puede utilizar el siguiente vocabulario:

espejo, el   Spiegel   **regalo, el**   Geschenk
máquina de afeitar, la   Rasierapparat   **pastilla de jabón, la**   Stück Seife

LECCIÓN 9
Organizando una fiesta

TEMAS	ESTRUCTURAS COMUNICATIVAS
• Prendas de vestir • Colores y materiales • Otros gentilicios	♦ Invitar ♦ Aceptar / rechazar una invitación
GRAMÁTICA	
⟐ Complemento indirecto y pronombres personales ⟐ Combinación de pronombres y regencia verbal	⟐ Usos de **saber** y **poder** ⟐ Indefinidos (1ª parte)

Organizando una fiesta

Christina ya ha conocido en Valladolid a algunos españoles y españolas. Sus amigos van a hacer una fiesta y quieren invitarla.

- ¡Hola Christina! ¿Qué tal estás?
- ¡Hola Javier! Muy bien, con un poco de calor.
- Oye, ¿ya tienes algo previsto para este sábado?
- Todavía no, ¿por qué?
- Pues porque Ramón y yo hemos pensado organizar una fiesta. Mis padres van a pasar el fin de semana fuera y voy a estar solo en casa. Ricardo va a traer los nuevos discos que ha comprado.
- ¿Y qué música es?
- Uno de los discos tiene música para bailar rumba, salsa y merengue. El cantante se llama Juan Luis Guerra y es muy conocido. El otro disco es de Rosana, una española que tiene temas movidos y lentos, ¿la conoces?
- Bueno, la verdad que no. Y tampoco sé bailar muy bien, ¿me puedes enseñar?
- Claro, si quieres. A mí me gusta muchísimo bailar salsa. He aprendido este verano en casa de Felisa, ella y su hermana me han enseñado. Ha sido divertidísimo.
- ¡Ah, qué bien! Pero, dime, ¿necesitas ayuda para la fiesta?
- Gracias, pero no hace falta. Mi hermano nos ayuda a preparar unos bocadillos, Felisa va a preparar una tortilla y Ramón dice que sabe hacer unos mojitos buenísimos.
- ¿Mojito? ¿Es una comida?
- ¡Una bebida! Pero, ¿no sabes todavía qué es un mojito? Pues ya lo vas a probar el sábado. Ramón lo prepara muy bien. Te va a encantar. Oye, ¿por qué no invitas a tus compañeros de piso?
- Vale. Ellos tampoco saben bailar salsa, así que podemos aprender todos juntos.
- ¿De dónde son?
- Alexja es rusa, Andrej polaco, Shirley canadiense y Taro es japonés. Es una mezcla interesante, sobre todo cuando hablamos en español. El único problema es que Alexja no puede bailar porque tiene la pierna escayolada, pero bueno... creo que si bebe algo se va a sentir mejor.
- Venga, ¡cuantos más, mejor! Entonces, ¡hasta el sábado!
- Vale. Y ya sabéis, si necesitáis ayuda me llamáis por teléfono. ¡Adiós!

VOCABULARIO

festejar	feiern	hacer falta	nötig sein
calor, el	Wärme, Hitze	mojito, el	kubanisches Getränk mit
previsto/-a	vorgesehen		Rum, Zitrone und Zucker
disco, el	Schallplatte, CD	muchísimo/-a	[sup.] sehr viel
bailar	tanzen	mezcla, la	Mischung
cantante, el/la	Sänger(in)	pierna, la	Bein
conocido/-a	bekannt	escayolado/-a	eingegipst, in Gips
tema, el	[hier] Lied	¡venga!	los!
movido/-a	[hier] mit Rhythmus	cuantos más	
lento/-a	langsam	mejor	je mehr desto besser
divertidísimo/-a	sehr lustig		

 **Otra mirada al texto**

Im Text erzählt Christina Javier, dass sie und ihre Mitbewohner Salsa nicht **tanzen können**. Sie erzählt noch, dass Alexja nicht **tanzen kann**, weil ihr Bein eingegipst ist. Für die zwei Ausdrücke von "können" benutzt sie auf Spanisch zwei verschiedene Verben. Welches sind die Verben und welcher Unterschied fällt Ihnen auf?

📖 Gramática

I. COMPLEMENTO INDIRECTO Y PRONOMBRES PERSONALES
INDIREKTES OBJEKT UND PERSONALPRONOMEN

Das indirekte Objekt bezeichnet das Ziel (Sache oder Person) der Handlung, die durch das Verb ausgedrückt wird. Das indirekte Objekt im Spanischen antwortet auf die Frage **¿a qué?** für Sachen und **¿a quién?** für Personen (wem?). Vor dem indirekten Objekt steht immer die Präposition **a** (lecc. 4).

¿A qué le pones más sal? Wo tust du noch mehr Salz rein?
- A la sopa. In die Suppe.

¿A quién le escribes una carta? Wem schreibst du einen Brief?
- A mi novia. Meiner Freundin.

Genauso wie beim direkten Objekt, gibt es betonte und unbetonte Pronomen, um die unnötige Wiederholung der Information zu vermeiden.

1. Unbetonte Pronomen:

ÁTONOS

me		
te	*Me gusta el verano.*	Ich mag den Sommer.
le (se)	*¿Qué os falta?*	Was fehlt euch?
nos	*Te doy el dinero mañana.*	Ich gebe dir morgen das Geld.
os		
les (se)		

- Die unbetonten Formen können in der Satzstellung variieren. Wir empfehlen zunächst die Stellung vor dem konjugierten Verb beizubehalten:
  *¿**Le** vas a preguntar?*
  ***Te** estoy preparando la maleta para el viaje.*

- Bei unbetonten Pronomen steht das Negationsadverb vor dem Pronomen.
  ***No les** permito esto.*   Ich erlaube Ihnen das nicht.

- Steht das indirekte Objekt vor dem Verb, muss das unbetonte Pronomen trotzdem erscheinen. Diese Form wird benutzt, um die Hervorhebung des Objektes zu unterstützen.
  *A José **le** gustan los libros.*   José gefallen die Bücher.

2. Die indirekten betonten Pronomen sind dieselben wie die direkten:

TÓNICOS

a mí	
a ti	
a él / a ella / a usted	***A nosotros** no nos gusta esto.*
a nosotros/-as	*¿Le has dado el libro **a él**?*
a vosotros/-as	
a ellos / a ellas / a ustedes	

- Um das indirekte Objekt zu unterscheiden oder genauer zu benennen (insbesondere in der 3. Person), können die betonten Pronomen in einem Satz zusammen mit der unbetonten Form stehen (**reduplicación de pronombres**).
  - *Hoy he hablado con Marisa y Julián.*
  - *¿**Le** has dicho **a ella** que vamos el sábado a Madrid?*

- Hat der Satz kein Verb, so setzt man **nur** das betonte Pronomen ein:
  - *¿Les gusta el mojito?*
  - *- **A nosotros** sí.*   Uns schon.

  - *- Todavía no me han dado la bebida.*
  - *- **A mí** tampoco.*   Mir auch nicht.

  📖 §§ 102-104, 108-112, 279-282

II. COMBINACIÓN DE PRONOMBRES Y REGENCIA VERBAL

1. Bei der Kombination von indirekten und direkten Pronomen setzt man erst das indirekte und dann das direkte Pronomen ein:

   Te vendo la cocina. ⇒ ***Te la** vendo.*

   🕯 **Observe:** Die Pronomen **le** und **les** werden vor **lo/la/los/las** zu **se**:

   Mario le da un beso a Juana. ⇒ *Mario **se** lo da.*
   Sra. López, ¿le corrijo la carta? ⇒ *Sra. López, ¿**se** la corrijo?*

2. Bei der Übersetzung ins Spanische muss man auf die Rektion des Verbs achten. Nicht alle Verben haben dieselbe Rektion in beiden Sprachen:

ayudar + compl. directo	helfen + Dativ
*María **la** está ayudando.*	María hilft **ihr** gerade.

felicitar + compl. directo	gratulieren + Dativ
*¿Ya **lo** has felicitado?*	Hast du **ihm** schon gratuliert?

perdonar + compl. directo	verzeihen + Dativ
*No **las** puedo perdonar.*	Ich kann **ihnen** nicht verzeihen.

seguir + compl. directo	folgen + Dativ
*Siga por favor **las instrucciones**.*	Folgen Sie bitte **den Anweisungen**.

pedir + compl. indirecto de persona
Les pido solamente un favor.

bitten + Akkusativ (um)
Ich bitte **Sie** nur um einen Gefallen.

preguntar + compl. indirecto
¿Por qué no **le** preguntas **a ella**?

fragen + Akkusativ
Wieso fragst du nicht **sie**?

Hier finden Sie die Tabelle mit den Subjektpronomen und mit den direkten und indirekten Pronomen:

Sujeto	Complemento Directo		Complemento Indirecto	
	Átonos	Tónicos	Átonos	Tónicos
yo	me	a mí	me	a mí
tú	te	a ti	te	a ti
él/ella/usted	lo/la	a él/a ella/a usted	le (se)	a él/a ella/ a usted
nosotros/-as	nos	a nosotros/-as	nos	a nosotros/-as
vosotros/-as	os	a vosotros/-as	os	a vosotros/-as
ellos/ellas ustedes	los/las	a ellos/a ellas a ustedes	les (se)	a ellos/a ellas a ustedes

📖 §§ 106, 223-224

III. USOS DE **SABER** Y **PODER**   WISSEN / KÖNNEN / DÜRFEN

SABER

sé
sabes
sabe
sabemos
sabéis
saben

- **Saber** entspricht dem deutschen Verb **wissen**, drückt aber auch eine meist erlernte Fähigkeit aus:

¿Sabes cuándo viene Inés?
Yo sé conducir camiones.

Weißt du, wann Inés kommt?
Ich kann Lkw fahren.

PODER

puedo
puedes
puede
podemos
podéis
pueden

- **Poder** drückt eine durch äußere Umstände oder Erlaubnis gegebene Möglichkeit aus:

Mañana no puedo venir.
¿Puedes esperar en la oficina?

Ich kann morgen nicht kommen.
Kannst du im Büro warten?

Vergleichen Sie die folgenden Sätze:

*Julia no **sabe** nadar.*　　Julia kann nicht schwimmen. (Sie hat es nicht gelernt)
*Julia no **puede** nadar.*　Julia kann/ darf nicht schwimmen. (Sie ist z. B. erkältet)

📖 §§ 234-235

IV. INDEFINIDOS (primera parte)　　　　　　　　INDEFINITA (1. Teil)

Indefinita bezeichnen eine unbestimmte Menge. Auf Spanisch können sie als Adjektiv (+ Substantiv), als Pronomen (anstelle eines Substantivs) oder als Adverb (+ Adjektiv/Adverb/Verb) benutzt werden. Achten Sie auf die unterschiedliche Satzstellung!

bastante(s)	*El café de Colombia es bastante bueno.*	ziemlich
	Creo que no duermo bastante.	genug
	Tengo bastantes problemas con el ruso.	ziemlich viele
demasiado(s)/-a(s)	*Te levantas demasiado tarde.*	zu
	No es bueno comer demasiado por la noche.	zu viel
	Aquí hay demasiadas personas.	zu viele
más	*Gracias, no quiero comer más.*	mehr
	¿Más café?	mehr, noch
menos	*Tienes que hablar menos rápido.*	weniger
	Los viernes trabajo menos.	weniger
mucho(s)/-a(s)	*Me gusta mucho el cine italiano.*	sehr
	No es bueno comer mucho por la noche.	viel
	Tengo muchos problemas con el ruso.	viele
muy	*Esta noche no vengo muy tarde.*	sehr
poco(s)/ -a(s)	*Yo casi siempre desayuno poco.*	wenig
	Quiero el café con poca azúcar.	wenig

Observe: muchísimo(s)/-a(s)　　　sehr viel(e)
　　　　　　un poco **de**　　　　　　ein bisschen

📖 §§ 50, 52, 59, 64-65

Ampliamos vocabulario

1. PRENDAS DE VESTIR   KLEIDUNG

Lesen Sie folgenden Text:

Ich bin eine sehr elegante Person. Ich trage immer **un sombrero** (niemals **un gorro**, auch nicht im Winter). Wenn ich ins Theater gehe, habe ich natürlich **un traje** an (elegante **pantalones** und **una** klassische **americana**), **una corbata** aus Seide und **una** passendes **camisa** dazu. Im Winter schütze ich mich gegen
5 die Kälte mit **un abrigo**, an den Händen mit **guantes** und am Hals mit **una bufanda** (oder noch schicker mit **un pañuelo**). Alles muss zusammenpassen: **los zapatos** mit **los calcetines**, **el cinturón** mit der Hose. Sogar **la ropa interior** muss dazu passen.

Meine Freundin achtet nicht so sehr auf ihr Äußeres. **Las chaquetas** aus Jeans
10 oder Leder kauft sie auf dem Flohmarkt. Wie oft habe ich ihr gesagt, dass sie **un vestido** anziehen soll (wenigstens wenn wir meine Mutter besuchen). Aber nein! Sie muss immer **esas** fürchterlichen **faldas** oder **minifaldas** tragen, abgesehen von **las** schrecklichen **blusas**, die sie wahrscheinlich aus der Mülltonne rausgeholt hat. Ich habe nichts dagegen, wenn sie zu Hause mit alten **vaqueros**
15 rumläuft (dazu **los** passenden prähistorischen **jerseys**, deren Wolle nicht mehr zu erkennen ist, oder **esa camiseta**, das sie seit ihrer Abi-Abschlussparty hat). Aber das Schlimmste sind **las botas**. Man könnte glauben, dass sie damit die ganze Welt durchwandert habe.

Und jetzt ergänzen Sie mit den spanischen Vokabeln und den Artikeln:

Deutsch	Spanisch	Deutsch	Spanisch
Anzug	_____	Mantel	_____
Bluse	_____	Minirock	_____
Gürtel	_____	Mütze	_____
(Hals)tuch	_____	Pullover	_____
Handschuhe	_____	Rock	_____
Hemd	_____	Sakko/Jacket	_____
Hose	_____	Schal	_____
Hut	_____	Schuhe	_____
Jacke	_____	Socken	_____
Jeanshose	_____	Stiefel	_____
Kleid	_____	T-Shirt	_____
Krawatte	_____	Unterwäsche	_____

2. COLORES Y MATERIALES   FARBEN UND MATERIAL

COLORES	MATERIAL
blanco/-a	de lana
azul	de tela
negro/-a	de algodón
verde claro	de nylon
rojo/-a oscuro	de seda
lila	de cuero
gris	de piel
amarillo/-a	
marrón	
celeste	

*José **lleva** una camisa blanca de algodón, una corbata gris y un pantalón negro.*

*Elena **lleva** una blusa verde de seda, unos vaqueros azules y unas botas marrones de cuero.*

Observe: Die Farben **rosa**, **naranja** und **violeta** variieren weder in Genus noch in Numerus:
Me he comprado unos pantalones rosa.

3. OTROS GENTILICIOS   WEITERE NATIONALITÄTSADJEKTIVE

Complete la tabla:

ÁFRICA		EUROPA	
Angola		Croacia	
Rep. Sudafricana		Rusia	
Marruecos	*marroquí*	Turquía	
AMÉRICA		Ucrania	
Brasil		Yugoslavia	
Canadá		ASIA	
Estados Unidos		China	
OCEANÍA		Filipinas	*filipino/-a*
Australia		India	
Nueva Zelanda		Japón	

Busque cinco gentilicios más de países que no están en la lista.

LECCIÓN 9

Ejercicios

1. Escribir la forma correcta de los verbos **saber** o **poder** en presente:

1. Jaime _____ conducir muy bien pero en este momento no _____ porque se ha roto el brazo.
2. Yo no _____ todavía si _____ presentarme al examen, es que no he estudiado mucho.
3. Javier no _____ venir a trabajar hoy. ¿_____ (tú) si mañana va a venir?
4. Enrique _____ escribir a máquina. Pero no _____ si va a _____ porque jugando al tenis se ha roto un dedo.
5. Él _____ ayudarte en tu tesis. _____ muchísimo del tema.

brazo, el	Arm	**tesis, la**	Doktorarbeit
dedo, el	Finger		

2. Traducir las siguientes frases:

1. Heute kann er nicht fahren, weil er Kopfschmerzen hat.
2. Carlos und Teresa wissen nicht, warum Javier nicht kommt.
3. Erich ist heute sehr nervös. Er kann nicht lernen.
4. Er kann nicht auf Deutsch schreiben, aber er kann dir trotzdem helfen.
5. Wir können ihn fragen, er weiß sehr viel darüber.

3. Colocar los pronombres personales correspondientes:

1. No _____ gusta nada la gramática, pero la historia sí _____ interesa.
2. ¿ _____ interesa a usted la música clásica? _____ puedo dar unos discos que tengo en casa.
3. Marisa, ¿ _____ importa cerrar la ventana?
4. Y a ti, ¿ _____ gusta el fútbol? Porque _____, sinceramente no.
5. Luis es un pasota: todo _____ da igual.
6. Marcos, ¿no _____ interesa saber quién es el campeón europeo de fútbol?
7. ¿Qué _____ ha parecido a ti la última película de Almodóvar?
8. A nosotros no _____ molesta ir al mercado todos los sábados.

importar	[hier] jdm. etwas ausmachen	**campeón/-ona**	Gewinner/-in
dar igual	egal sein	**baloncesto, el**	Basketball
ser pasota	[fam.] ausgeflippt sein		

4. Sustituir los sujetos, los objetos directos y los indirectos por los pronombres respectivos:

1. La profesora les da a los estudiantes una hoja (Blatt) con tareas.
2. Elena le devuelve la bicicleta a Juan mañana.
3. Ricardo ya les está sirviendo la cerveza a sus colegas.
4. Javier y yo le vamos a llevar la enciclopedia a la profesora de español.
5. Mi padre les ha comprado un coche a mis hermanas.
6. Christina nos va a preparar un mojito.
7. Javier ya no le quiere enseñar el baile a Sandra.
8. Yo no sé si comprar los diccionarios o no.
9. No os puedo recomendar ir al concierto.
10. Nieves y Auxi todavía se están probando los vestidos.

5. Vea qué pronombres de la izquierda corresponden a qué complementos de la derecha. Hay varias posibilidades:

- Te las he comprado hoy a la mañana.
- ¿Le has dado el periódico?
- ¿Por qué no las visitas?
- ¿Cuándo las vas a hacer?
- Marcos, ¿tú los has visto?
- Florencia le corrige el trabajo.
- ¿Se lo has dicho ya?
- ¿Por qué le has sacado las hojas?

al libro
las traducciones
a Mabel y a Rodrigo
las naranjas
que nos vamos a casar
a María y a Laura
a Jorge
a tu padre

sacar herausnehmen

6. ¿Es usted una persona romántica? Traduzca al español:

Mein Tagebuch:

Es ist Frühling, und ich kann ihn nicht vergessen. Ich schreibe ihm jeden Tag zwei Briefe. Ich brauche ihn zum Atmen. Seine Hände sind immer noch bei mir, ich fühle sie morgens und abends. Ich vermisse sie. Er ist mein Norden und mein Süden. Ich bewundere ihn, ich will ihm alles geben. Er kann mich nicht vergessen haben! Ich werde ihn suchen, und ich werde ihn finden! Dann werde ich ihm sagen, wie sehr ich ihn liebe…

7. Traducir las siguientes frases con indefinidos:
1. Sie verdient nicht viel, hat aber auch wenig Zeit, um Geld auszugeben.
2. Sie (*usted*) kommen immer zu spät.
3. Ich frühstücke immer sehr wenig.
4. Wir haben viele alte Bücher von meinem Großvater. Es sind mehr oder weniger 200 Exemplare aus allen Epochen der europäischen Literatur.
5. Mittwochs sind viele Leute im Kino. Es ist Kinotag (*día del espectador*).
6. Heute kommen viele Kinder zum Geburtstag, und ich habe nicht genug Zeit, um alles in Ruhe vorzubereiten.
7. Ziemlich viele deutsche Universitäten bieten heutzutage Russischkurse an.

8. Complete con indefinidos que den sentido a la frase:
1. Claro que tienes _____ trabajo, pero es que también trabajas _____ despacio.
2. Eva siempre se levanta _____ tarde y para ducharse necesita _____ tiempo.
3. Hoy la clase de español es _____ interesante porque aprendemos _____ reglas de gramática, que es lo que yo quiero siempre.
4. Tenemos un piso _____ barato en una calle _____ céntrica, con unos vecinos _____ simpáticos. La verdad es que tenemos _____ suerte.
5. Hay _____ gente aquí y _____ pocas sillas. No podemos trabajar así.
6. El hotel está _____ lejos de la universidad y las habitaciones son _____ caras. Es mejor buscar otra cosa.

9. ¿Qué cosas le gustan y qué cosas no? Aquí tiene una lista con ejemplos:

> los años '60 - los partidos de fútbol - el tecno - las flores - la filosofía
> viajar en avión - la policía - las bodas - el orden - hablar por teléfono
> escribir cartas - gastar dinero en ropa - las manifestaciones - el vodka
> la gramática española - el euro - gritar - las minifaldas - el color negro

Comente con su compañero/-a usando las siguientes estructuras y justifique sus gustos. **Ejemplo:** *Odio hablar por teléfono porque no sé qué decir.*

Me encanta(n) ...   No me gustan nada...   No soporto...
Me gusta(n) mucho...   Me da(n) igual ...   Odio...

10. ¡No sé qué ponerme! Mañana hay una fiesta en la universidad y Vd. no sabe qué llevar. Pídale a su compañero/-a que lo ayude y que le diga qué ponerse. Los siguientes puntos pueden serle útiles:

- qué tipo de fiesta es
- qué tipo de gente va a ir
- qué ropa tiene Vd. (cómoda, clásica, elegante, etc.)
- cuánto dinero quiere/ puede gastar en ropa para la fiesta

11. Escriba un texto inventando una historia sobre una de las fotos de la primera página de la lección. ¿Quién ha organizado la fiesta? ¿Quiénes son los invitados / las invitadas (Gäste)? ¿Qué ropa llevan?

Ejercicio de repaso

12. Completar con **ser, estar** o **hay**: (lecc. 7)

Yo _____ Carmen. Mi papá _____ francés y mi mamá venezolana. Tengo 16 años y _____ muy alta. Ahora _____ rubia porque he estado esta semana en la peluquería y me han hecho algo especial. Yo _____ de Caracas pero ahora _____ de vacaciones en Maracaibo, en la casa de mis tíos. En Maracaibo _____ muchísimos bares y dos discotecas gigantes. A mí me encanta bailar. Pero en esta ciudad _____ también mucho desempleo. Y eso _____ un problema para mis primos. Por eso _____ buscando trabajo.

alto/-a [hier] groß   **rubio/-a** blond

13. Elija la preposición correcta: (lecc. 4)
1. No voy a pagar más de 15 euros *por / para* el disco.
2. La camisa es demasiado pequeña *por / para* tu padre.
3. Vamos a Madrid *por / para* comprar los libros.
4. Tengo que regresar a casa *por / para* mis hijos. ¡Lo siento!
5. ¡No puedes salir *por / para* la ventana!
6. Ernesto está con Mónica *por / para* amor.
7. Marcelo tiene que hacer la traducción *por / para* el viernes.
8. Silvia estudia *por / para* ser arquitecta. Quiere trabajar en Francia.

14. a) Lea el siguiente texto:

Treintañeros en casa de papá y mamá

El 65% de los jóvenes españoles de entre 25 y 30 años aún vive con sus padres. Según Inés Alberdi, en su libro *Las nuevas familias españolas*, esto ha sido provocado por varios factores. El primero es el ambiente de tolerancia que respiran en casa. El segundo son la dificultad de independizarse (comparado con la comodidad que tienen en sus casas), y el hecho de que los nuevos valores de independencia y realización personal ya no están necesariamente ligados a la formación de una familia.
Los padres de ahora son más permisivos y les permiten a sus hijos tener sus propios reinos, sus dormitorios, donde no falta nada: el 26% tiene ordenador, videoconsola el 21%, a siete de cada 10 no les falta el radiocasete, el 50% posee un equipo de música y el 13% tiene teléfono móvil, según el CIS (Centro de Investigaciones Sociológicas). Tampoco hay problemas en el tema de los horarios: hay prácticamente libertad absoluta para poder entrar y salir de casa.
Pero el poder general está todavía en manos de los padres: ellos mandan en casa y toman las decisiones más importantes.

Texto basado en información de "El País Semanal", 28-05-2000

treintañero/-a	Dreißigjährige(r)	**ligado a**	im Zusammenhang
respirar	atmen	**permisivo/-a**	freizügig
dificultad, la	Schwierigkeit	**ordenador, el**	Computer
hecho, el	Tatsache	**videoconsola, la**	Videoanlage
valor, el	Wert	**equipo de música, el**	Musikanlage
realización personal, la	Selbstverwirklichung	**poder, el**	Macht

b) Para opinar y comentar:

- ¿Qué le parece la independencia-dependencia que presenta el texto?
- ¿Qué significa para usted "independizarse de los padres"?
- ¿Qué cosas son necesarias para usted en un dormitorio?
- ¿Cómo es la situación de los jóvenes en su país? ¿Qué tipo de relación tienen con sus padres?

LECCIÓN 10
En un bar español

TEMAS	ESTRUCTURAS COMUNICATIVAS
• Un bar en España • Materiales para la clase y el estudio	♦ Localizar objetos y personas ♦ Describir procesos ♦ Pedir en un bar o restaurante
GRAMÁTICA	
✎ Indefinidos, 2ª parte ✎ Perífrasis verbales de gerundio e infinitivo	✎ Colocación de pronombres personales ✎ Adverbios de modo en **-mente**

Bar Pokhara en San Sebastián

En un bar español

En casi todas las ciudades españolas el barrio antiguo se caracteriza por ser un lugar ideal para recorrer bares, donde se pueden probar algunos vinos de la tierra y los pinchos más típicos. La ciudad vasca de San Sebastián (*Donostia* en vasco) es la capital de la provincia de Guipúzcoa (*Gipuzkoa*). Allí, el barrio antiguo es un laberinto de calles estrechas con muchos bares llenos de gente a todas horas.

Juan José Recio lleva trabajando ya tres años de camarero en el bar "Pokhara" de San Sebastián. Es un bar donde se sirven desayunos, y también van oficinistas y empleados a tomar el café de media mañana; antes de comer hay gente que toma un vino o una caña con un pincho, y para comer el "Pokhara" ofrece un menú del día económico: primer plato (sopa, ensalada, embutidos etc.), segundo plato (carne o pescado), postre, pan y bebida (vino, agua o cerveza) por 10 euros. Después de comer se llena el bar, a partir de las tres, cuando mucha gente se encuentra para tomar café y jugar una partida. Por las tardes van estudiantes, gente que acaba de salir de trabajar, que ha estado de compras... Muchos días cierran después de las 12 de la noche. Cada bar tiene su ambiente y en el "Pokhara" los domingos por la tarde se ve un partido de fútbol o baloncesto.

Son las nueve y media de la mañana. Los clientes están desayunando: unos toman un café con leche y unas magdalenas o un croasán, otros toman un café solo muy rápido. Algunos estudiantes también prefieren desayunar en el bar, por ejemplo, Kepa, Izaskun y Teresa. Llevan charlando un rato sobre los planes para el fin de semana. Toman chocolate con churros, porque es uno de los bares donde mejor lo preparan. Muchas veces se sientan en la terraza que está delante del bar.

Juanjo aprovecha para hacer una pausa y fumar un cigarrillo. Pepe, su compañero que está detrás de la barra, está escuchando atentamente los resultados del fútbol en la radio para saber si tiene un catorce en la quiniela. Todas las semanas vuelve a probar su suerte. Acaba de entrar una señora y está mirando la lista de precios. No hay mesas libres, pero ella normalmente se queda en la barra charlando con los camareros; Juanjo ya la conoce. Espera tranquilamente con su cigarrillo entre los labios mientras ella sigue leyendo.

VOCABULARIO

barrio, el	Stadtviertel	partida, la	Runde, Partie (Gesellschaftsspiel)
barrio antiguo, el	Altstadt		
caracterizarse por	sich auszeichnen	partido, el	Spiel (Sport)
lugar, el	Ort	magdalena, la	Biskuitkuchen
recorrer	durchgehen	croasán, el	Croissant
laberinto, el	Labyrinth	charlar	sich unterhalten
servir (i)	[hier] servieren	rato, el	Weile
estrecho/-a	eng, schmal	churro, el	spanisches Ölgebäck
oficinista, el/ la	Büroangestellte(r)	fumar	rauchen
caña, la	[hier] Bier vom Fass	barra, la	Theke
embutido, el	Wurst	escuchar	zuhören
pescado, el	Fisch	resultado, el	Ergebnis
postre, el	Nachtisch	atentamente	aufmerksam
bebida, la	Getränk	quiniela, la	Toto
llenarse	voll werden	lista de precios, la	Preisliste
a partir de	ab	libre	frei
		labio, el	Lippe

⌒ Otra mirada al texto

- Reúna el vocabulario del texto relacionado con los siguientes temas:

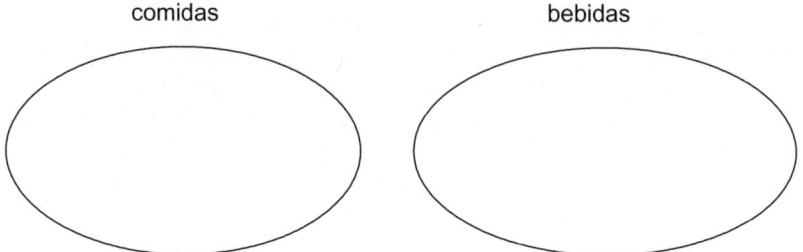

comidas   bebidas

- Busque en el texto las formas de gerundio. ¿Con qué verbos se usan?:

Ejemplo: línea 7, *Juan José Recio lleva trabajando ya tres años.*

📖 Gramática

I. INDEFINIDOS (segunda parte)　　　　　　　　　　**INDEFINITA (2. Teil)**

algo	*Algo no está bien aquí.*	etwas
alguien	*En casa hay alguien.*	jemand
alguno(s)/-a(s)	*Algunos problemas son serios.*	einige, manche
	¿Me compras alguna revista?	irgendeine
nada	*No se puede hacer nada.*	nichts
nadie	*Aquí no hay nadie.*	niemand
ninguno/-a	*¿Han ido profesores a la fiesta?*	
	- No sé, yo no he visto a ninguno.	keinen
otro(s)/-a(s)	*¿Tienes otros libros de portugués?*	andere
	- Sí, tengo otro de gramática.	ein anderes/noch eins
tanto(s)/-a(s)	*¿Por qué compras tantos tomates?*	so viele
	No tienes que estudiar tanto.	so viel
todo(s)/-a(s)	*¿Tienes que trabajar todos los días?*	jeden Tag
	- Sí, pero no todo el día.	den ganzen Tag
	Todos tienen que trabajar.	alle
	No necesito todo.	alles
varios/-as	*Hay varias empresas aquí.*	mehrere

Recuerde: Indefinita beziehen sich auf eine unbestimmte Menge und sie können als Adjektiv, Pronomen oder Adverb benutzt werden. Achten Sie auf die Satzstellung!

1. Alguno und **ninguno** verlieren das **-o** vor dem Substantiv maskulin Singular:

¿Tienes algún problema conmigo?　　　Hast du irgendein Problem mit mir?
No tengo ningún libro de medicina.

2. Zwischen **todo(s)/-a(s)** und dem Substantiv steht der bestimmte Artikel bzw. ein Possessivadjektiv.

Está todo el día en la biblioteca.
Elena está preparando todas sus cosas para el viaje.

Excepciones: en todo caso (jedenfalls), por todas partes (überall), todos/-as nosotros/as (wir alle)

📖 §§ 48, 51, 54-56, 62, 71-74

II. PERÍFRASIS VERBALES VERBALPERIPHRASEN

Um Handlungen oder Vorgänge genauer hinsichtlich Art und Dauer zu bestimmen, werden verbale Umschreibungen (perífrasis verbales) benutzt. Vergleichen Sie:

Juanjo trabaja en el bar Pokhara. **Lleva trabajando** *tres años allí.*
Juanjo sale del trabajo a las 11. Son las 11 y diez. **Acaba de salir** *del trabajo.*

Das Hilfsverb (verbo auxiliar: *lleva, acaba de*) bestimmt das Hauptverb (verbo principal: *trabajando, salir*) genauer. Beide bilden eine Einheit und dürfen nicht getrennt voneinander übersetzt werden.

1. Algunas perífrasis de **gerundio**: en alemán se usan adverbios con el verbo principal:

   estar + gerundio   la acción se desarrolla en el momento (lecc. 7):
   Estoy viendo las noticias en casa.
   Ich schaue mir zu Hause **gerade** die Nachrichten an.

   llevar + gerundio + tiempo   la acción dura ya un tiempo:
   Llevo viviendo más de dos años en Vigo.
   Ich wohne **schon** über 2 Jahre in Vigo.

   seguir + gerundio   la acción no cambia o sigue después de una pausa:
   Sigo pensando lo mismo.   Ich denke **immer noch** dasselbe.
   Me voy a duchar, después te sigo contando.
   Ich gehe jetzt duschen, danach erzähle ich dir **weiter**.

2. Algunas perífrasis de **infinitivo**: en alemán se usan verbos o adverbios:

   acabar de + infinitivo   la acción ha terminado en pasado inmediato:
   No tengo hambre, acabo de comer algo.
   Ich habe keinen Hunger, ich **habe gerade** gegessen.

   dejar de + infinitivo   la acción termina o se interrumpe:
   Si dejo de fumar, engordo.   Wenn ich **aufhöre** zu rauchen, nehme ich zu.

   ir a + infinitivo   acción en el futuro (lecc. 3):
   Me voy a comprar un piso.   Ich **werde/habe vor** eine Wohnung **zu** kaufen.

volver a + infinitivo   la acción se repite:
Celia vuelve a salir con Ignacio.   Celia geht **wieder** mit Ignacio aus.

empezar a + infinitivo   la acción comienza:
Hoy empiezo a estudiar español.   Heute **fange** ich **an**, Spanisch zu lernen.

Vea el siguiente ejemplo:

Lunes, 22.00: Juan Luis está en casa y va a ver una película en el primer canal.

A las 22.20: la película acaba de empezar. Mientras Juan Luis la está viendo, suena el teléfono. La deja de ver para hablar con su madre.

A las 22.30: sigue viendo la película. Parece una historia interesante.

A las 22.45: vuelve a sonar el teléfono. Juan Luis deja otra vez de ver la película. Ahora es su novia, desde Londres.

A las 23.00: cuelga (auflegen) *el teléfono para seguir viendo la película. Ya no sabe muy bien cómo es la historia.*

A las 23.15: suena el teléfono otra vez. Juan Luis lleva una hora intentando ver la película. Ahora el que llama es su amigo Ricardo. Juan Luis deja de ver definitivamente la película y se va con él a tomar algo.

§§ 221, 243

III. COLOCACIÓN DE PRONOMBRES PERSONALES

Recuerde: en lecciones anteriores recomendamos colocar los pronombres personales y reflexivos delante del verbo conjugado:

La película acaba de empezar. Mientras Juan Luis **la** está viendo, suena el teléfono. **La** deja de ver para hablar con su madre.

1. Los pronombres también se pueden unir al gerundio o al infinitivo. La acentuación puede variar:

   *Mientras Juan Luis está **viéndola**... Deja de **verla** para hablar...*
   *Hoy no **te** puedo ayudar/no puedo **ayudarte**.*
   *¿Quieres leer la carta? - No, ahora no **la** quiero leer/no quiero **leerla**.*

2. Cuando no hay un verbo conjugado, el pronombre va obligatoriamente unido al infinitivo o al gerundio:

   *¿Ves el botón verde? **Apretándolo**, se enciende el teléfono y puedes llamar.*
   *Sé que lo has hecho tú. **Negarlo** no tiene sentido.*

   §§ 110-111

IV. ADVERBIOS DE MODO EN -MENTE   MODALADVERBIEN

Durch das Anhängen von **-mente** an die feminine Form vieler Adjektive entsteht ein Modaladverb, d.h. ein Adverb, das die Art und Weise der Handlung beschreibt. Der Akzent des Adjektivs bleibt erhalten:

ADJETIVO	ADVERBIO
Los verbos son difíciles de aprender. ⇒	*Difícilmente voy a aprender los verbos.*
Elisa es bastante puntual (pünktlich). ⇒	*Elisa llega puntualmente.*

1. Cuando se toman dos o más adverbios en **-mente**, sólo lleva el sufijo el último:

   Estoy hablando total y absolutamente en serio.   voll und ganz

2. Adverbios de modo con forma propia son **bien** y **mal**. Algunos adverbios conservan la forma del adjetivo: **bajo, barato, caro**.

   Hablas muy bien español.
   A veces, en el supermercado no se compra tan barato.

LECCIÓN 10

3. Se puede expresar una comparación con adverbios, igual que con adjetivos:

Mi coche acelera más rápidamente.   *Mein Auto beschleunigt schneller.*

§§ 247-249

Ampliamos vocabulario

1. MATERIALES PARA LA CLASE Y EL ESTUDIO

Lea los textos y complete con la tabla con las palabras en negrita:

Para explicar algo en clase a todo el grupo se puede usar la tradicional **tiza** blanca o de colores y escribir en **la pizarra** (o **encerado**). Hay personas que tienen alergia al polvo de la tiza y usan la pizarra blanca o **el proyector de transparencias** con **rotuladores**. También se puede necesitar **un proyector de diapositivas**, **un casete** para escuchar **una cinta** o un CD, o **un ordenador** con **un disquete** o un CD-ROM.

Kreide	_____	Diaprojektor	_____
Tafel	_____	Kassettenrecorder	_____
Filz-, Folienstift	_____	Kassette	_____
Overhead-Projektor	_____	Computer	_____
Folie	_____	Diskette	_____

Para tomar notas rápido en clase normalmente se necesita un **bolígrafo** y una **hoja** de papel (un **folio**, tamaño A4 o carta) o un **cuaderno**. Para las hojas se necesita una **carpeta**, porque si no (*sonst*) se pierden. Algunos escriben con **pluma**, pero se tarda más en secar **la tinta**, y es menos práctico. También se puede escribir con **lápiz** (por ejemplo, en un libro) y entonces se necesita una **goma de borrar**. A veces, para marcar cosas importantes también se necesitan rotuladores y quizás una **regla** para subrayar.

Kugelschreiber	_____	Mappe	_____
Blatt	_____	Feder	_____
DIN A4-Blatt	_____	Tinte	_____
Heft	_____	Radiergummi	_____
Bleistift	_____	Lineal	_____

2. EN EL BAR O RESTAURANTE

Lea el diálogo y marque las expresiones que usan los clientes para pedir:
- ◆ Buenos días, ¿qué desean?
- • Buenos días. Silvia, ¿bebemos un vino?
- ▫ Vino, ¡uff! Sabes que mucho no me gusta. Prefiero una cerveza.
- • Entonces un vino para mí y una cerveza para la señora.
- ◆ ¿Y para comer? ¿Qué van a pedir?
- ▫ Yo quiero de primero un gazpacho.
- • Para mí también, por favor.
- ▫ Y después un solomillo con legumbres variadas.
- • ¿Legumbres? ¿Estás loca? El solomillo me encanta, pero las legumbres no. Para mí un salmón a la plancha.
- ▫ Salmón, salmón… ¡qué horror! Odio el pescado.
- ◆ ¿Y qué van a pedir de postre?
- • Yo quiero arroz con leche, ¿y tú?
- ▫ ¡Qué buena idea! Me encanta el arroz con leche. Pero, mejor no… voy a pedir un helado de vainilla.
- • Odio el helado.
- ▫ Vaya, ¡tú sí que eres complicado!

BAR "POKHARA" - MENÚ DEL DÍA 10 EUROS

PRIMEROS
* Tabla de embutidos
* Gazpacho
* Sopa de pescado

SEGUNDOS
* Chuletas de cerdo con patatas fritas
* Salmón a la plancha con arroz
* Solomillo asado con legumbres variadas

POSTRES
* Natillas caseras
* Arroz con leche
* Helados

BEBIDAS
* Cerveza
* Vino de la casa
* Agua mineral

tabla de embutidos, la	Wurstplatte	solomillo asado, el	Lendenbraten
gazpacho, el	kalte Gemüsesuppe	legumbres variadas, las	Gemüsebeilage
chuleta de cerdo, la	Schweinekotelett	natillas, las	Cremespeise
patatas fritas, las	Pommes frites	arroz con leche, el	Milchreis
salmón a la plancha, el	gegrillter Lachs	helado, el	Eis
arroz, el	Reis		

En grupos: ¿Y Ustedes? ¿Qué van a pedir? ¿Qué les gusta y qué no?

LECCIÓN 10

✏ Ejercicios

1. Complete el siguiente texto con **todo(s)/-a(s)** + artículo:

Pedro va a estar en la biblioteca _____ día y en casa casi _____ noche estudiando. Mañana también, y _____ semana hasta el día del examen escrito, porque tiene que leer 3 libros todavía. Normalmente tiene que llamar a su madre _____ días y contar qué come, qué hace, con quién sale...¡Pero ahora no puede, no tiene tiempo! Si Pedro no llama, llama ella. Viene de visita _____ meses. Cuando se va, Pedro tiene _____ cocina llena de notas: "Llamar a la abuela", "Ir a la peluquería", "Limpiar el horno". La madre de su amigo Javier hace lo mismo, y la de Paula, y la de Víctor... ¡_____ madres son iguales!

nota, la	[hier] Zettel, Nachricht	**horno, el** Backofen
peluquería, la	Friseursalon	

2. En parejas: ustedes van a a comprar materiales para la universidad y están preparando la lista. Usen indefinidos:

Ejemplo: - *¿Tú tienes bastantes CDs en casa?*
  - *No, tengo pocos. Tengo que comprar más. ¿Y tú? ¿Necesitas alguna carpeta nueva para el próximo semestre?*

3. Traduzca al español usando perífrasis:

1. Ich habe gerade erfahren (*enterarse de*), was passiert ist. Es tut mir Leid.
2. Gratuliere! Sie haben gerade 500 Euro gewonnen!
3. Wir versuchen gerade, ihn zu überreden (*convencer*).
4. Ich glaube, du musst es wieder versuchen. Ich werde dir helfen.
5. Ich wohne schon drei Jahre in Hamburg.
6. Du wartest schon seit einer Stunde auf mich?
7. Bist du immer noch so ungeduldig wie früher (*antes*)?

4. Comente con su compañero/-a:
- ¿Cuánto tiempo lleva estudiando español? ¿Para qué lo aprende?
- ¿Quiere seguir estudiando español el próximo semestre?

- ¿Ha cambiado en algo su vida últimamente? ¿Qué ha dejado de hacer o qué ha empezado a hacer?
- ¿Qué sigue haciendo igual que antes?
- ¿Qué va a hacer en las vacaciones?

5. Las siguientes frases no son totalmente correctas. Coloque los pronombres de la derecha donde sea posible. Preste atención a la acentuación:

1. Elena acaba de devolver la bicicleta a Juan y está rota.   le
2. Paloma está sirviendo el café a los abuelos.   les
3. A los chicos les encantan las hamburguesas. Eva va a preparar. se las
4. No puedo recomendar ir a ese concierto.   te
5. Los diccionarios son bastante caros. Yo no sé si comprar o no. me los
6. Como mejor se aprende un idioma es practicando.   lo

6. a) Complete el siguiente cuadro con los términos en español:

	ADJETIVO	ADVERBIO
alt (=antik)/ früher	antiguo/-a	antiguamente, antes
besondere(r)		
direkt		
genau		
intensiv	intensivo/ -a	
leicht		
logisch(erweise)		
möglich(erweise)		
natürlich		
normal		
ruhig/ in Ruhe		
typisch		
völlig		

b) Ahora incluya las formas correpondientes en el siguiente texto:

Antes de pasar unos meses estudiando en una universidad española es mejor decidir **in Ruhe** a qué parte del país se quiere ir. **Natürlich** es el clima un factor importante, pero hay otros. Si le gustan **besonders** las ciudades grandes, puede ir a Madrid o Barcelona. Además en Barcelona puede aprender **leicht** catalán, y hay vuelos **direkt** y económicos desde Alemania. Si quiere aprender el castellano **möglicherweise** más "puro" puede ir a Salamanca, que tiene una de las universidades más **alt** del país. Para conocer una parte menos turística de España puede ir al norte, a Oviedo por ejemplo.

7. Elegir una de las dos tareas siguientes:

   a) Escribir una pequeña historia con las siguientes palabras usando perífrasis:

Pedro y Ana	largo viaje	periódico	cigarrillos
estación	una postal	mucha gente	hace calor (es ist warm)
cansados	sudar (schwitzen)		esperar

   b) Está usted en un bar y escribe una carta o un mensaje por correo electrónico a una persona que conoce bien; primero escribe dónde está usted, cómo es el ambiente, qué <u>está haciendo</u> la gente, etc.

8. Ampliar información sobre el País Vasco (*Euskadi*) con ayuda de la dirección de internet www.euskadi.net

   - Buscar el nombre de alguna playa, algún río, algún parque natural.
   - Buscar productos típicos: vinos, comidas, etc.
   - ¿Cómo se llaman en castellano Gasteiz, Araba, Bilbo y Bizkaia?
   - ¿Qué tipo de idioma es el vasco o euskera? ¿Cuál es su origen? Buscar algunas palabras o expresiones.

Ejercicios de repaso

9. Completar las siguientes frases con los pronombres correctos: (lecc. 9)

   1. _____ he dicho a Fernando que no quiero casarme con _____ .

      a) Lo / él   b) Le / él   c) Le / ello

   2. - ¿ _____ has preguntado a María si quiere café?
      - Sí, _____ he preguntado pero todavía no me ha respondido?

      a) La / se la   b) Le / se lo   c) Lo / lo

   3. - ¿Dónde viste a Antonia?
      - _____ vi en la calle Coello.

      a) La   b) A ella   c) Le

4. - _____ voy a regalar a María José una bufanda marrón.
   - ¡No, por favor! _____ quiero regalar yo.

   a) Le / Se la   b) La / Le la   c) La / Se lo

5. - ¿A qué hora _____ vas a levantar mañana?
   - No _____ sé todavía. Creo que a las ocho.

   a) a ti / lo   b) ti / ello   c) te / lo

6. - Todavía no _____ he enviado el paquete a la Sra. Pérez.
   - No te preocupes, _____ envío yo mañana.

   a) la / lo la   b) le / se lo   c) la / se la

7. - ¿Qué _____ gusta hacer? ¿ _____ interesan los museos?
   - ¡Odio los museos! _____ aburren.

   a) te - te / se   b) te - te / les   c) te - te / me

8. _____ he prestado un libro a Marcos y todavía no _____ ha devuelto.

   a) lo / se lo   b) le / me lo   c) lo / me le

10. Completar el diálogo con los acentos que faltan: (lecc. 3)
    - Oye, ¿que hacemos hoy? ¿Vamos al cine?
    - No, por favor, los sabados hay mucha gente.
    - Si, es verdad. Entonces, ¿adonde vamos?
    - A ninguna parte. Nos quedamos en casa y vemos un video tranquilamente ¿vale?
    - Bueno, ¿invitamos a Barbara?
    - Creo que tiene dos examenes el lunes y no tiene tiempo.
    - ¡Pobre! Entonces voy a llamar a Luis.
    - Luis tambien tiene examen.
    - ¿Y tu no? Estais en el mismo curso.
    - Bueno… yo… ya se todo lo que tengo que saber.

Test de autoevaluación, lecciones 6-10

1. Completar el cuadro:

Infinitivo	Presente Indicativo 1 pers. sing.	Pretérito Perfecto 1 pers. sing.	Gerundio
pensar			
	sigo		
		he construido	
			soñando
ponerse			
	veo		
		he escrito	
			durmiendo

2. Responder a las preguntas usando la negación:
1. ¿Ha estado usted alguna vez en Barcelona? No, _____
2. ¿Lleva usted algo de metal? No, _____
3. ¿Queréis algo más, un coñac, un café...? No, gracias, _____
4. ¿Me ha llamado alguien por teléfono? No, _____
5. ¿Tienes algún problema con tus padres? No, _____

3. Completar con **ser** o **estar**:
1. Los estudiantes _____ esperando los resultados de los exámenes.
2. - ¿Cuándo _____ el concierto de Madonna? ¿El domingo que viene?
   - Sí, pero yo no voy a _____, ¡qué pena!
3. Valentina _____ la mujer de Rodrigo, un amigo de mi padre, que _____ ahora en Dinamarca por trabajo.
4. La película tiene una pausa en el medio; _____ muy larga, dura 4 horas.
5. Parece que Violeta no se siente bien; yo creo que _____ enferma.
6. Te felicito: realmente este pescado _____ muy rico.

4. Responder a las preguntas usando dos pronombres:
1. ¿Me vendes el coche? No, _____
2. ¿Te compras la casa o no? No, _____
3. ¿Christian ha dado dinero a los niños? Sí, _____
4. ¿Has pedido ya los cafés al camarero? Sí, _____
5. ¿Estás escribiendo la carta a tu hermana? Sí, _____

5. Escribir en letras:
1. 1.795 euros _____
2. 124 libras esterlinas _____
3. 1.057 pesos mexicanos _____
4. 43.200 personas _____

6. Elija la respuesta adecuada:
1. ¿Qué es esto?
   a) Mi hermano Cándido.
   b) Eso es.
   c) Son unos libros.
2. ¿ ...empieza la clase?
   a) A qué hora.
   b) Por qué hora.
   c) Qué hora.
3. ¿Cuánto cuesta el alquiler?
   a) Tres habitaciones.
   b) 450, sin gastos.
   c) Los gastos son aparte.
4. Por favor, ¿ _____ un café?
   a) Me trae
   b) Traerme
   c) Usted traerme

5. Vivo con dos chicas en...
   a) una sala.
   b) un apartado.
   c) un piso compartido.
6. En los bares se pueden tomar...
   a) pinchos.
   b) bufandas.
   c) mesas.
7. ¿Está muy lejos la estación?
   a) No estoy aquí.
   b) Está al centro.
   c) A 10 minutos de aquí.
8. ¿Cómo se escribe 500?
   a) cinco cientos
   b) quinientos
   c) cinientos

LECCIÓN 11
Algunos datos sobre la juventud española

TEMAS	ESTRUCTURAS COMUNICATIVAS
• Educación sexual en España • El ordenador	♦ Dar instrucciones y reglas ♦ Dar información impersonal y general
GRAMÁTICA	
✥ Superlativo absoluto en **-ísimo/-a**	✥ Estructuras impersonales, pasiva refleja ✥ Pasiva de estado con **estar**

Estudiantes en la Universidad de Comillas, Madrid

Algunos datos sobre la juventud española

Son cerca de las nueve de la noche de un viernes en Madrid y ya se ha bebido bastante alcohol. La calle de Alonso Martínez está llena de cientos de adolescentes que toman algo en la calle antes de entrar a algún local de moda. Antonio es uno de ellos. Comienza la fiesta junto con un grupo de amigos, una docena de chicos entre los 16 y los 18 años. No tienen ningún pudor para contar sus experiencias sexuales. Alejandra, la única chica del grupo, de 16 años dice: "Yo aún no lo he hecho. Me han hablado de los condones y todo eso, pero tengo terror a quedar embarazada".

Los jóvenes españoles son de los últimos en el mundo en tener su primera experiencia sexual, según un estudio. Mientras en el planeta la edad media en la que los jóvenes se deciden es de 15,9 años, en España sube hasta los 16,5. Una inclinación que se extiende por toda Europa, donde la edad a la que se tiene la primera relación tiende a aumentar. Además, en España se aprecian más las relaciones estables que el amor libre, pero al mismo tiempo no se quiere esperar hasta el matrimonio.

Otro tema que preocupa a los adolescentes del 2000 es el trabajo. El mayor problema para los jóvenes entre 15 y 24 años es evitar verse dentro de las estadísticas de paro de su país, según la encuesta *Jóvenes españoles 99*, realizada por la Fundación Santa María. Además le dan más importancia a ganar dinero que a tener una vida sentimental satisfactoria.

En la calle, Antonio y sus amigos siguen bebiendo para calentarse. Alejandra sigue contando: "Lo que más miedo me da es el embarazo. Le tengo más terror incluso que al sida". Un miedo justificado, ya que en España más de 18.000 adolescentes menores de 19 años quedan embarazadas cada año. Según un estudio del Consejo Superior de Investigaciones Científicas (CSIC), cada día hay en España una joven de entre 11 y 15 años dando a luz y otra abortando. La alarma se ha disparado en toda Europa. En Francia, con una tasa de 10.000 adolescentes embarazadas por año, se ha decidido pasar a la acción: en todos los institutos se cuenta con un servicio de salud que incluso les ofrece la *píldora del día siguiente*. En opinión de Mercedes Oliveira, presidenta de la Federación de Asociaciones de Planificación Familiar, en los institutos españoles "la educación sexual no existe. No se sabe cómo enseñarla o no se considera necesario hacerlo. Existen centros de planificación familiar, pero sólo abren por las mañanas, cuando los chicos están en clase, y los padres no educan, sólo les advierten para evitar problemas".

Se acerca la hora en que Alejandra debe volver a casa. Antes de irse decide sincerarse: "Antonio es el chico al que más he querido y sigo queriendo pero él no debe enterarse." Antonio y Alejandra se marchan juntos camino del metro, él la acompaña a casa.

Basado en un artículo de Manuel Cuéllar, El País Semanal, 26-03-2000

VOCABULARIO

juventud, la	Jugend	satisfactorio/-a	zufriedenstellend
adolescente, el/ la	Jugendliche(r)	sida, el	Aids
pudor, el	Scham, Hemmung	justificar	rechtfertigen
condón, el [coloq.]	Kondom	dar a luz	zur Welt bringen
experiencia, la	Erfahrung	abortar	abtreiben
embarazada	schwanger	dispararse	gewaltig steigen
edad media, la	Durchschnittsalter	tasa, la	[hier] Rate
subir	[hier] steigen	pasar a la acción	aktiv werden
inclinación, la	[hier] Tendenz	instituto, el	[hier] Gymnasium
extenderse por (ie)	sich verbreiten in	considerar	der Meinung sein
tender a (ie)	tendieren zu	píldora, la	Pille
aumentar	steigen	asociación, la	Verein, Verband
apreciar	schätzen, bevorzugen	ni siquiera	nicht einmal
relación, la	Beziehung	educar	[hier] aufklären
estable	fest, stabil	advertir (ie)	warnen
matrimonio, el	Ehe	sincerarse	sich aussprechen
preocupar	Sorgen bereiten	enterarse de	erfahren
evitar	vermeiden	marcharse	(weg)gehen
fundación, la	Stiftung	acompañar	begleiten
vida sentimental, la	Liebesleben		

👓 Otra mirada al texto

- Este texto es informativo, da datos más o menos objetivos y generales. Para esto se usan frases impersonales, frases que no se refieren a nadie en concreto (**se** = **man**):

    Ya se ha bebido bastante alcohol.
    Es wurde bereits ziemlich viel Alkohol getrunken.

    Busque usted ahora 3 ó 4 ejemplos más en el texto, también ejemplos en los que **se** funciona como pronombre reflexivo.

- Reunir el vocabulario relacionado con la sexualidad, ordenarlo y ampliar.

📖 Gramática

I. SUPERLATIVO ABSOLUTO EN -ÍSIMO/-A

Recuerde la formación del comparativo y del superlativo relativos (lecc. 8):
Ina es más simpática que su hermana. Para mí es la más simpática de la familia.

Con el sufijo **-ísimo(s)/ -a(s)** se puede formar el comparativo absoluto de muchos adjetivos y adverbios. Cuando éstos terminan en vocal, la pierden:

Es usted muy inteligente, inteligentísima.	Sie sind unheimlich intelligent.
Los ejercicios son muy fáciles, facilísimos.	Die Übungen sind supereinfach.

💡 **Observe**: se pueden producir cambios en la ortografía y en la acentuación:

*Te voy a preparar un plato ri**quí**simo.*	ein sehr, sehr leckeres Essen
*Los lunes a veces me parecen lar**guí**simos.*	
*Tenemos un jefe joven**c**ísimo.*	

📖 § 138

II. ESTRUCTURAS IMPERSONALES

A veces no importa o no se sabe quién realiza una acción, importa sólo QUÉ se hace, CÓMO, DÓNDE, etc. (por ejemplo al generalizar, dar instrucciones, describir costumbres). Para expresar esta idea en español existen diferentes tipos de estructuras impersonales. Aquí tiene varias posibilidades, compare con el alemán:

1. La expresión **hay que** (man muss), para expresar una obligación o necesidad:

Para una tortilla española, hay que pelar las patatas en rodajas finas.
Für eine spanische "tortilla" muss man die Kartoffeln in dünne Scheiben schneiden.

2. Oración sin sujeto con el verbo en **3ª persona plural** para hablar de otros. Se usa en lengua coloquial:

Me han hablado de los condones y todo eso.
Mir wurde bereits von Kondomen und solchen Sachen erzählt.

3. Oración pasiva reflexiva o refleja con **se** (man) para generalizar. Es la única estructura donde el verbo concuerda con el complemento directo.

Aumenta la edad a la que se tiene la primera relación.
*En España se aprecia**n** más la**s** relacione**s** estable**s**.*

🕯 **Observe**: Si el complemento es personal no hay concordancia:
Se ha detenido a tres etarras en Irún.
Es wurden drei ETA-Mitglieder in Irún verhaftet.

Con verbos reflexivos se usa **uno/una**, para no repetir el **se**:
En la semana uno se levanta más pronto.
In der Woche steht man früher auf.

Vea el siguiente resumen:

Se conoce e interesa el sujeto	El sujeto no se conoce o no interesa
• Oración personal activa: *Algunos jóvenes españoles beben mucho alcohol los fines de semana.*	• **Hay que**, obligación, necesidad: *No hay que beber tanto alcohol los fines de semana para divertirse.*
	• Verbo en **3ª pers. plural** sin sujeto, coloquial: *En España beben mucho alcohol los fines de semana.*
	• Pasiva refleja con **se**: *En España se bebe mucho alcohol los fines de semana.*

📖 §§ 193-194

III. PASIVA DE ESTADO　　　　　　　　　　　ZUSTANDSPASSIV

Con la pasiva de estado se expresa el resultado de una acción. Se forma con el verbo **estar** y un participio variable que concuerda con el sujeto en género y número:

¿Has cerrado las ventanas? - Sí, ya están cerradas.　　*Sie sind geschlossen.*
¿La vas a invitar a tu cumpleaños? - Sí, ya está invitada.　　*Sie ist eingeladen.*

🕯 **Observe**: con **llevar** + participio se expresa un estado que dura ya un tiempo:

El hotel lleva cerrado dos meses.　...ist **schon** seit zwei Monaten geschlossen.

Recuerde: el participio invariable se usa para formar el pretérito perfecto:
Laura no ha invitado a Sonia a su cumpleaños.

📖 §§ 191-192

Ampliamos vocabulario

EL ORDENADOR

Con ayuda de la ilustración explicar para qué se usan los componentes del ordenador. Usar la estructura impersonal con **se**:

Ejemplo: *¿Qué se hace con el ratón? ¿Cómo se usa el ratón?*
Con el ratón se trabaja con todo lo que aparece el monitor.

El ordenador

Altavoces
Cualquier sonido que sale del ordenador pasa por los altavoces. Periférico de salida.

Ratón
Para trabajar con las ventanas, iconos y objetos que aparecen en el monitor.

Teclado
Sirve para escribir y controlar las funciones del ordenador. Principal periférico de entrada junto al ratón. Tiene 105 teclas.

Monitor
Pantalla que nos muestra el resultado de nuestras peticiones al ordenador. Periférico esencial de salida.

Micrófono
A través del micro podemos grabar sonidos, hablar por teléfono, dictar al ordenador o controlar sus funciones.

Lector de CD o DVD
Periférico de entrada. Reproduce discos de audio, vídeo y datos.

Disquetera
Periférico de entrada-salida. Con ella podemos leer archivos o grabarlos en discos magnéticos de 3,5".

La CPU
En la minitorre se alojan la CPU (Unidad Central de Proceso) y varios periféricos (tarjeta de vídeo, de sonido, disquetera, el módem interno, etc.). La minitorre es el núcleo del ordenador y sus puntos principales son:
Procesador: chip de silicio que hace las veces de cerebro del ordenador.
Memoria RAM: almacena datos de forma temporal mientras trabajamos.
Disco duro: es el gran dispositivo de almacenamiento. Guarda todos los datos y aplicaciones.

LECCIÓN 11

Ejercicios

1. Titulares del periódico: transforme las frases para usar estructuras impersonales con **se**:

Modelo: Unos científicos europeos han descubierto la fórmula de la coca-cola.
En Europa se ha descubierto la fórmula de la Coca-cola.

1. Una señora de 85 años ha recuperado dos cuadros robados del Museo Picasso.
2. Los habitantes de Villarriba no quieren seguir comiendo paella.
3. Los andaluces pueden desde hoy usar un pasaporte propio.
4. La policía ha descubierto una empresa ilegal de productos para alargar la vida.
5. La revista "Alta sociedad" ha publicado las fotografías del presidente con...
6. Según una estadística, los argentinos duermen 2 horas de siesta todos los días.

científico/-a	Wissenschaftler(in)	robar	stehlen
recuperar	zurückerhalten	venta, la	Verkauf
cuadro, el	[hier] Gemälde	alargar	verlängern

2. Instrucciones y consejos: expréselos de forma general con estructuras impersonales:

1. Si no analizas las causas del problema a fondo, no puedes encontrar soluciones. Tienes que pensar en lo que has hecho mal antes de continuar.
2. Según Andrés, sólo podemos abrir la olla a presión cuando está fría y no la debemos llenar demasiado.
3. Instrucciones para los estudiantes de intercambio: primero tienen que ir a la Oficina de Relaciones Internacionales para matricularse. Allí alguien les da los horarios del semestre y algunas direcciones para buscar piso.

a fondo	gründlich	Oficina de Relaciones	
solución, la	Lösung	Internacionales, la	Auslandsamt
olla a presión, la	Schnellkochtopf	matricularse	sich immatrikulieren

3. Lenguaje periodístico: transforme las frases sustituyendo las expresiones subrayadas por un participio en función de adjetivo, según el modelo:

Modelo: Las personas que han muerto en el accidente ⇒ *Las personas muertas en...*

1. Los restos arqueológicos que se han encontrado en Atapuerca
2. Las personas que ha arrestado la policía durante la manifestación
3. Las noticias que ha transmitido la radio esta mañana

4. El discurso que ha pronunciado el rector de la Universidad Autónoma
5. La película que ha criticado la Iglesia católica

arrestar	verhaften	discurso, el	Rede
manifestación, la	Demonstration	pronunciar	(eine Rede) halten

4. Consejos e instrucciones: escriba a un(a) amigo/-a que tiene problemas amorosos. Use expresiones personales e impersonales.

5. Costumbres: comenten en grupo cómo es en su país o su ciudad, usando estructuras impersonales:
- cómo se celebra la Navidad u otra fiesta importante
- cómo se estudia con y sin hijos
- cómo se vive durante los estudios: con los padres, en un piso compartido...

6. a) Formar el superlativo absoluto en -ísimo/ -a:

feo/-a	bueno/-a	grande	pequeño/-a
fácil	difícil	divertido/-a	aburrido/-a
largo/-a	corto/-a	viejo/-a	joven

b) En parejas, relacionar 5 cosas con cada adjetivo:

Ejemplo: algo feísimo: *los verbos irregulares, los perros pequeños...*

Ejercicios de repaso

7. Buscar entre las siguientes sílabas 7 ciudades españolas:

A, BAR, CAN, CE, DA, DO, DRID, GO, GRA, LI, LE, LO, MA, NA, NA, NA, NA, PAM, PLO, RRA, TA, TE, TO

8. Reducir las siguientes frases, sustituyendo por pronombres (lecc. 8 y 9) o eliminando todo lo innecesario:

1. Creo que el libro es interesante pero el libro contiene prejuicios y por eso no estoy de acuerdo con el libro.

2. Tienes que hablar del trabajo con Eva para ver si Eva va a colaborar con nosotras en el trabajo. Porque si Eva no colabora en el trabajo tenemos que buscar a otra persona para hacer el trabajo.

3. Estoy haciendo un curso intensivo de español para aprender español en tres meses. El español es una lengua difícil pero el español me gusta. Más de 400 millones de personas hablan español en el mundo.

prejuicio, el   Vorurteil   **colaborar**   mitwirken, mitarbeiten

9. La siguiente información no es absolutamente verdadera. Negar la información que usted crea que no es correcta (lecc. 5):

Juana y Marisa son dos chicas muy trabajadoras. Se levantan todos los días a las 6 de la mañana y trabajan hasta las 6 de la tarde. Tienen muchos amigos y siempre salen con ellos. Juana nunca miente y por eso todos la respetan. Marisa es muy guapa y también muy sincera. Siempre ayuda a sus amigos y todos dicen que es la mejor. A ella le gusta todo, es una persona muy poco complicada.

10. En parejas: comentar la foto. Use de guía los siguientes puntos:

- ¿Quiénes son?
- ¿Qué edad tienen?
- ¿Qué hacen?
- ¿Dónde están?
- ¿Qué están haciendo allí?
- ¿Qué carácter tienen?
- ¿Hay alguien más con ellos?
- ¿Cómo es la casa donde viven?
- ¿Qué colores hay en la foto? Invéntelos.
- Describa un día en la vida de ellos.

LECCIÓN 12
El horóscopo

TEMAS	ESTRUCTURAS COMUNICATIVAS
• Los signos del zodíaco • El cuerpo humano • En el médico	♦ Hacer pronósticos y sugerencias ♦ Describir físicamente a personas
GRAMÁTICA	
✥ Presente de subjuntivo: morfología y usos ✥ Oposición subjuntivo-indicativo	

ARIES (del 21 de marzo al 19 de abril)

El panorama general de esta semana es bastante desagradable y conflictivo. Te aconsejo que seas moderado en tus gastos y que no te excedas en compras inútiles. Pero... ¡sin alarmarse!

TAURO (del 20 de abril al 20 de mayo)

Es muy probable que te lleguen cuentas pendientes del pasado verano. Debes concentrarte en lo que verdaderamente te interesa y no ocuparte de los rumores de tus vecinos.

GÉMINIS (del 21 de mayo al 21 de junio)

Es factible que llegue dinero extra por vía del juego. Esta semana no vas a estar en plena forma, pero no hay que preocuparse demasiado, las tensiones son sólo pasajeras. ¡Nada de deprimirse!

CÁNCER (del 22 de junio al 21 de julio)

Durante estos siete días tienes que evitar situaciones tristes. No debes culpar a los demás de tu mala suerte. "Calma y paciencia" son las palabras exactas para la semana. Es realmente necesario que descargues tensiones.

LEO (del 22 de julio al 22 de agosto)

 Es posible que tengas una semana un poco complicada, pero no tienes que agobiarte. Algo te puede quitar el sueño hacia el fin de semana, pero en verdad no va a ser de gran importancia.

VIRGO (del 23 de agosto al 22 de septiembre)

Te vas a sentir más vinculado a tu familia. Eso es bueno. No debes olvidar discutir tus asuntos comerciales con inteligencia y precaución. No es aconsejable que te apresures demasiado.

LIBRA (del 23 de septiembre al 22 de octubre)

 Hay que ocuparse de todo lo ligado a las comunicaciones y la correspondencia, pues ésta es la semana de las amistades. Es posible que te llamen viejos amigos.

ESCORPIÓN (del 23 de octubre al 21 de noviembre)

No debes sobrepasar tus propios límites. Si tu mundo sentimental es triste y poco satisfactorio, entonces tienes que pensar en tus amigos. Es importante que oigas la voz de alguien que te conoce.

SAGITARIO (del 22 de noviembre al 21 de diciembre)

 Tu mayor enemigo va a ser el aburrimiento. Tienes que vivir con moderación esta etapa. Buen momento para iniciar los trámites de divorcio, pero es mejor que no esperes a que los comience la otra persona.

CAPRICORNIO (del 22 de diciembre al 20 de enero)

Es hora de repasar todas tus facturas, pues tal vez encuentres errores. Los viajes largos pueden ser problemáticos a causa de tu estado de salud. Cuidado con las salidas que no estén programadas.

ACUARIO (del 21 de enero al 19 de febrero)

Las malas noticias no van a llegar solas. Vas a estar inquieto y preocupado. Es importante que evites el miedo, todo tiene solución, como siempre en la vida de los acuarianos.

PISCIS (del 20 de febrero al 20 de marzo)

Ha llegado el momento de ajustarse el cinturón, ya que tus gastos son demasiado altos. Es aconsejable que te vacunes a tiempo, si no puede ser que pilles un virus de temporada.

VOCABULARIO

panorama, el	Aussicht	vinculado/-a a	[culto] verbunden mit
desagradable	unangenehm	asunto, el	Angelegenheit
aconsejar	(be)raten	aconsejable	ratsam, empfehlenswert
moderado/-a	mäßig	apresurarse	sich beeilen
gasto, el	Ausgabe	ligado/-a (a)	in Zusammenhang mit
excederse (en)	sich übernehmen	amistad, la	Freundschaft
inútil	nutzlos	rodear	umgeben
alarmarse	sich beunruhigen	sobrepasar	überschreiten
probable	wahrscheinlich	voz, la	Stimme
pendiente	offenstehend	enemigo/-a	Feind(in)
verdaderamente	in der Tat	aburrimiento, el	Langeweile
ocuparse de	sich kümmern	iniciar	anfangen, beginnen
rumor, el	Gerücht	trámite de	
factible	machbar	divorcio, el	Scheidungsverfahren
por vía	durch	firmeza, la	Entschlossenheit
juego, el	[hier] Glücksspiel	repasar	[hier] überprüfen
estar en		factura, la	Rechnung
plena forma	in guter Form sein	a causa de	auf Grund von
tensión, la	Anspannung	salud, la	Gesundheit
pasajero/-a	vorübergehend	imprevistos, los	Unwägbarkeiten
culpar	beschuldigen	inquieto/-a	unruhig
triste	traurig	ajustarse	
mala suerte, la	Pech	el cinturón	[Redewendung] den Gürtel enger schnallen
paciencia, la	Geduld		
descargar	entladen	vacunarse	sich impfen lassen
agobiarse	sich belasten	pillar (un virus)	[umg.] sich anstecken
quitar el sueño	beunruhigen, den Schlaf rauben	temporada, la	Saison

✍ Otra mirada al texto

En el texto aparecen oraciones que están introducidas por **valoraciones impersonales + que** (dass). Búsquelas y escríbalas al lado de la traducción en alemán:

– Es ist nicht empfehlenswert, dass...
– Es ist möglich, dass...
– Es ist wahrscheinlich, dass...
– Es ist notwendig, dass...
– Es ist wichtig, dass...
– Es ist gut, dass...

Después de estas frases se utiliza en español el **modo** verbal **subjuntivo**, mientras que en alemán se usa el modo indicativo. Escriba los infinitivos de los verbos:

📖 Gramática

I. PRESENTE DE SUBJUNTIVO: MORFOLOGÍA

1. La conjugación de los verbos regulares en el presente del subjuntivo es la siguiente:

TOMAR	BEBER	VIVIR
tome	beba	viva
tomes	bebas	vivas
tome	beba	viva
tomemos	bebamos	vivamos
toméis	bebáis	viváis
tomen	beban	vivan

Es mejor que bebas agua en vez de vino.
Es posible que ahora José viva en París.

Las formas irregulares se dividen en diferentes grupos:

- Los verbos con irregularidad en la primera persona del presente del indicativo (lecc. 4) forman todo el presente del subjuntivo a partir de la misma:

OIR	TRADUCIR	PONER
oigo ⇒ oiga	traduzco ⇒ traduzca	pongo ⇒ ponga
oigas	traduzcas	pongas
oiga	traduzca	ponga
oigamos	traduzcamos	pongamos
oigáis	traduzcáis	pongáis
oigan	traduzcan	pongan

Otros verbos que tienen este tipo de irregularidad son, entre otros:

caber (hineinpassen): quepo ⇒ quepa, decir: digo ⇒ diga, hacer: hago ⇒ haga,
tener: tengo ⇒ tenga, crecer (wachsen) crezco ⇒ crezca, venir: vengo ⇒ venga

Excepción: dar es regular en subjuntivo (dé, des, dé...)

- Verbos en **-ir** del grupo **e ⇒ i** y del grupo **i ⇒ y** del indicativo tienen la misma irregularidad, en todas las personas (lecc. 7):

PEDIR	CONSTRUIR
pido ⇒ pida	construyo ⇒ construya
pidas	construyas
pida	construya
pidamos	construyamos
pidáis	construyáis
pidan	construyan

Otros verbos de este grupo: despedirse (sich verabschieden), competir, corregir, elegir, medir, repetir, seguir, servir, vestirse, y todos los terminados en **-uir**. (lecc. 7)

- Verbos en **-ir** del grupo **e ⇒ ie** del indicativo: tienen dos irregularidades (lecc. 5):

SENTIR		PREFERIR		
siento ⇒	sienta	prefiero ⇒	prefiera	e > ie
	sientas		prefieras	e > ie
	sienta		prefiera	e > ie
	sintamos		prefiramos	e > i
	sintáis		prefiráis	e > i
	sientan		prefieran	e > ie

Otros verbos de este grupo: advertir, consentir, mentir, divertirse, invertir, referirse.

Lo mismo sucede con los dos verbos en **-ir** que cambian **o ⇒ ue** (lecc. 6):

MORIR		DORMIR		
muero ⇒	muera	duermo ⇒	duerma	o > ue
	mueras		duermas	o > ue
	muera		duerma	o > ue
	muramos		durmamos	o > u
	muráis		durmáis	o > u
	mueran		duerman	o > ue

- Verbos en **-ar** y en **-er**: las irregularidades del presente de indicativo se repiten en las mismas personas (lecc. 5 y 6):

CERRAR		VOLVER	
cierro ⇒	cierre	vuelvo ⇒	vuelva
	cierres		vuelvas
	cierre		vuelva
	cerremos		volvamos
	cerréis		volváis
	cierren		vuelvan

Prefiero que vuelvas antes de la medianoche.

Otros verbos de este grupo: entender, perder, pensar, querer, empezar, encontrar, poder, jugar.

- Verbos con irregularidades propias:

IR	ESTAR	HABER	SER	SABER
vaya	esté	haya	sea	sepa
vayas	estés	hayas	seas	sepas
vaya	esté	haya	sea	sepa
vayamos	estemos	hayamos	seamos	sepamos
vayáis	estéis	hayáis	seáis	sepáis
vayan	estén	hayan	sean	sepan

📖 §§ 166-175

II. PRESENTE DE SUBJUNTIVO: USOS

El subjuntivo es un modo verbal, con el que se expresan acciones probables, dudas, deseos o posibilidades. El subjuntivo no se usa con la intención de informar. Se utiliza:

1. En oraciones subordinadas:

- introducidas por verbos o estructuras que expresan intención de influir sobre los demás (recomendaciones, propuestas, deseos) o sobre situaciones. Es importante que haya siempre dos sujetos:

verbo (recomendación/ propuesta/ deseo) + que + subjuntivo

Os **aconsejo** que no compréis el libro.
 (Ihr solltet dieses Buch nicht kaufen. Das empfehle ich euch.)
 subjuntivo   indicativo

No **queremos** que sepas la verdad.
 (Du sollst die Wahrheit nicht erfahren. Wir wollen es nicht.)
 subjuntivo   indicativo

Es importante que la oposición apoye la reforma.
 (Die Opposition soll die Reform unterstützen. Es ist wichtig.)
 subjuntivo   indicativo

🕯 **Observe:** En oraciones principales seguidas de **ojalá** (hoffentlich) se utiliza también el subjuntivo:

Ojalá no **tengamos** que ir a casa de Juan.   Hoffentlich müssen wir nicht...

LECCIÓN 12

- introducidas por conjunciones de finalidad, de tiempo futuro o de condición:

  verbo + conjunción (finalidad, tiempo futuro, condición) + subjuntivo

Carlos trabaja **para que** tú puedas estudiar.	..., damit du studieren kannst.
Vamos **antes de que** comience a llover.	..., bevor es zu regnen anfängt.
Ella va al campo, **siempre que** tú vengas.	..., solange du auch mitkommst.
Podéis viajar **sin que** haya problemas.	..., ohne dass es Probleme gibt.

  ☼ **Observe:** Las oraciones condicionales con **si** (wenn, falls) se construyen con presente de indicativo.

  Hago los ejercicios si tú me ayudas.

2. En oraciones subordinadas, después de una reacción a algo presupuesto o ya conocido (vorausgesetzt oder schon bekannt) en la siguiente fórmula:

   reacción / sentimiento + que + subjuntivo

   Según la última encuesta, el paro ha aumentado un 3%.
   *- ¡Pues **es lógico** que aumente! El Ministerio no hace nada.*

   La universidad ha gastado 5.000 dólares en la fiesta de Navidad.
   *- ¡Qué horror! **No soporto** que se gaste tanto dinero en tonterías.*

   ☼ **Observe:** En español las siguientes estructuras no sirven para informar, por lo que se consideran reacciones y se usan con subjuntivo:

   Reacción + subjuntivo

No es verdad que...	
No es seguro que...	¿Y Pepe?
No es evidente que...	- No sé, no pienso que venga hoy a cenar.
No creo que...	- Pero, ¿dónde está?
No me parece que...	- Me parece que está todavía en el trabajo.
No pienso que...	
No es cierto que...	

Compare los siguientes ejemplos y preste atención a la posición de la negación en las frases.

¿Tú crees que Juan está en la biblioteca?

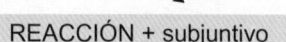

REACCIÓN + subjuntivo	INFORMACIÓN/ OPINIÓN + indicativo
- *No creo que esté allí.* Ich glaube **nicht**, dass er da ist.	- *Sí, creo que está allí.* Ich glaube, er ist da. - *No, creo que no está allí.* Ich glaube, er ist nicht da.

§§ 177-183

III. OPOSICIÓN INDICATIVO - SUBJUNTIVO

Hay oraciones en las que se puede utilizar tanto el indicativo como el subjuntivo. La diferencia radica en la intención de lo que se quiere decir. Se utiliza el indicativo cuando se introduce información concreta o real y el subjuntivo cuando no se presenta información como algo concreto o real.

1. En oraciones subordinadas introducidas por las conjunciones **a pesar de que** (trotz), **aunque** (obwohl) y **cuando** (wann).

    indicativo → *Viajo aunque no **tengo** dinero.*   ...obwohl ich kein Geld habe.

    subjuntivo → *Viajo aunque no **tenga** dinero.*
    ...auch wenn ich kein Geld haben sollte.

2. En oraciones de relativo:

    indicativo → *Busco a un profesor que enseña griego. Me han dicho que trabaja aquí.*
    Ich suche einen Lehrer, der Griechisch unterrichtet.
    Es wurde mir gesagt, dass er hier arbeitet.

    subjuntivo → *Busco a un profesor que enseñe griego. ¿Conoce Vd. a alguno?*
    Ich suche einen Lehrer, der Griechisch unterrichten soll.
    Kennen Sie einen?

§ 184

LECCIÓN 12

Ampliamos vocabulario

1. DESCRIPCIÓN FÍSICA DE PERSONAS

Una las columnas:

ES	delgado/-a ↔ gordo/-a		stark, korpulent
	alto/-a ↔ bajo/-a		blond ↔ dunkelhaarig
	joven ↔ mayor		groß ↔ klein
	rubio/-a ↔ moreno/-a		schlank ↔ dick
	calvo		jung ↔ alt
	fuerte, corpulento/-a		kahlköpfig

TIENE	los ojos claros ↔ oscuros		dunkle ↔ helle Haut
	redondos ↔ rasgados		runde ↔ schlitzformige Augen
	el pelo corto ↔ largo		glatte ↔ lockige Haare
	lacio ↔ rizado		helle ↔ dunkle Augen
	canas		kurze ↔ lange Haare
	la piel morena ↔ blanca		graue Haare

LLEVA	barba		Ohrringe
	bigote		Brille
	pendientes		Bart
	gafas		Schnurrbart

Recuerde: **llevar** se usa también con las prendas de vestir (lecc. 9):
Estela lleva un sombrero rojo y un vestido de seda.

¿Quiénes son? Descríbalos físicamente e invente más información para hablar de ellos. Use también el comparativo y el superlativo.

2. EL CUERPO HUMANO

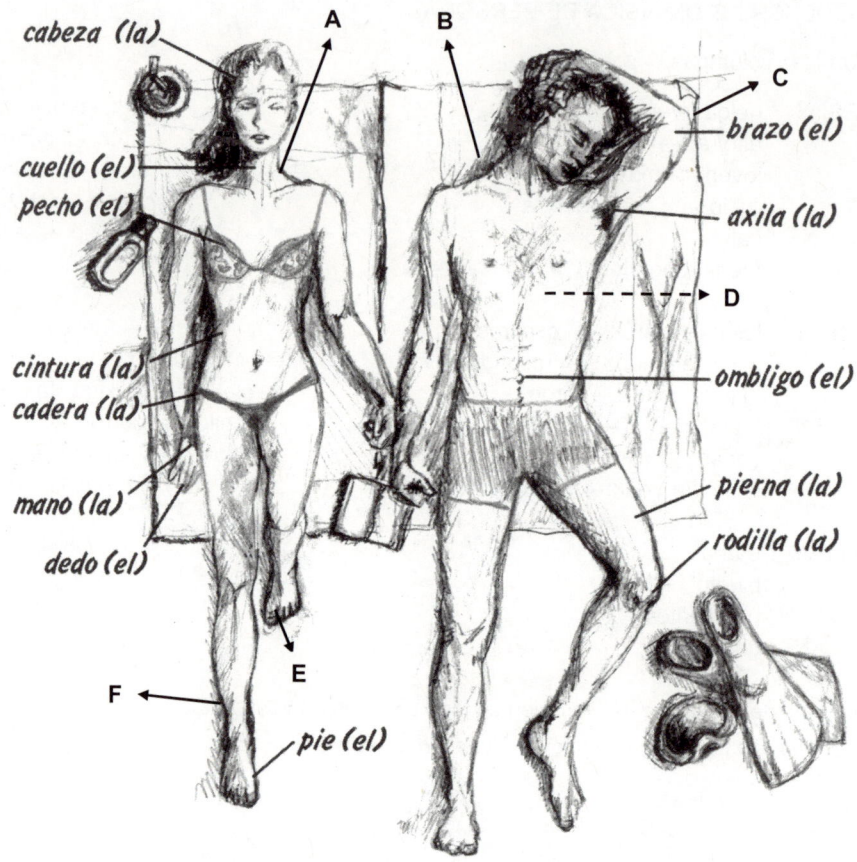

Relacione las letras con las siguientes partes del cuerpo:

codo, el (Ellbogen) ___   hombro, el (Schulter) ___
dedo del pie, el (Zehe) ___   nuca, la (Nacken) ___
espalda, la (Rücken) ___   tobillo, el (Knöchel) ___

LECCIÓN 12

Relacione las letras con las partes del rostro en alemán:

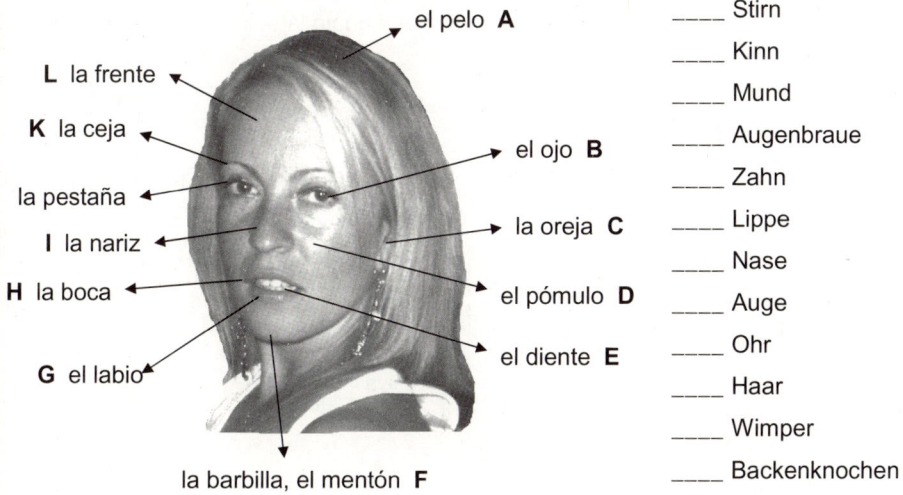

el pelo **A**
L la frente
K la ceja
el ojo **B**
J la pestaña
I la nariz
la oreja **C**
H la boca
el pómulo **D**
G el labio
el diente **E**
la barbilla, el mentón **F**

____ Stirn
____ Kinn
____ Mund
____ Augenbraue
____ Zahn
____ Lippe
____ Nase
____ Auge
____ Ohr
____ Haar
____ Wimper
____ Backenknochen

2. EN EL MÉDICO   BEIM ARZT

Estar...	enfermo/-a	Estar con... / Tener...	dolor de cabeza
	cansado/-a		dolor de estómago
	resfriado/-a		dolor de muelas
	mareado/-a		gripe
	bien / mal		tos
			fiebre
			diarrea
			vómitos

Me duele...	el cuello	Me duelen...	las piernas
	la garganta		los pies
	la espalda		

resfriado/-a	erkältet	**tos, la**	Husten
mareado/-a	schwindelig	**vómito, el**	Brechreiz
estómago, el	Magen	**doler**	schmerzen
dolor de muelas, el	Zahnschmerzen	**garganta, la**	Hals, Kehle

¿Qué consejos le puede dar a una persona que tiene gripe? Use el subjuntivo.

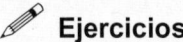 **Ejercicios**

1. Escriba los infinitivos de los verbos y después abajo la solución con las letras de las casillas numeradas:

sepas	1					sienta		12	14
traduzcáis			2						
abra	3					dejen	13		16
jueguen	4					cierres	15		
quieras		5				tengamos	17		
construya		6	7			8			
sirvan		9				viváis		18	
oigamos	10					vuelva	19	20	
salga		11							

SOLUCIÓN: ¿ __ __ __ __ __ __ __ __ __ __ O
        1 2 3 4 5 6 7 8 9 10

__ __ __ __ __ __ __ __ __ __ ?
11 12 13 14 15 16 17 18 19 20

¡ÉSA ES LA CUESTIÓN!

2. Presente de subjuntivo: Complete las frases con la forma correcta:

1. Pedro quiere que los niños nos (acompañar) _____.
2. ¿Es necesario que (subir, vosotros) _____ tan rápido?
3. Es probable que te (enviar, ellos) _____ la carta esta tarde.
4. Es mejor que no (tardar, tú) _____ mucho.
5. Dudamos que esta medida (ser) _____ necesaria.
6. No creo que en este café (haber) _____ buen ambiente.
7. Me sorprende que Inés (llegar) _____ tarde.
8. Me alegra que (poder, tú) _____ venir a Colombia con nosotros.

3. ¿Qué debe hacer o evitar un conductor? Aquí tiene ocho reglas para ser un buen conductor. Transfórmelas según el ejemplo utilizando subjuntivo y estas expresiones: Es importante que…/ Es recomendable que… / Es mejor que… / Es preferible que…

LECCIÓN 12

Ejemplo: No debe frenar bruscamente. ⇒ *Es importante que no frene bruscamente.*

1. No debe pasar si el semáforo está rojo.
2. Debe respetar la preferencia.
3. Debe ser prudente.
4. Debe tener cuidado con los niños.
5. No debe enfadarse con los otros conductores.
6. Debe tener tranquilidad en los momentos difíciles.
7. Debe evitar discusiones cuando conduce.
8. Debe estar muy atento.

frenar bremsen
tener preferencia Vorfahrt haben   **prudente** vorsichtig

4. ¿Qué esperan los padres de sus hijos que estudian? Forme frases utilizando:

Dicen que...   Me piden que...   (No) les gusta que...
Quieren que...   Prefieren que...   Para ellos es mejor que...

Ejemplo: No fumar mucho y pensar en la salud ⇒
Mis padres quieren que no fume mucho y que piense en la salud.

1. No perder el tiempo y estudiar un poco más
2. No gastar tanto dinero y ahorrar un poco
3. Leer libros interesantes y no ver la tele todo el día
4. No gritar tanto y hablar más bajo
5. Comer muchas verduras y evitar la comida congelada
6. Irse a la cama antes de las doce y no levantarse tarde
7. No irritar a los profesores de español y practicar pronunciación en casa
8. Ser puntual y saludar a los profesores educadamente

verdura, la Gemüse   **educadamente** wohlerzogen
congelado/-a (ein)gefroren

5. Invente reacciones ante estos temas y construya frases utilizando subjuntivo. Para ello puede utilizar:

Me parece bien/mal/excelente/terrible/injusto/maravilloso/sensato

Modelo: Prohiben el uso del subjuntivo en español. ⇒
Me parece sensato que prohiban el uso del subjuntivo en español.

1. Alemania gana el Campeonato Mundial de Fútbol.
2. Reducen por decreto el consumo de paella en toda España.
3. La guerrilla colombiana propone firmar un acuerdo de paz con el gobierno.
4. Inventan una pastilla para aprender español en dos semanas.

5. Permiten el casamiento de parejas homosexuales.
6. Un acuerdo mundial impide la destrucción de la selva amazónica.
7. Aumentan las tarifas telefónicas nocturnas en un 125%.
8. Crean el impuesto a los gatos y a los canarios.
9. Bajan los precios de los trenes a partir del próximo año.

injusto/-a	ungerecht	paz, la	Frieden
maravilloso/-a	wunderbar	impedir (i)	verhindern
sensato/-a	vernünftig	nocturno/-a	nächtlich
campeonato, el	Meisterschaft	impuesto, el	Steuer
reducir	senken	canario, el	[hier] Kanarienvogel
acuerdo, el	Abkommen	prohibir	verbieten

6. ¿Subjuntivo o indicativo? Complete el mail de los padres con las formas correctas.

Valencia, 30 de agosto de 2006.

Queridas princesas:
Por fin tenemos tiempo para escribiros. ¡No os hemos olvidado ni un segundo! Obviamente esperamos que vosotras _____ muy bien y que no _____ muchas discusiones. Seguro que no _____ problemas, pues sabemos que _____ muy buenas.
El tiempo en Valencia por lo general _____ muy bueno pero cuando _____ vamos a algún museo o de compras.
Queremos conocer Castellón, pero no _____ que _____ tiempo, por eso lo vamos a dejar para el próximo viaje.
Es casi seguro que _____ a casa el martes 23 y queremos que _____ a la estación a buscarnos. Si _____ con la tía Marta, no olvidéis decirle que _____ bien y que nos encanta el lugar. Ya la conocéis... ella se preocupa mucho. ¿Sabéis que Alex, el hijo de Ana, también está aquí? Os _____ un beso grande. Creo que _____ una novia nueva, pues anda todo el día con una muchacha de aquí para allá.

Un beso gigante de Papá y Mamá

estar / tener
tener
ser
ser
llover
creer
tener (1.P.P.)
llegar (1.P.P.)
ir (2.P.P.)
hablar
estar (1.P.P.)
mandar
tener

LECCIÓN 12

7. Un(a) profesor(a) de español se ha escapado de la universidad. Usted va a la Central de Policía para dar el parte de desaparición. Su compañero/-a es el/ la agente de policía que toma los datos y usted debe hacer la descripción física.

dar el parte benachrichtigen   **desaparición, la** Verschwinden
escaparse entkommen

Ejercicios de repaso

8. Una las columnas usando el pretérito perfecto (lecc. 8) y complete las frases:
Ejemplo: Nunca – comprar ropa usada ⇒ *Nunca he comprado ropa usada porque mis padres tienen mucho dinero.*

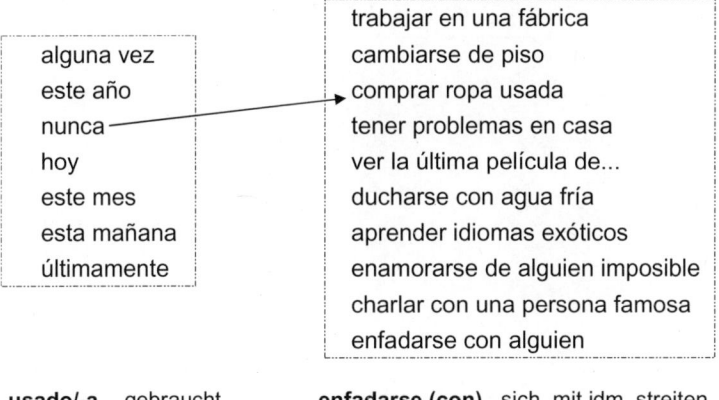

alguna vez
este año
nunca
hoy
este mes
esta mañana
últimamente

trabajar en una fábrica
cambiarse de piso
comprar ropa usada
tener problemas en casa
ver la última película de...
ducharse con agua fría
aprender idiomas exóticos
enamorarse de alguien imposible
charlar con una persona famosa
enfadarse con alguien

usado/-a gebraucht   **enfadarse (con)** sich mit jdm. streiten

9. Transforme las frases en **impersonales** con pasiva refleja (lecc. 11) siempre que sea posible.

La Unión Europea ha creado el programa ERASMUS. Con este programa financian el intercambio de estudiantes. Muchos han solicitado becas ERASMUS hasta la fecha. Una comisión especial reparte las becas entre los solicitantes. Esa comisión piensa crear nuevos plazos de solicitud para que pueda viajar más gente.

intercambio, el Austausch   **solicitar** beantragen, sich bewerben

LECCIÓN 13
En el mercado

TEMAS	ESTRUCTURAS COMUNICATIVAS
• Frutas y verduras • Tiendas y productos • Envases y medidas • En la cocina	♦ Dar instrucciones, consejos y órdenes ♦ Pedir y ofrecer
GRAMÁTICA	
※ Modo imperativo: morfología y usos ※ Usos de **qué** y **cuál(es)**	

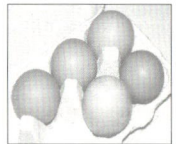

En el mercado

La Rambla es un paseo que une el centro de Barcelona con el puerto; es el punto de encuentro de la ciudad, donde se mezclan culturas y tradiciones con kioscos, puestos de flores y de animales, cafés antiguos, tiendas y restaurantes. En la Rambla está también el Mercado de la Boquería, donde se venden frutas, verduras, carnes, pescados y mariscos.

Inma pasea por el mercado, pensando en qué va a preparar para la comida. Un vendedor de frutas y verduras, dirigiéndose a las señoras que pasan por delante de su puesto, grita:

V: Buenos días señora, acérquese, acérquese y mire qué fruta tan buena tengo hoy. Mire qué manzanas tan maduras y rojas. Observe el color que tienen. Están que dicen ¡cómeme! Lo tengo todo baratísimo.

Inma se detiene y saluda al vendedor:

I: Hola, buenos días, don Raúl. No grite Vd. tanto, hombre. Ya se ve que tiene Vd. una fruta buenísima. Me llevo un kilo de estas peras. ¿A cuánto están hoy?

V: Llévese dos kilos que están deliciosas y se las dejo por 2 euros. Venga, no se lo piense dos veces.

I: ¿Y qué voy a hacer yo con tanta fruta? No, mejor no. Póngame kilo y medio, y déme medio kilo de tomates, pero bien maduros. Y una lechuga bien verde.

V: Sí, señora, como no. ¿No se lleva hoy plátanos para sus chicos? Están dulces y sabrosos. Recién llegados de las Canarias. Pruebe uno y dígame qué le parece.

I: Hmm, buenísimos. Pero ya llevo manzanas. No sé quién va a comer tanto...

V: ¡Qué va mujer! Llévese media docena por 80 céntimos. Tenga, son 2,80 en total.

I: Aquí tiene 3. ¡Usted siempre igual!
V: Tenga la vuelta, y vuelva pronto por aquí.
I: Gracias, don Raúl, hasta otro día.

Inma llega a otro puesto:

I: Buenos días, doña María. Estoy buscando aceite en lata.
V: Sí, señora. Tengo uno muy bueno y no es tan caro. Cuesta 2,50 euros.
I: Lo llevo. Y también quiero una bolsa de galletas, dos paquetes de mantequilla y tres latas de cerveza. Dígame, ¿cuánto cuesta la cerveza?

V: 60 céntimos la lata. ¿Algo más?
I: Sí, una botella de vinagre de vino. Eso es todo, ¿cuánto es?
40 V: Son 8 euros.
I: Aquí tiene.

VOCABULARIO

encuentro, el	Treffen	detenerse (ie)	(an)halten
mezclarse	sich vermischen	pera, la	Birne
vendedor(a)	Verkäufer(in)	¿a cuánto está(n)?	Wieviel kostet/kosten?
fruta, la	Obst	delicioso/-a	köstlich
verdura, la	Gemüse	póngame	[hier] Geben Sie mir!
puesto, el	Stand	plátano, el	Banane
marisco, el	Meeresfrüchte	sabroso/-a	schmackhaft
dirigirse a (j)	sich jdm. zuwenden	recién	gerade eben
acercarse	sich nähern	vuelta, la	[hier] Wechselgeld
manzana, la	Apfel	lata, la	Dose
maduro/-a	reif	bolsa, la	[hier] Packung
lechuga, la	Kopfsalat	paquete, el	Packung
a precios de risa	spottbillig	mantequilla, la	Butter
barato/-a	billig, günstig	vinagre, el	Essig

🖉 Otra mirada al texto

- Der Verkäufer auf dem Markt versucht Inma seine Produkte zu verkaufen. Er fordert sie auf, zum Stand zu kommen, damit sie Obst und Gemüse sehen und probieren kann. Suchen Sie im Text fünf dieser Situationen und notieren Sie die Aussagen:

- Inma benutzt auch diese Aussagen, um um etwas zu bitten, zu reklamieren und zu bezahlen. Suchen Sie Beispiele im Text.

- Suchen Sie auf der erste Seite der Lektion die Produkte, die Inma gekauft hat. Kreuzen Sie sie an.

LECCIÓN 13

 **Gramática**

I. IMPERATIVO: MORFOLOGÍA Y USOS   IMPERATIV

El imperativo se utiliza para dar instrucciones, consejos y órdenes, como así también para pedir u ofrecer. En español existen dos tipos de imperativo: el afirmativo (bejaht) y el negativo (verneint).

1. En el **imperativo afirmativo**, al igual que en alemán, existen dos formas propias, que se usan para la segunda persona del singular (tú) y la segunda del plural (vosotros/-as).

- La forma de **tú** es igual a la de la 3ª persona del singular del presente de indicativo.

	TOMAR	COMER	SUBIR	
tú	toma	come	sube	Escribe la carta ahora.

Las irregularidades del indicativo se repiten en el imperativo:

	SENTIR	PEDIR	DORMIR	OIR
tú	siente	pide	duerme	oye

Hay sólo 8 verbos que tienen una forma irregular para la segunda persona del singular:

decir ⇒ di   ir   ⇒ ve   salir ⇒ sal   tener ⇒ ten
hacer ⇒ haz   poner ⇒ pon   ser   ⇒ sé   venir ⇒ ven

- La forma de **vosotros/-as** tiene una conjugación propia y no hay verbos irregulares:

	TOMAR	COMER	SUBIR	
vosotros/-as	tomad	comed	subid	Haced lo que os digo.

  Observe: en la oralidad se utiliza, a menudo, el infinitivo en lugar de las formas del imperativo de la segunda persona del plural:
  Niños, comer, que tenemos que ir al centro.

- Las otras personas toman las formas del presente del subjuntivo (lecc. 12). En España el uso del imperativo de **nosotros/-as** pertenece a la lengua culta.

	TOMAR	COMER	SUBIR
usted(es)	tome(n)	coma(n)	suba(n)
nosotros/-as	tomemos	comamos	subamos

Las irregularidades del presente del subjuntivo se repiten en el imperativo.

Venga el lunes a casa y lo discutimos.

🕯 **Observe:** *¡Vamos!* se usa como imperativo del verbo **ir** para **nosotros/-as**, tanto en España como en Latinoamérica.

2. El **imperativo negativo** se construye en todas las personas con las formas del presente del subjuntivo:

   *No **escribas** la carta todavía, yo te digo cuándo.*
   *No **hagáis** siempre lo que yo os digo.*

3. La colocación de los pronombres

- En el imperativo **afirmativo** los pronombres se colocan siempre detrás del imperativo, unidos a él. Puede variar la acentuación.

  ¡Dame el lápiz! ⇒ *¡Dámelo!*   *Mira las fotos, por favor* ⇒ ***Míralas**, por favor.*

  En el caso de la primera y segunda persona del plural seguido de un pronombre reflexivo, el verbo pierde la **-s** y la **-d** finales respectivamente y se une de esta manera al pronombre:

  *¡Tranquilicémo**nos**!*
  *Bañad al perro y baña**os** vosotros también.*

  🕯 **Observe:** en la oralidad se utiliza el infinitivo en lugar del imperativo para **vosotros/-as**, por lo que el pronombre se une directamente a éste: *¡Baña**ros**!*

- En el imperativo **negativo** los pronombres se colocan delante del imperativo y separados del mismo:

  *No **te** preocupes, todo se va a solucionar.*
  *He hecho una carne muy rica, pero... ¡no **os la** comáis!*

  Recuerde: En el caso de que se unan dos pronombres el orden es siempre el siguiente: **pronombre indirecto + pronombre directo**. Los pronombres **le/ les** se sustituyen por **se** cuando aparecen delante de **lo/ la/ los/ las** (lecc. 9).

  Dinos el número. ⇒ *Díno**lo**.*   *Dale a tu madre la revista.* ⇒ *Dá**sela**.*

4. El imperativo se usa para:
- dar instrucciones: *Corte las manzanas, póngalas en un plato...*
- aconsejar: *Vete a casa y métete en la cama, que va a ser lo mejor.*
- pedir: *Rubén, pásame el azúcar, por favor.*
- dar órdenes: *¡Sal de aquí de una vez!*
- invitar u ofrecer: *Pase, pase, y quédese a tomar un café con nosotros.*

📖 § 188

II. USOS DE **QUÉ** Y **CUÁL(ES)**

Qué se usa para elegir entre elementos diferentes. **Cuál(les)** para elegir entre diferentes tipos o especies de un elemento. **Cuál (es)** nunca está acompañado por el referente.

*¿**Qué** fruta prefiere hoy? ¿Manzanas o peras?*
- Manzanas, por favor.
*¿**Cuáles** quiere?*
- Las rojas.

📖 §§ 91-92

📁 Ampliamos vocabulario

1. DE COMPRAS   BEIM EINKAUFEN

Diálogo en el mercado: Busque en el texto de la lección las formas para traducir las siguientes estructuras. Busque también las respuestas del vendedor.

– Wieviel kostet/ kosten...?

– Was macht das/alles zusammen?

– Geben Sie mir...

Secciones en el supermercado:

- Pescadería
- Bebidas
- Conservas
- Ferretería

- Juguetería
- Librería
- Panadería
- Perfumería

- Frutas y Verduras
- Productos lácteos
- Carnes y Aves (Carnicería)
- Artículos de limpieza

Tipos de envase:

- la botella: *de aceite, de leche, de vino*
- la bolsa: *de arroz, de patatas fritas*
- la caja: *de galletas, de bombones*
- la lata: *de sardinas, de aceitunas*
- el paquete: *de mantequilla, de café*
- el tarro: *de mayonesa, de mostaza*

2. PESOS Y MEDIDAS — GEWICHTE UND MASSE

gramos	100 gramos de jamón	docena (12)	una docena de huevos
kilo	2 kilos de patatas	litro	un litro de cerveza
	medio (½) kilo de tomates		medio litro de agua
	un cuarto (¼) de queso		un litro y medio de zumo

3. DIFERENCIAS ENTRE ESPAÑA E HISPANOAMÉRICA

Algunas diferencias de vocabulario entre España e Hispanoamérica. Use el diccionario.

ESPAÑA	HISPANOAMÉRICA	ESPAÑA	HISPANOAMÉRICA
el melocotón	el durazno	la patata	la papa
el albaricoque	el damasco	las judías	los frijoles
el cacahuete	el maní	el aguacate	[Arg.] la palta
el plátano	la banana	el pimiento	el chile, el ají
la piña	el ananá	los guisantes	las arvejas
la fresa	[Arg.] la frutilla	el maíz	[Mex.] el elote [Arg.] el choclo

🕯 **Observe:** En Latinoamérica la comida del mediodía es **el almuerzo**.

4. EN LA COCINA — BEIM KOCHEN

amasar	Teig anrühren	hervir (ie)	im Wasser kochen
agregar, añadir	hinzufügen	horno, el	Backofen
batir	schlagen	mezclar	einrühren
cocer (ue)	kochen, aufkochen	olla, la	Topf
condimentar	würzen	pimienta, la	Pfeffer
cortar	schneiden	plato, el	Teller
dejar reposar	ruhen lassen	rayar	raspeln
freír (i)	fritieren	sal, la	Salz
fuente, la	Napf, Schüssel	sartén, la	Pfanne

Ejercicios

1. Su profesor(a) de español está hoy de mal humor y no deja de dar órdenes en clase. Forme las frases utilizando el **imperativo**:

   Modelo: conjugar correctamente (tú) ⇒ *Conjuga correctamente.*

   1. repetir el ejercicio sin protestar (vosotros)
   2. no comer en clase (ustedes)
   3. no hablar con el/la compañero/-a (vosotras)
   4. escribir lo que yo te digo (tú)
   5. hablar sólo en español (vosotros)
   6. practicar la pronunciación (tú)
   7. escuchar atentamente (ustedes)
   8. utilizar el imperativo correctamente (ustedes)

2. Traduzca el infinitivo al español con ayuda del diccionario y luego escriba la forma del imperativo afirmativo:

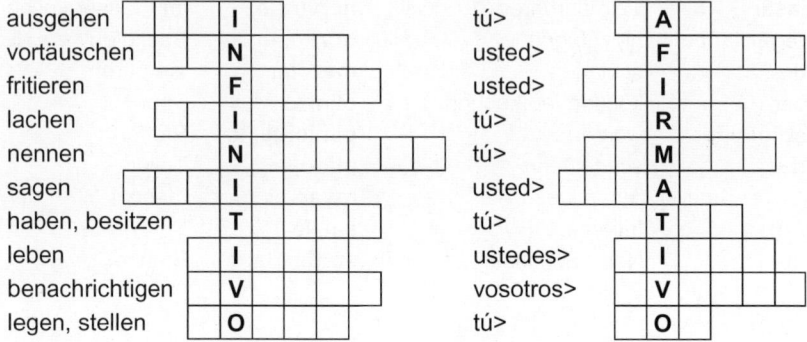

3. Sustituya los sustantivos por pronombres personales de complemento directo:

Modelo: Por favor, sigan los consejos ⇒ *Síganlos, por favor.*

1. Repita una vez más la pregunta, si es tan amable.
2. Haga los ejercicios cuando pueda.
3. Enciende el cigarrillo sin quemarte.
4. Pedid la cuenta al camarero, mientras yo voy al servicio.
5. Limpia la mesa y las ventanas, por favor.
6. Cierra las puertas y las ventanas antes de salir.

   quemarse   sich verbrennen   **servicio, el** [hier] Toiletten

4. Haga propuestas o pida usando el imperativo afirmativo y colocando los dos pronombres y los acentos. Amplíe las frases usando exclamaciones como:

   ¡Venga! - ¡Anda! (los!); ¡Hombre! - ¡Mujer! (Mensch); ¡Vamos! (Komm)

Modelo: ¿Por qué no te compras los muebles? ⇒ *Venga, cómpratelos.*

1. ¿Me das un cigarrillo?
2. ¿Por qué no dejas de corregir esos exámenes?
3. ¿Por qué no le dices tu nombre?
4. ¿Me puedes hacer un favor?
5. ¿Quieren escribirle ustedes la carta?
6. ¿Por qué no nos quieres decir la verdad?
7. ¿Qué te parece si a tu hermana le regalas el bolso de viaje?

LECCIÓN 13

5. Usted y un(a) compañero/-a trabajan para la Secretaría de Turismo de Alemania y tienen que diseñar un nuevo folleto turístico del país en español. Para ello utilicen el imperativo y algunas de las siguientes palabras:

> el paisaje - el clima - la industria - recorrer - pasear - la historia
> el monumento - la leyenda - viajar - conocer - la tradición - el transporte
> la mentalidad - descubrir - nadar - el interés - alojarse - la arquitectura

6. ¿Sabe hacer una típica ensalada de patatas alemana? Aquí tiene una receta.

a) Complete primero con los ingredientes:

> patatas - caldo (Brühe) - vinagre - perejil picado (gehackte Petersilie)
> panceta (Schweinespeck) - aceite - pimienta - cebollas - sal

1 kg. de _____; 3 _____ pequeñas; 100 gramos de _____; 1/4 litro de _____ de carne, 2 cucharadas (Esslöffel) de _____; 3 cucharadas de _____; una pizca de _____; un poco de _____ blanca y un ramo (Bund) de _____.

b) Ahora conjugue los verbos usando el imperativo (también pronombres si es necesario para describir la receta:

_____ (hervir) las patatas y después _____ (cortar) en rodajas. _____ (freír) la panceta y la cebolla y _____ (añadir) las patatas, junto con el resto de los ingredientes. _____ (dejar) reposar en la nevera durante una hora. Al servir _____ (agregar) el perejil picado.
en rodajas   in Scheiben

c) En la primera página de la lección tiene ingredientes para preparar un plato típico español. Elíjalos y escriba la receta. Use el imperativo en la forma de "usted".

7. En parejas: simule con su compañero/-a una situación en el mercado utilizando estructuras comunicativas y vocabulario de esta lección.

8. En parejas. Hable con su compañero/-a sobre las comidas. Aquí tiene preguntas que lo pueden ayudar:
   - Por la mañana, ¿toma té o café? ¿Y por la tarde?
   - ¿Cuánta fruta come por semana?
   - ¿Come mucha o poca verdura?
   - ¿Come carne? ¿De qué tipo? (de vaca, de cerdo, de cordero, de pollo, de pavo, de pescado)
   - ¿Cocina durante la semana?
   - ¿Compra en el mercado o en el supermercado?
   - ¿Cuál es su comida preferida? ¿Qué comida no le gusta?
   - Tiene hambre y poco dinero, ¿qué hace?

carne de vaca, la	Rindfleisch	pollo, el	Hähnchen
cerdo, el	Schwein	pavo, el	Pute
cordero, el	Lamm		

9. Complete las frases con **qué** o **cuál(les)**:
   1. Laura, ¿ _____ quieres beber? Tengo vino y cerveza en la nevera.
   2. Aquí hay aceitunas rellenas con limón o con pimiento. ¿ _____ prefieres?
   3. ¿ _____ son las manzanas que vamos a comer? ¿Éstas o aquéllas?
   4. ¿ _____ es lo que a vosotras no os gusta? ¿El pescado o el pollo?
   5. Y a ti, ¿ _____ te gustan más? ¿Las empanadas de carne o de verdura?

   aceituna, la Olive   **empanada, la** gefüllte Teigtasche

Ejercicios de repaso

10. Reformule las instrucciones del ejercicio 6 b) de esta lección utilizando la pasiva refleja (lecc.11):

    Ejemplo: *Se hierven las patatas y después...*

LECCIÓN 13

11. Una las columnas y forme frases utilizando el gerundio (lecc.7) y el presente o el perfecto (lecc. 8):

Ejemplo: hacer los ejercicios - descubrir para qué sirve el gerundio ⇒
Haciendo los ejercicios he descubierto para qué sirve el gerundio.

trabajar en una fábrica	descubrir para qué sirve el gerundio
estudiar en la universidad	pensar en cualquier cosa
comprar ropa	aburrirse
hacer los ejercicios	gastar mucho dinero
ahorrar todos los meses	conocer al chico/la chica de mis sueños
caminar por la ciudad	no poder ir de bares todas las noches
escuchar música clásica	poder pasar horas
ir a las clases de español	resfriarse
bailar bajo la lluvia	enamorarse del profesor/la profesora

ahorrar sparen   **resfriarse** sich erkälten

12. "**La media vuelta**". Aquí tiene la letra de un bolero de José Alfredo Jiménez. Complete con indicativo o con subjuntivo (lecc. 12).

Te vas porque yo _____ que te _____   querer , ir
a la hora que yo quiera te detengo,
yo sé que mi cariño te _____ falta   hacer
porque quieras o no, yo soy tu dueño.
5 Yo quiero que te _____ por el mundo,   ir
y quiero que _____ mucha gente.   conocer (tú)
Yo quiero que te _____ otros labios   besar
para que me _____, hoy como siempre.   comparar (tú)
Si _____ otro amor que te comprenda,   encontrar (tú)
10 y sientes que te quiere más que a nadie,
entonces yo daré la media vuelta
y me iré con el sol cuando muera la tarde.
Te vas porque yo _____ que te _____.   querer, ir

cariño, el Zuneigung, Liebe   **besar** küssen
detener anhalten   **dar la media vuelta** sich umdrehen
dueño/-a Besitzer(in)   **iré** Futur von *ir* (yo)

13. Mi persona: Usted tiene una foto en esta página y su compañero/-a tiene otra en la página 266. Intercambien la mayor información posible. Utilice los siguientes puntos para hace la descripción:

Nombre / De dónde es y dónde vive / Edad / Estado civil y familia
Profesión / Aspecto físico / Carácter / Gustos / Planes para el futuro

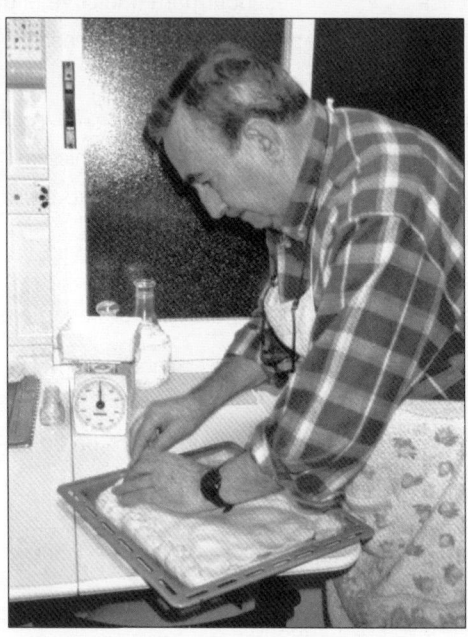

LECCIÓN 14
El *spanglish*

TEMAS	ESTRUCTURAS COMUNICATIVAS
• El español en EE UU • La universidad	♦ Contar sucesos del pasado
GRAMÁTICA	
✎ Pretérito indefinido: morfología, primera parte	✎ Pretérito indefinido: usos. Contraste con el pretérito perfecto

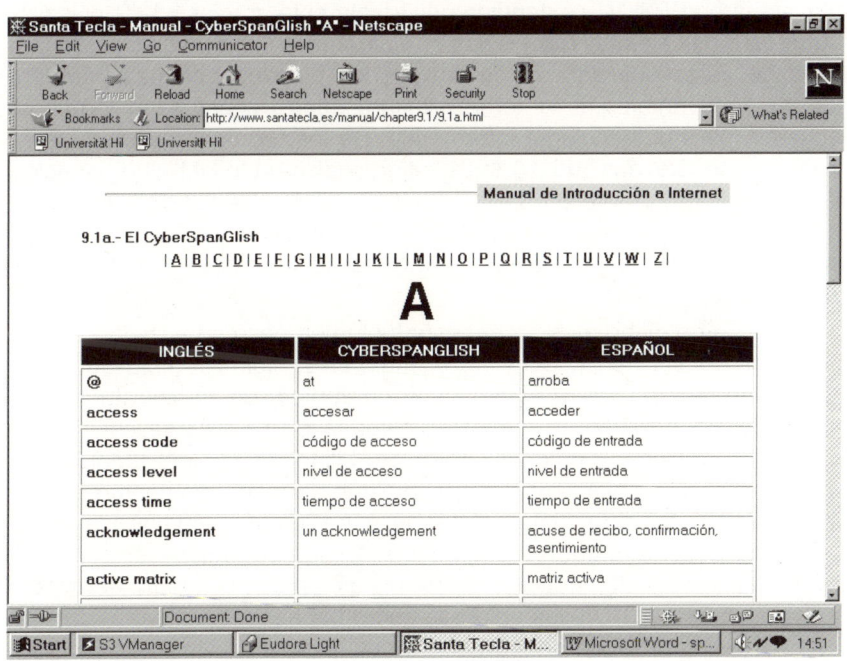

El *spanglish*

En septiembre de 2000, el periódico español EL PAÍS publicó un artículo con el título "Una universidad de Massachusetts crea la primera cátedra mundial de 'spanglish'". Aunque la noticia sorprendió a la comunidad universitaria, los motivos que dan sentido a la creación de esta cátedra parecen evidentes: según el artículo "Internet ha extendido a todo el mundo hispano el *spanglish*, esa fusión de inglés y español nacida en las comunidades hispanas de EE UU".

El titular de la cátedra del Amherst College, el profesor Ilan Stavans, nació en México en 1961 y es también el autor del primer diccionario de *spanglish*. Stavans explica que la cátedra "es la primera en todo el mundo que enfoca el *spanglish* como un dialecto en formación, un dialecto nacido del encuentro desde el siglo XIX de las culturas hispánica y anglosajona en EE UU, y extendido universalmente gracias a la televisión, los grupos musicales de *rap* y salsa y, últimamente, Internet". Una de las causas de esta evolución radica en que los hispanohablantes parecen estar en desventaja en Internet: faltan eñes, acentos y términos adecuados para la tecnología informática. De los términos que incluye el diccionario de Stavans, un 10% se refieren al mundo del ciberespacio: *emailear* (enviar correo electrónico), *surfear* (navegar por el ciberespacio), *printear* (imprimir), *chatear* (charlar). Otros son términos de uso diario: *vacunar la carpeta* (pasar la aspiradora por la alfombra) o *llamar para atrás* (devolver una llamada).

Como se ha dicho más arriba, esta fusión empezó en el siglo XIX, en los estados del sur de EE UU y se extendió en el siglo XX a Nueva York. Actualmente el *spanglish* se encuentra también en la literatura, por ejemplo de Puerto Rico; la población hispana de EE UU se calcula en más de 30 millones, muchos de ellos bilingües, y los medios de comunicación de masas llegan casi a cualquier rincón. Las posturas ante esta situación son muy diferentes; por una parte, Stavans da gran importancia a estos datos y asegura que "ninguna lengua se mantiene pura si quiere mantenerse viva". El inglés también adopta términos hispanos; en Estados Unidos palabras como *nachos*, *guerrilla* o *plaza* son ya de uso común. Según se lee en el artículo, para Stavans el *spanglish* es una prueba de la fuerza del español en EE UU El alemán, el francés, el polaco, el ruso o el italiano desaparecieron a partir de la segunda generación de inmigrantes.

En España, la mayoría de los miembros de la Real Academia de la Lengua están de acuerdo en que el español no es patrimonio exclusivo de

LECCIÓN 14

los españoles. En el otro extremo están los que no aceptan que las nuevas normas lingüísticas vengan 'desde abajo' y no 'desde arriba'. En el periódico argentino LA RAZÓN del 6 de abril de 1999 se habla del español como de una "lengua amenazada por sus propios hablantes". El periodista español Alex Grijelmo por su parte publicó un libro en 1999 donde señala que en 50 años el español ha adoptado tantos términos del inglés como del árabe en 8 siglos. En una entrevista, Grijelmo explica que hoy en día se tiene "una cultura más audiovisual que literaria.[...]. El lenguaje hablado es espontáneo; el escrito lo elaboramos. Si escribimos como se habla, eso significa que perderemos capacidad de reflexión". Además, Grijelmo piensa que se usa el inglés "por complejo de inferioridad y porque usando las palabras del inglés nos creemos tan importantes como ellos".

VOCABULARIO

publicar	veröffentlichen	calcular	berechnen
crear	schaffen	medios de	
cátedra, la	Lehrstuhl, Professur	comunicación, los	Medien
motivo, el	Grund	bilingüe	zweisprachig
evidente	offensichtlich	rincón, el	Ecke
según	gemäß, folgend	postura, la	Einstellung
extender (ie)	verbreiten	mantenerse	sich erhalten
fusión, la	Verschmelzung	adoptar	[hier] annehmen
titular, el/la	Inhaber(in)	de uso común	geläufig
nacer	entstehen, geboren werden	prueba, la	Beweis
enfocar	[hier] behandeln	fuerza, la	Kraft
encuentro, el	Begegnung	miembro, el	Mitglied
anglosajón/-ona	angelsächsisch	patrimonio, el	Eigentum
peligrar	in Gefahr sein	enriquecer (zc)	bereichern
radicar en	beruhen auf	amenazar	drohen
desventaja	Nachteil	señalar	hinweisen
término, el	[hier] Begriff	capacidad, la	Fähigkeit
adecuado/-a	passend	reflexión, la	[hier] Nachdenken
navegar	segeln	elaborar	ausarbeiten
vacunar	impfen	inferioridad, la	Minderwertigkeit
carpeta, la	Mappe		

✍ Otra mirada al texto

- Se habla de la historia del español según artículos publicados hace tiempo. No podemos usar siempre el pretérito perfecto, por eso hay una nueva forma verbal. Busque los verbos y su infinitivo en el texto. ¿Qué complementos de tiempo aparecen con estas formas verbales?

- Se presentan dos posturas frente a la evolución del español en EE UU. Señálelas en el texto con diferentes colores e intente resumirlas.

📖 Gramática

I. PRETÉRITO INDEFINIDO: MORFOLOGÍA (primera parte)

Para las formas **regulares** del pretérito indefinido o perfecto simple se distinguen dos paradigmas: uno para los verbos en **-ar** y otra para los verbos en **-er** e **-ir**:

HABLAR	COMER	VIVIR
hablé	comí	viví
hablaste	comiste	viviste
habló	comió	vivió
hablamos	comimos	vivimos
hablasteis	comisteis	vivisteis
hablaron	comieron	vivieron

El profesor Stavans habló ayer en una entrevista de su última novela.

Viví en Badajoz hasta los 6 años.

1. Los acentos son muy importantes, pues las formas en **-ar** del indefinido se pueden confundir con las del presente (indicativo o subjuntivo):

    *Ayer no **hablé** con mi jefe. Es importante que hoy hable con él.*
    *Viajo a España todos los años. El año pasado Felipe **viajó** conmigo.*

2. Hay que tener en cuenta cambios ortográficos en algunos verbos en **-ar**:

    ca ⇒ que   *Ayer te busqué por la biblioteca.*

    ga ⇒ gue   *No te llamé porque llegué muy tarde.*

    gua ⇒ güe   *Al final averigüé la dirección nueva de Mónica.*
                         Ich bekam doch endlich die neue Adresse von Monica heraus.

    za ⇒ ce   *La semana pasada empecé con el tratamiento nuevo.*
                         Letzte Woche fing ich mit der neuen Behandlung an.

3. Los verbos **irregulares** se dividen en varios grupos que coinciden parcialmente con los del presente. Vemos aquí los verbos que sólo son irregulares en la 3ª persona:

- Cambio de vocal de la raíz **e** ⇒ **i** de verbos en **-ir** (son más que en presente):

PEDIR	REÍRSE	
pedí	me reí	*Anoche me pidió Arturo tu número de teléfono.*
pediste	te reíste	*Nos reímos muchísimo en la fiesta del sábado.*
pidió	se rió	
pedimos	nos reímos	Otros verbos de este grupo son: convertirse,
pedisteis	os reísteis	corregir, despedirse, elegir, invertir, mentir, preferir,
pidieron	se rieron	repetir, seguir, sentir, servir, vestirse.

- Cambio de vocal de la raíz **o** ⇒ **u** en **dormir** y **morir**:

DORMIR	MORIR
dormí	morí
dormiste	moriste
durmió	murió
dormimos	morimos
dormisteis	moristeis
durmieron	murieron

Los gatos no durmieron ayer en toda la noche.
Cervantes murió en 1616.

- Cambio de **i** intervocálica ⇒ **y** de verbos en **-er** e **-ir**:

OIR	
oí	
oíste	*Se cayó por las escaleras y se rompió un pierna.*
oyó	*Durante la Guerra Civil se destruyeron ciudades importantes.*
oímos	
oísteis	
oyeron	

Otros verbos de este grupo: caer(se), creer, leer y los verbos terminados en **-uir**.

📖 **Observe**: el pretérito indefinido de **hay** es **hubo**.

§§ 144, 146, 148-153

II. USO DEL PRETÉRITO INDEFINIDO. CONTRASTE CON EL PERFECTO

En contraste con el pretérito perfecto, el indefinido se usa normalmente para contar lo que **ocurrió** en un período de tiempo ya terminado (*ayer, anoche, aquel día, hace meses*):

PRETÉRITO PERFECTO	PRETÉRITO INDEFINIDO
Todavía no he leído el periódico de hoy.	**Ayer** leí que va a subir la gasolina.
Hasta ahora nadie ha podido parar la evolución del español en EE UU	La fusión entre el inglés y el español empezó **en el siglo XIX**.
He tenido dolor de cabeza durante todo el día.	Me sentí mal durante **toda la tarde del domingo**.

El pretérito perfecto acerca las acciones, las actualiza y el indefinido las aleja.

 Observe: en Latinoamérica cada vez hay menos diferencia entre los dos tiempos verbales, y el indefinido se usa mucho más.

§ 158

Ampliamos vocabulario

LA UNIVERSIDAD

Esto es un memo-mapa o mapa asociativo y sirve para ordenar vocabulario. Complete la figura asociando palabras de la lista de más abajo. Trabaje con el diccionario:

aprobar (ue) ↔ suspender un examen
asignatura obligatoria ↔ optativa, la
catedrático/-a
certificado de asistencia, el
comedor universitario, el
despacho, el
entregar un trabajo
examen escrito ↔ oral, el
examen final ↔ parcial, el
exponer un trabajo
exposición, la
faltar ↔ asistir a clase
hacer un examen
    = presentarse a un examen
no hay clase

hora de tutoría, la
laboratorio (de idiomas), el
nota media/final, la
Oficina de Relaciones Internacionales, la
papeleta (de examen), la
pedir una beca
profesor(a), el/la
proyecto, el
secretaría, la
seminario, el
tablón de anuncios, el
tesina (de licenciatura), la
trabajo individual ↔ de grupo, el
universidad a distancia, la

Ejercicios

1. Completar el cuadro, la mayoría son verbos con irregularidad:

Infinitivo	Indefinido 1ª singular	Indefinido 3ª singular	*Alemán*
vestirse			
		explicó	
			wiederholen
dormir			
	seguí		
			ausgehen
creer			
		llegó	
			lesen

2. Una anécdota. Complete con las formas del indefinido en la 1ª persona singular:

No te puedes imaginar lo que me pasó ayer: _____ las llaves del coche. Las _____ en mi bolso pero no las _____.

_____ a casa, primero _____ a buscar por 5 todo el piso. Lo _____ de arriba a abajo y _____ todos los trastos. _____ toda la ropa del armario, pero allí tampoco las _____.

Entonces _____ por teléfono para pedir un segundo juego de llaves. Antes de salir a recogerlo _____ 10 buscando por todos los rincones. Por fin las _____ dentro de la nevera. Naturalmente _____ tarde a trabajar. Cuando se lo _____ a mi marido se echó a reír. Yo primero _____ mucho pero luego _____ también.

perder
buscar
encontrar
volver, empezar
limpiar
ordenar, sacar
encontrar
llamar
seguir
encontrar
llegar, contar
preocuparse
reírse

trastos, los   Kram, Gerümpel   **recoger**   abholen
juego de llaves, el   Schlüsselsatz   **echarse a + inf.**   plötzlich anfangen zu

3. En parejas, ¿cómo están sus conocimientos de historia? ¿Qué pasó...

- en 1492?
- en Francia en 1789?
- en Europa en 1918?
- en el espacio en 1969?
- en España en 1975?
- en Alemania en noviembre de 1989?

Puede usar estos verbos: caer, descubrir, empezar, llegar a, morir, terminar.

4. Un poco más de historia: aquí tiene un fragmento del texto de la lecc. 5, en presente histórico. Ponga ahora los verbos en pretérito indefinido:

Los romanos llegan a España en el siglo II antes de Cristo con su lengua, el latín. Los pueblos de la Península Ibérica con el tiempo aprenden el latín vulgar, que en las diferentes regiones del país evoluciona después en diferentes lenguas románicas. Durante la Edad Media, el español recibe una fuerte influencia del árabe y toma forma, sobre todo en Castilla. En el siglo XV, con los Reyes Católicos comienza la unión política y cultural de España, y la expansión del castellano. Con la llegada de Colón al continente americano y por medio de las rutas comerciales hacia Oriente, llega también el castellano a América, África y Asia. En América el castellano recibe influencia de las lenguas indígenas. Palabras como *tomate* y *jaguar* pasan también después a otras lenguas europeas.

5. Aquí tiene algunos datos sobre Juan Ramón Jiménez, uno de los poetas españoles más importantes del siglo XX. Ordénelos y ponga después los verbos en indefinido:

- Al empezar la Guerra Civil (tres años antes de la Segunda Guerra Mundial) decide no volver a España.
- Empieza estudios de Derecho que pronto abandona para irse a Madrid a luchar "por el modernismo". En 1900 aparecen sus primeros libros y muere su padre.
- Esto le causa una fuerte depresión de varios años, en los que necesita cuidados médicos y descanso en Huelva.
- Muere en Puerto Rico en mayo de 1958. Dos años antes se le concede el premio Nobel y muere Zenobia.
- Nace en Moguer (Huelva) en 1881. Se entrega a la poesía desde muy pronto.
- Vuelve a Madrid y consigue una gran fama. En 1916 se marcha a EE UU y se casa con Zenobia Camprubí, de origen hindú.

Guerra Civil, la	Bürgerkrieg	**entregarse**	sich völlig widmen
conceder	erteilen	**hindú**	indisch
Modernismo, el	Jugendstil		

6. Ayer y hoy: escriba la forma del perfecto o del indefinido:

1. -¿ _____ usted hoy a Matilde? Tiene una pierna escayolada. — ver

   - Sí, _____ anteayer por las escaleras de su casa. — caerse

2. -¿Vosotros _____ ya a ver la última película de Antonio Banderas? Dicen que está muy bien. — ir

   - Sí, la _____ el domingo pasado. A mí me _____ horrible, pero a Carlos le _____. — ver, parecer, encantar

3.- ¿ _____ últimamente con Paco? No sé nada de él desde hace más de un mes. — estar (tú)

- Pues sí, mira, _____ con él el martes pasado en el supermercado. Está muy bien. — encontrarse

4.-¿ _____ ya *La casa de los espíritus*? — leer (tú)

-Sí, sí, ese libro lo _____ el verano pasado en dos días. Es que a mí Isabel Allende me gusta muchísimo. — leer

5.-Anoche _____ por lo menos medio paquete de cigarrillos. — fumar (tú)

-Sí, ya lo sé, pero hoy _____ mucho menos. — fumar

6.-Vosotros _____ esta semana el examen de francés ¿verdad? — tener

-Sí, lo hicimos ayer y fue dificilísimo. — hacer, ser

es que... die Sache ist die...   **por lo menos** mindestens

7. En parejas: comenten las siguientes cuestiones sobre los estudios:
   - ¿Qué estudias? ¿Has estudiado otra carrera antes?
   - ¿Cómo es tu horario este semestre? ¿Qué días tienes clase?
   - ¿Qué asignaturas tienes? ¿Qué clases te gustan más?
   - ¿Qué trabajos o exposiciones tienes que hacer o has hecho este semestre?
   - ¿Qué exámenes vas a hacer este semestre?
   - ¿Te gusta la universidad: las aulas, la cafetería, el comedor, etc.?

8. Amplie información sobre el *spanglish* y busque 5 nuevas palabras. La siguiente dirección de internet puede ayudarle:

   La página del idioma español: www.el-castellano.com

Ejercicios de repaso

9. Consejos: aquí tiene algunas ideas para afrontar con éxito los exámenes. Transforme las frases usando imperativo o subjuntivo como en el modelo:

   Modelo: Alimentarse bien y descansar, también la noche antes del examen.
   Aliméntate bien y descansa.../Es mejor que te alimentes bien y descanses...

   1. No dejarlo para los últimos días. Empezar a tiempo y planificar la materia.

| LECCIÓN 14 |

2. Estudiar en grupo y resolver las dudas con los compañeros. Elaborar esquemas con las ideas principales y hacer resúmenes.
3. Hacer ejercicios de relajación e ir con tiempo suficiente al examen.
4. No escribir con pluma, porque escribe más despacio que el bolígrafo.
5. Leer bien las preguntas del examen y asegurarse de entenderlas.
6. Llevar reloj y distribuir bien el tiempo.

planificar	planen	**relajación, la**	Entspannug
esquema, el	Schema	**pluma, la**	Feder
resumen, el	Zusammenfassung		

10. a) Completar la canción con la forma de los verbos que se indica a la derecha:

Grita (De Jarabe de Palo en *Jarabe de Palo*. Virgin 1995)

Hace días que te _____, observar (yo), presente indic.

_____ con los dedos contar (yo) perfecto indic.

cuántas veces _____, reírse (tú), perfecto indic.

una mano me ha valido.

5 Hace días que _____, fijarse (yo), presente indic.

no _____ qué guardas ahí dentro, saber (yo), presente indic.

a juzgar por lo que _____, ver (yo), presente indic.

nada bueno, nada bueno.

De qué _____ miedo, tener (tú), presente indic.

10 a reír y a llorar luego,

a romper el hielo

que recubre tu silencio.

Suéltate ya y _____me contar (tú), imperativo

que aquí estamos para eso,

15 "pa" lo bueno y "pa" lo malo,

_____ ahora y _____ luego. llorar (tú), reír, imperativo

Si _____ corriendo, salir (yo), presente indic.

tú me agarras por el cuello,

y si no te _____ ¡grita! escuchar (yo), pres. indic.

20 Te tiendo la mano,
tú agarra todo el brazo,
y si _____ más pues ¡grita!   querer (tú), presente indic.

gritar	schreien	**silencio, el**	Schweigen
valer	[hier] reichen	**soltarse (ue)**	sich befreien, aufgehen
fijarse en	achten auf	**pa** [coloquial]	para
guardar	aufbewahren	**salir corriendo**	wegrennen
a juzgar por	nach...zu urteilen	**tender (ie)**	[hier] reichen
hielo, el	Eis	**agarrar**	festhalten
recubrir	bedecken		

b) La canción habla de la amistad. Piense usted en su mejores amigos/-as: ¿por qué lo son?, ¿qué es lo más importante para usted en una amistad? Comentar en parejas los siguientes puntos y valorarlos de 1 (más importante) a 10:

- ser sincero/-a
- divertirse juntos/-as
- tener los mismos gustos
- estudiar o trabajar juntos/-as
- poder hablar de cualquier cosa
- tener las mismas ideas
- vivir en la misma ciudad
- recibir ayuda
- ayudar
- tener el mismo entorno social

gustos, los Vorlieben   **entorno, el** Umfeld

11. Valeria está, como siempre, enferma. Hoy ha ido al médico y él le ha dado las siguientes instrucciones. Coloque los verbos en imperativo. Use primero la forma de "usted" y luego la de "tú":

- No comer nada con grasa durante una semana.
- Hacer dieta.
- Dormir mucho y descansar.
- No tomar medicamentos sin consultar al médico.
- Olvidarse del trabajo.
- Vestirse con ropa abrigada.

LECCIÓN 15
Historias de familia

TEMAS	ESTRUCTURAS COMUNICATIVAS
• Inmigrantes en Argentina • Religiones	♦ Describir en el pasado ♦ Hablar de costumbres y circunstancias en el pasado
GRAMÁTICA	
᭥ Pretérito indefinido: morfología, 2ª parte ᭥ Pretérito imperfecto de indicativo: morfología y usos ᭥ Oposición indefinido - imperfecto	᭥ Pretérito pluscuamperfecto de indicativo: morfología y usos ᭥ Marcadores temporales en el pasado

María Rosa y Manuel, 1942

Historias de familia

Jonas es estudiante de periodismo en Austria y está en Argentina haciendo prácticas en un periódico de Buenos Aires. Sigue escribiendo para una revista austríaca y este mes ha hecho un informe sobre el origen de algunos argentinos. Ésta es la entrevista que le ha hecho a Marina.

Jonas: Entonces, vamos a empezar. Cuéntame quién eres, por favor.

Marina: Bueno, me llamo Marina Servini, tengo 29 años, nací en Buenos Aires y soy abogada.

J: Servini es un típico apellido italiano, ¿verdad?

M: Sí, típico italiano y típico argentino. En nuestro país hay mucha gente con apellido italiano y eso no le llama la atención a nadie. Dicen que casi el 50% de los argentinos es de origen italiano.

Mi familia es tal vez una típica familia argentina: mi padre es hijo de un italiano y de una española, que se conocieron en Argentina, en la época en que los inmigrantes europeos llegaban a montones. Él era del sur de Italia, y ella de Vigo, de Galicia. Los dos dejaron sus países porque la situación en Europa era muy delicada, había poco trabajo y muchos casi no tenían para comer. Eran tiempos difíciles.

J: El apellido de tu madre es Reinhard, ¿su padre era alemán?

M: Sí, él emigró de Alemania en 1934. Era carpintero. De Alemania se fue a Portugal y se fue en barco rumbo a Brasil, donde estuvo 2 años. Ahí aprendió el idioma y conoció a mi abuela, una portuguesa. Se casaron en Río de Janeiro y vinieron a Buenos Aires en 1936 porque mi abuela tenía acá unos amigos gallegos que eran dueños de un bar. Tengo una buena mezcla en la sangre: italianos, españoles, alemanes y portugueses. Pero no soy la única, muchos tienen, como mínimo, mezcla de dos culturas.

J: Y tú, ¿qué te sientes? ¿Más italiana, más española...?

M: ¿Yo? Para mí está claro que soy argentina. Mis abuelos hablaban siempre de sus países, de su cultura y ninguno aprendió a hablar bien español. Bueno, claro, eran otras épocas, las familias, sobre todo en el campo, vivían más aisladas. Pero la integración resultó muy buena y muchos argentinos tenemos un poco de cada extranjero: ya sea por la comida, por la forma de hablar o por la manera de ser. Sé que tengo algo de cada uno de mis abuelos, pero yo nací acá y no me siento ni española, ni italiana, ni portuguesa, ni alemana.

J: ¿Alguno de ellos volvió a su país?

M: Nunca. Siempre soñaban con volver pero creo que no se animaban a

LECCIÓN 15

enfrentarse con tantos recuerdos. Yo estuve hace dos años en Alemania y en Italia visitando a mis parientes. Fue una experiencia única, porque todos eran primos o hermanos de mis abuelos, a los que yo conocía sólo por relatos y fotos.

J: Y dime, ¿fue fácil para tus abuelos acostumbrarse a este país?

M: Más o menos. Cada uno tiene su historia, pero todos salieron adelante. Mi abuelo italiano vivió los primeros meses en un conventillo cerca del puerto y después se fue a trabajar como peón al campo. Allí conoció a mi abuela, que vivía con su familia. Los dos trabajaban todo el día. Se levantaban a las cuatro de la mañana y no paraban hasta el anochecer. Allí nació mi papá, entre vacas y sembrados, en 1940.

J: ¿Y tus otros abuelos?

M: Como ya te conté antes, los padres de mi madre ya se conocían cuando llegaron a la Argentina. Él encontró trabajo rápidamente en un taller de carpintería que tenía un polaco. Mi abuela trabajaba como cocinera en el bar de sus amigos gallegos. Cuando mi mamá nació, en 1945, mi abuelo se juntó con otro alemán y abrieron una carpintería. Hoy es una pequeña empresa y la dirigen mi tío y mis primos.

J: ¿Cómo se conocieron tus padres?

M: Mi papá trabajó en el campo hasta los 18 años. Después de hacer el servicio militar se fue a Buenos Aires a estudiar. Estudió derecho y en el último año de la carrera conoció a mi mamá, que trabajaba como secretaria en la administración de la facultad. Se casaron en 1968. Yo nací en 1972 y tengo 2 hermanos, Juan de 27 y Cecilia de 24 años.

J: ¿Hablas italiano, alemán o portugués?

M: Ninguno de esos idiomas. Solamente castellano, e inglés que aprendí en la escuela. Mis padres sólo nos hablan en castellano. Mi mamá entiende alemán pero solamente lo hablaba con mi abuelo. Mi papá habla perfectamente italiano pero nunca en casa... con nosotros todavía menos. Y mi abuela portuguesa terminó haciendo una mezcla entre el portugués, el gallego y el castellano, y al final todos la entendíamos sin saber qué idioma hablaba. Los cuatro ya están muertos pero yo me acuerdo perfectamente de ellos.

J: Marina, muchas gracias por tu información. La verdad es que ha resultado una historia que no pensaba encontrar.

M: De nada. Creo que te puede servir para ver la mezcla que hay en este país, aunque en Europa no es muy diferente.

VOCABULARIO

periodismo, el	Journalismus	recuerdo, el	Erinnerung
prácticas, las	Praktikum	pariente, el/la	Verwandte(r)
informe, el	Bericht	experiencia, la	Erfahrung
llamar la atención	auffallen	relato, el	Geschichte
tal vez	vielleicht	acostumbrarse a	sich gewöhnen an
época, la	Zeit, Epoche	salir adelante	vorangehen
inmigrante, el/la	Einwanderer	conventillo, el [Arg.]	Pension mit einem
a montones	haufenweise		Zimmer pro Familie
dejar	(ver)lassen	peón, el	Landarbeiter
delicado/-a	delikat	parar	(auf)halten, aufhören
carpintero/-a	Tischler(in)	anochecer, el	Abenddämmerung
rumbo a	Richtung	sembrado, el	Feld, Ackerfeld
acá [Arg.]	hier	taller, el	Werkstatt
sangre, la	Blut	carpintería, la	Tischlerei
único/-a	einzige(r)	cocinero/-a	Koch/ Köchin
en el campo	auf dem Land	juntarse con [coloq.]	sich jdm. anschließen
aislado/-a	isoliert	abrir	öffnen
resultar	sich ergeben	dirigir (j)	leiten, führen
ya sea... o	sowohl... als auch	servicio militar, el	Militärdienst
manera de ser, la	Art, Charakter	administración, la	Verwaltung
animarse a	[hier] sich trauen	dentro de	[hier] innerhalb
enfrentarse con	sich konfrontieren	al final	zum Schluss

ᘛ Otra mirada al texto

En el texto aparece una nueva forma para hablar del pasado. Es el imperfecto de indicativo. Traduzca la siguiente frase:

Los dos dejaron sus países porque la situación en Europa era muy delicada, había poco trabajo y muchos casi no tenían para comer.

- ¿Qué partes de la frase responden a las siguientes preguntas?

    - Was geschah? →

    - Wie war es? Wie sah es aus? →

- ¿Qué elementos utiliza usted para diferenciar el imperfecto del indefinido en la traducción al alemán?

Ahora elija cuatro frases del texto y ordénelas según el esquema anterior sin traducir:

- ¿Qué pasó? →

- ¿Cómo era? →

📖 Gramática

I. PRETÉRITO INDEFINIDO: MORFOLOGÍA (segunda parte)
Hay una serie de verbos irregulares con cambio de raíz y sin acento en la primera y tercera persona del singular:

- Primer grupo:

TENER   Otros verbos de este grupo:

tuv-e   andar (gehen, laufen): **anduve**   poder: **pude**   saber: **supe**
tuviste   estar: **estuve**   poner: **puse**   venir: **vine**
tuv-o   hacer: **hic**e, **hi**zo   querer: **quise**
tuvimos
tuvisteis
tuvieron

Ayer no tuvimos tiempo de ir a la exposición de arte.
Finalmente Mónica pudo aprobar el examen de ruso.

- Segundo grupo: la 3ª persona del plural también es irregular.

DECIR   Otros verbos de este grupo:

dij-e   conducir: **conduje**   traducir: **traduje**
dijiste   producir: **produje**   traer: **traje**
dij-o   reducir: **reduje**
dijimos
dijisteis
dij-eron

En el verano de 1998 se produjeron muchos accidentes.

🕯️ **Observe:** los verbos terminados en **-ir** cambian la **-e-** en la 3ª persona del singular y plural por **-i-**: m**e**ntir→ m**i**ntió/m**i**ntieron; m**e**dir→ m**i**dió/m**i**dieron; p**e**dir→ p**i**dió/p**i**dieron; s**e**guir→ s**i**guió/s**i**guieron; v**e**stir→ v**i**stió/v**i**stieron

Verbos completamente irregulares: **dar** se conjuga como los verbos en **-er** o **-ir**. Los verbos **ser** e **ir** tienen la misma forma:

DAR	SER = IR
di	fui
diste	fuiste
dio	fue
dimos	fuimos
disteis	fuisteis
dieron	fueron

¿Le diste a tu madre la noticia?
Allende fue el primer presidente socialista de Chile.
Ayer Raquel fue al cine con Ángel y Sara.

📖 §§ 144, 148-153

II. PRETÉRITO IMPERFECTO DE INDICATIVO: MORFOLOGÍA Y USO

En la morfología de los verbos regulares se distinguen dos paradigmas: uno para los verbos terminados en **-ar** y otra para los acabados en **-er** e **-ir**.

HABLAR	COMER	VIVIR
hablaba	comía	vivía
hablabas	comías	vivías
hablaba	comía	vivía
hablábamos	comíamos	vivíamos
hablabais	comíais	vivíais
hablaban	comían	vivían

Felisa estaba muy triste, por eso comía muy poco.

- Sólo los verbos **ir**, **ser** y **ver** tienen una forma irregular:

IR	SER	VER
iba	era	veía
ibas	eras	veías
iba	era	veía
íbamos	éramos	veíamos
ibais	erais	veíais
iban	eran	veían

Cuando era niña, Rosa iba también a la escuela los sábados.

Usamos el imperfecto para hablar del pasado con la intención de presentar estados, circunstancias o acciones abiertas. En detalle se utiliza:

1. Para presentar acciones habituales, de costumbre, o acciones abiertas en cuanto al tiempo:

En Miramar íbamos a la playa todos los días.
Nevaba mientras Sergio y María caminaban por la ciudad.

2. Para hacer una descripción de cosas, de personas o de lugares en el pasado:
Amelia era una muchacha divertida y rápida. Siempre estaba de buen humor.
La casa tenía un jardín muy grande y estaba en el centro del pueblo.

3. Para presentar información que sirva como contexto o fondo de otra:
Llovía cuando Nieves entró al despacho del jefe para hablar con él.

Observe: con valor de presente se usa también en expresiones de cortesía para pedir algo o para expresar una intención:
Buenos días, quería ver esa chaqueta, por favor.
¿No tenías tú hoy un examen?

§§ 159-160

III. OPOSICIÓN INDEFINIDO - IMPERFECTO

Um den Unterschied zwischen Indefinido und Imperfecto besser zu verstehen, kann man einen Film als Beispiel nehmen:

Die Geschichte läuft, und es wird erzählt, was passiert. Man beschreibt die Handlung als bereits abgeschlossen. (komplette Handlung) ⇓ Indefinido **Was geschah?**	Die Geschichte wird angehalten und es wird erzählt, wie die Umstände in dem Moment waren, wie die Menschen aussahen etc. Man versetzt sich in die Handlung hinein. (Teil einer Handlung) ⇓ Imperfecto **Wie war es? /Wie sah es aus?**

Observe el siguiente ejemplo. Las acciones principales están **en negrita**:

En la oficina sólo había problemas y **Carlos trabajó hasta las 11 de la noche.** **A las once y media llegó a su casa y vio** *que Marisa no estaba.* **Se duchó** *mientras pensaba en su novia.* **Después fue a la cocina para comer algo,** *pero en la nevera no había nada, así que* **se puso el pijama y se fue a la cama.** *Afuera llovía y en el piso de arriba alguien escuchaba música.* **Cogió un libro y leyó durante dos horas, hasta que llegó ella,** *que estaba, como siempre, de mal humor.*

🕯 **Observe:** para distinguir los dos tiempos, a veces cambia la traducción al alemán:

No *sabía* que hoy es fiesta.	Ich wusste nicht, dass heute Feiertag ist.
Recién lo *supe* ayer.	Ich habe es erst gestern erfahren.
Creo que no se *conocían*.	Ich glaube, sie kannten sich nicht.
Se *conocieron* ayer.	Sie haben sich gestern kennengelernt.

📖 § 161

IV. PRETERITO PLUSCUAMPERFECTO DE INDICATIVO

El pretérito pluscuamperfecto de indicativo se forma con el pretérito imperfecto de indicativo del verbo **haber** más el participio del verbo principal:

había			
habías		trabajado	
había	+	bebido	*- Cuando yo llegué, Javier ya **había puesto** la*
habíamos		partido	*mesa.*
habíais			
habían			

El pluscuamperfecto se usa para expresar acciones terminadas, anteriores a otras acciones pasadas:

*Cuando le pregunté, dijo que no **había comido** nada.*

📖 § 162

V. MARCADORES TEMPORALES EN EL PASADO

Los marcadores temporales en el pasado pueden ser conjunciones o preposiciones. Su función es marcar la circunstancia temporal de la oración principal.

cuando

La visité cuando estuve en Madrid.	Ich besuchte sie, als ich in Madrid war.

desde hace/hacía + cantidad de tiempo

Pedro era profesor desde hacía 8 años.	Pedro war schon seit 8 Jahren Lehrer.

desde + punto en el tiempo

Luis fuma desde que volvió.	Luis raucht, seitdem er zurückgekommen ist.

LECCIÓN 15

hace/hacía + cantidad de tiempo
Vi a Juan hace dos días.   Ich habe Juan vor zwei Tagen gesehen.
Cuando la encontré, hacía cinco semanas que no nos veíamos.
   Als ich sie traf, war es fünf Wochen her, dass wir uns nicht sahen.

Recuerde: marcadores temporales en presente en la lección 5.

§ 261

Ampliamos vocabulario

RELIGIONES

La unión de varios pueblos significa también la unión de diferentes religiones. ¿Conoce otros países donde se practiquen estas religiones? ¿Qué tipos de edificios tiene cada una?

RELIGIONES	PAÍSES	EDIFICIO
católica	España...	iglesia
protestante	Holanda...	
ortodoxa	Grecia...	
islámica	Marruecos...	
judía	Israel...	sinagoga
budista	Tailandia...	
taoista	China...	
hindú	India...	

Ejercicios

1. Coloque los verbos en **imperfecto** o **pluscuamperfecto**:

1. Cuando yo _____ estudiante, me _____ mucho estudiar en la biblioteca de la universidad. En aquella época ya se _____ el edificio nuevo.
2. Isabel _____ a su familia todas las semanas contando que _____ mucho a todos.
3. Nosotros _____ muchos amigos cuando _____ en Madrid. Antes de vivir en España

ser, gustar

construir
escribir
extrañar
tener
vivir

_____ en Honduras cinco años.	estar
4. Luz _____ venezolana. _____ a la universidad pública y _____ notas excelentes.	ser / ir tener
5. Mientras los estudiantes _____ por la notas del examen, la profesora _____. Pero no _____ la primera vez. El curso anterior, los estudiantes _____ con el rector porque ella _____ muy injusta también.	protestar reírse ser hablar ser

edificio, el	Gebäude
extrañar	vermissen
injusto/-a	ungerecht

2. a) Aquí tiene el comienzo de una pequeña historia de amor. Marque los verbos que están en pasado.

Johannes war ein guter Junge. Direkt nach der Arbeit rannte er immer so schnell wie möglich nach Hause, um seiner Mutter zu helfen. Sie war krank, und der Vater lebte nicht mehr, also standen beide alleine im Leben.
An einem Abend, als er eine Suppe zubereitete, klopfte es, und er ging zur Tür.
5 Da stand ein Mädchen. Er kannte sie vom Sehen, denn sie wohnte auf der Farm nebenan.
»Guten Abend.« sagte er.
»Guten Abend. Ich weiß, dass Sie mich nicht kennen, aber ich habe einen kleinen Unfall gehabt und ich habe eine tiefe Wunde am Fuß. Ich wollte wissen,
10 ob ich meinen Bruder von hier aus anrufen kann, damit er mich abholt.«
»Selbstverständlich. Kommen Sie rein!«
Sie sprach leise am Telefon, aber Johannes bemerkte ihre Aufregung. Als sie auflegte, sagte er:
»Ich habe leider keinen Wagen...«
15 »Danke schön, aber mein Bruder ist in zehn Minuten hier. Ich danke Ihnen.«
Der Bruder holte sie ab und Johannes ging wieder in die Küche. Er konnte nicht richtig essen und dachte die ganze Zeit an sie.
Es vergingen zwei Wochen, und sie kam wieder. Er öffnete die Tür.
»Ich wollte mich bei Ihnen nochmal bedanken.«
20 »Es war mir ein Vergnügen.« Und gleich danach fragte er:
»Wollen Sie nicht mit mir zusammen essen? Meiner Mutter geht es nicht gut, und sie liegt seit einer Woche im Krankenhaus, in der Stadt. Ich fühle mich sehr einsam.«
Sie zögerte eine Weile und ging dann mit ihm in die Küche...

LECCIÓN 15

b) Ahora utilice colores diferentes para distinguir las formas que puede traducir al español con indefinido o con imperfecto. Compare con su compañero/-a.

c) Escriba en español el final de la historia (7 a 10 frases).

3. Traduzca las siguientes frases:
1. Als er sie zum ersten Mal sah, trug sie einen blauen Anzug.
2. Er konnte die Schallplatten nicht kaufen, weil er nicht viel Geld hatte.
3. Wir waren noch sehr jung, als wir uns kennenlernten.
4. Mein Auto war noch in der Werkstatt, so dass ich zu Fuß gehen musste.
5. Sie redeten und lachten, während die Kinder draußen spielten.
6. Nach dem Essen tranken wir immer einen Kaffee.

4. ¿Cómo era la vida de Santiago Otero en 1954? Describa su vida completando las siguientes frases con imperfecto:

Santiago _____ (tener) 19 años.

_____ (ser) alto, simpático y, sobre todo, guapo. _____ (estar) haciendo la mili en el norte de España. No _____ (tener) novia, pero le _____ (gustar) una vecina de sus padres. Cuando _____ (tener) tiempo la _____ (visitar). _____ (salir) juntos por el pueblo y, a veces, _____ (encontrarse) en el parque, pero eso no lo _____ (saber) los padres.

5. Complete las frases con **cuando, desde, desde hace, desde que, hace** o **hacía**:

_____ supe que Joaquín quería ir de vacaciones con nosotras casi me muero. Antes yo le tenía cariño, él era una persona muy tranquila pero _____ se separó de su mujer, _____ un año, tiene muchos problemas y siempre me llama por teléfono para charlar. Él no habla mucho pero _____ me hace preguntas me pongo nerviosa y no sé qué responderle. _____ el día que me dijo que yo le recordaba a su ex mujer, cada vez que llama le corto. Él vive solo _____ siete meses y hasta ahora no lo he visitado nunca. El otro día encontré a Patricia, su ex-mujer, en el mercado y me dijo que _____ meses que no hablaba con él porque piensa que está loco. ¡Ese hombre me da miedo!

separarse de	sich trennen von	**loco/-a**	verrückt
recordar	erinnern	**dar miedo**	Angst machen
cortar	[hier] auflegen	**el otro día**	neulich

6. Vuelva a leer el texto de la lección "Historias de familia". Quite del texto todas las oraciones que estén en imperfecto y sustitúyalas por otras inventadas por usted (también en imperfecto). Verá que el núcleo de la historia continúa siendo el mismo.

7. María Rosa y Manuel se casaron en 1942. Cuente primero cómo fue la boda aquel día (dónde la festejaron, cómo estaban vestidos, qué familiares y amigos asistieron, qué pasó durante y después de la boda, etc.). Después imagine cómo fue la vida de los dos (qué hicieron, cuántos hijos tuvieron, etc.).

Ejercicio de repaso

8. ¡Todos los lunes la misma historia! Mauro y Leo son hermanos y comparten un piso en el centro de San José, en Costa Rica. Complete con los verbos en presente de indicativo, en presente de subjuntivo (lecc. 12) o en imperativo (lecc. 13):

	Mauro:	Leo, ¿_____ pasar yo primero a la ducha?	poder
	Leo:	¿Otra vez? Pero si tú _____ que yo los lunes _____ prisa.	saber tener
5	Mauro:	Sí, pero hoy _____ que estar antes en la escuela. _____ una reunión de profesores.	tener haber
	Leo:	Tú todos los días _____ algo. Bueno, pero _____ prisa, que yo también _____ salir temprano.	tener darse querer
10		Después de un rato:	
	Leo:	Pero... ¿cuánto tiempo más _____? Ya	necesitar

LECCIÓN 15

		_____ 20 minutos.	llevar
		¡_____ el favor de salir.	hacer
15	Mauro:	¡_____! En dos minutos _____.	callarse / salir
		¿Es necesario que _____ tanto?	gritar
	Leo:	Es que _____ a perder el autobús. ¡No	ir
		me _____ nervioso!	poner
	Mauro:	Ya, ya. No _____.	enfadarse
20	Leo:	Pero si yo no _____, solamente	enfadarse
		_____ que _____ prisa. Nada	querer / darse
		más.	
	Mauro:	Bueno, bueno... mañana _____ tú	entrar
		primero.	
25	Leo:	Eso me _____ todos los días.	decir

reunión, la Treffen, Besprechung   **temprano** früh

9. Elegir la respuesta correcta, según el significado de las perífrasis (lecc. 10):

1. - ¿*Ya has empezado el trabajo?*
   - *Sí, lo **acabo de empezar**.*

   a) Ich habe eben angefangen.   b) Ich werde gleich anfangen.
   c) Ich fange gleich an.

2. - ¿**Has vuelto a ir** al cine?
   - *Si, ayer, con Romina y José.*

   a) Sie waren noch nie im Kino.   b) Sie waren eben im Kino.
   c) Sie waren wieder im Kino.

3. ¿**Sigues trabajando** con Luis?

   a) Arbeitest du gerade mit Luis? b) Arbeitest du immer noch mit Luis?
   c) Arbeitest du schon lange mit Luis?

4. ¿*Llevas* mucho tiempo **esperando**?

   a) Wartest du immer noch?   b) Wartest du schon wieder?
   c) Wartest du schon lange?

Test de autoevaluación, lecciones 11-15

1. Completar el cuadro:

Infinitivo	Presente subjuntivo yo	Presente subjuntivo nosotros	Imperativo tú
cerrar			
			traduce
	duerma		
		pongamos	
			sé
			siente
	cierre		
saber			

2. Completar con los verbos en perfecto, indefinido o imperfecto, según corresponda:

Este año _____ definitivamente al campo.	mudarse (yo)
_____ una buena decisión porque ya no	ser
_____ cómoda en la ciudad. El año pasado	sentirse (yo)
_____ dos accidentes con el coche en el	tener (yo)
centro, un hombre me _____ el bolso cuando	robar
_____ de la estación de metro y el médico me	salir
_____ que tanto smog me _____	confirmar hacer
mal a la piel. Desde que vivo en el campo no tengo más problemas con mi piel y puedo dormir tranquila toda la noche, antes esto _____ imposible.	ser

3. Transforme las frases en impersonales usando diferentes estructuras:
 1. La universidad ha decidido invertir más dinero en investigación.
 2. Los países de la Unión Europea deben preocuparse más por los países pobres.
 3. En Chile mucha gente sigue protestando contra la dictadura de Pinochet.
 4. Los estudiantes tienen que inscribirse antes del 15 de julio.

4. Elija la respuesta adecuada

1. El ser humano tiene:
   a) dos bazos.
   b) dos cabezas.
   c) dos brazos.
2. Marcos es:
   a) delgado y calvo.
   b) el pelo corto y lacio.
   c) 25 años.
3. ¿Cuánto quiere?
   a) Dos kilos.
   b) Veinte gramas.
   c) Un medio kilo.
4. *Ich hätte gerne 2 Kilo...* se dice:
   a) Me gustan 2 kilos de...
   b) Quería 2 kilos de...
   c) Quiere 2 kilos de...
5. Un estudiante puede recibir:
   a) una beca.
   b) un seminario.
   c) un aula.
6. *Ein Referat halten* se dice en español:
   a) referir un trabajo
   b) poner un trabajo
   c) exponer un trabajo

5. Complete el crucigrama:

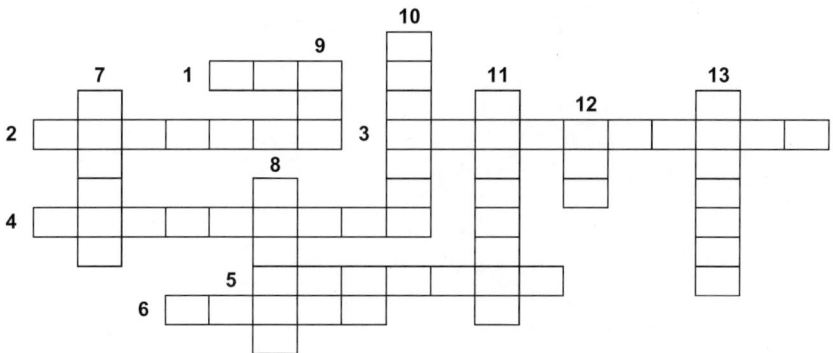

HORIZONTALES:
1. ir (él) indefinido
2. hablar (yo) imperfecto
3. dormir (vosotras) indefinido
4. enseñar (tú) indefinido
5. tener (tú) indefinido
6. querer (yo) indefinido

VERTICALES:
7. caminar (yo) indefinido
8. partir (usted) imperfecto
9. ser (yo) imperfecto
10. traducir (yo) indefinido
11. probar (tú) indefinido
12. ir (ella) imperfecto
13. pedir (nosotros) indefinido

LECCIÓN 16
Hablamos del tiempo, hablamos del futuro

TEMAS	ESTRUCTURAS COMUNICATIVAS
• El tiempo meteorológico	♦ Hablar de tiempo futuro, predecir ♦ Expresar probabilidad e hipótesis ♦ Aconsejar, proponer ♦ Pedir cortésmente
GRAMÁTICA	
✎ Futuro y condicional simple: morfología ✎ Futuro y condicional compuesto: morfología	✎ Futuro y condicional simple y compuesto: usos

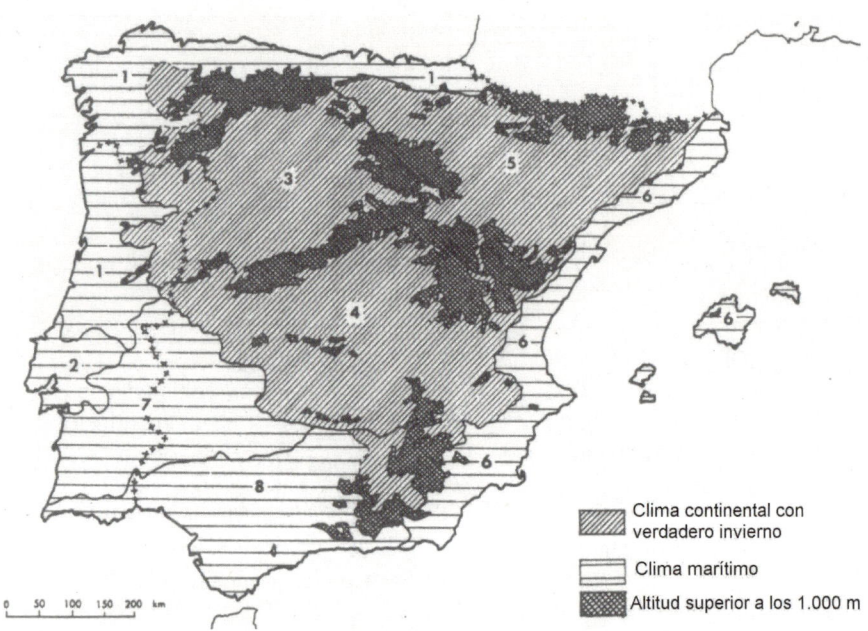

Las condiciones climáticas en la Península Ibérica y Baleares

LECCIÓN 16

VOCABULARIO

bote, el	Boot	en vez de	anstatt
cuota, la mensual	Beitrag, Rate monatlich, Monats-	por mi cuenta sucesivamente	auf eigene Rechnung nacheinander
disfrutar de	genießen	flotilla, la	kleine Flotte
bote pesquero, el	Fischerboot	retirarse	sich zurückziehen
contentarse	sich begnügen	negocio, el	Geschäft
barquichuelo, el	kleines Boot	tomarse la	
insignificante	unbedeutend	molestia	sich die Mühe machen

✍ Otra mirada al texto

El amigo de Condorito imagina cómo podría (könnte) ser el futuro dentro de unos años:

Was würde er mit einem Boot wie dem von Condorito tun?

Busque los verbos que se usan para responder a la pregunta y su infinitivo.

📖 Gramática

I. FUTURO Y CONDICIONAL SIMPLE: MORFOLOGÍA

Estos dos tiempos verbales tienen morfología y usos semejantes.

Los verbos regulares, en futuro simple (Futur I) y en condicional simple o potencial (Konditional I), se forman a partir del infinitivo. Las tres conjugaciones son iguales:

FUTURO SIMPLE		CONDICIONAL SIMPLE	
	-é		-ía
tomar	-ás	tomar	-ías
comer	-á	comer	-ía
vivir	-emos	vivir	-íamos
	-éis		-íais
	-án		-ían

Mañana hablaré con él. Morgen werde ich mit ihm reden.
-Yo en tu lugar hablaría con él hoy mismo.
                        Ich an deiner Stelle würde gleich heute mit ihm reden.

- Las irregularidades se dan en verbos en **-er** e **-ir** y son iguales para los dos tiempos verbales. Aquí tiene los verbos principales:

	FUTURO	CONDICIONAL
caber	ca**br**é, ca**br**ás, ca**br**á...	ca**br**ía, ca**br**ías, ca**br**ía...
decir	diré	diría
hacer	haré	haría
poder	po**dr**é	po**dr**ía
poner	pon**dr**é	pon**dr**ía
querer	que**rr**é	que**rr**ía
saber	sa**br**é	sa**br**ía
salir	sal**dr**é	sal**dr**ía
tener	ten**dr**é	ten**dr**ía
valer	val**dr**é	val**dr**ía
venir	ven**dr**é	ven**dr**ía

☼ **Observe**: el futuro simple de **hay** es **habrá** y el condicional simple es **habría**.

§§ 170, 172, 173, 175

II. FUTURO Y CONDICIONAL COMPUESTO: MORFOLOGÍA

Las formas compuestas (Futur II und Konditional II) se construyen con el verbo **haber** en futuro o condicional más el participio:

FUTURO COMPUESTO			CONDICIONAL COMPUESTO		
habré			habría		
habrás		tomado	habrías		tomado
habrá	**+**	comido	habría	**+**	comido
habremos		vivido	habríamos		vivido
habréis			habríais		
habrán			habrían		

Mañana a estas horas yo ya habré llegado a Santiago de Compostela.
Morgen um diese Zeit werde ich bereits in Santiago de Compostela angekommen sein.

Yo te habría ayudado con mucho gusto, pero me fue imposible.
Ich hätte dir sehr gerne geholfen, aber es war mir unmöglich.

§ 176

III. USOS DEL FUTURO Y DEL CONDICIONAL

1. predecir, hablar de tiempo futuro desde el presente
→ **futuro simple** o **compuesto** (lengua culta)
Ana, ¿has hablado con Luis?
- No, mañana hablaré con él.

   hablar del futuro desde el pasado
→ **condicional simple** o **compuesto**
Ana me dijo que hablaría con Luis.
...dass sie vorhätte, mit Luis zu reden.

Comparado con la estructura **ir + a + infinitivo**, usando el futuro se expresan las acciones como no garantizadas, que pueden depender de factores externos al hablante:

*El próximo domingo voy a ir a la sierra. Le voy a preguntar a Carlos si quiere venir conmigo. Seguramente **vendrá** porque le encanta la naturaleza.*

2. Expresar hipótesis sobre el presente
→ **condicional simple**
Yo, con un trabajo como el tuyo sería el más feliz del mundo.
...wäre ich der glücklichste Mensch auf der Welt.

   Expresar hipótesis sobre el pasado
→ **condicional compuesto**
Yo te habría ayudado, pero me fue imposible.
Ich hätte dir geholfen,...

3. Aconsejar, proponer
→ **condicional simple**
Yo no volvería a hablar del tema.
Ich würde das Thema nicht wieder ansprechen.

4. Pedir cortésmente
→ **condicional simple**
Oiga, ¿podría decirme cuál es el despacho del decano?

5. Expresar inseguridad sobre el presente
→ **futuro simple**
- ¿Qué le pasa a Laura?
- No sé, tendrá gripe. Sie hat wohl die Grippe.

   Expresar inseguridad sobre el pasado
→ **futuro compuesto** o **condicional simple**
- ¿Qué le pasa a Laura?
- No sé, habrá dormido mal o saldría anoche otra vez.
Sie hat wohl schlecht geschlafen, oder sie ging gestern vielleicht wieder aus.

LECCIÓN 16

🕯 **Observe:** si quiero expresar con seguridad lo que digo, uso presente o pasado:

Laura tiene gripe. Ha dormido mal. Salió anoche otra vez.

📖 §§ 170-173, 186

📁 Ampliamos vocabulario

EL TIEMPO			DAS WETTER

• Complete con ayuda de los símbolos la traducción al alemán:

	¿Qué tiempo hace?		Wie ist das Wetter?
+35°C	hace	calor (35 grados sobre cero)	
-5°C		frío (5 grados bajo cero)	
🚩		viento	
☀		sol	
☺		buen tiempo	
☹		mal tiempo	
⛈	hay	tormenta	Gewitter, Unwetter
%		humedad	Feuchtigkeit
≋		niebla	
⛅	está	nublado ⇒ la nube	
☼		despejado	
❄	nevar (ie)	⇒ nieve, la	
	helar (ie)	⇒ hielo, el	frieren, das Eis
🌧	llover (ue)	⇒ lluvia, la	

🕯 **Observe**: en Hispanoamérica se dice también *Hay sol.*

- Las estaciones: complete el texto con nombres de países:

En _____ los meses de invierno son enero, febrero y marzo, y los de verano son julio, agosto y septiembre. En _____ es al contrario. Lo mismo pasa con los meses de primavera que en _____ son abril, mayo y junio y los de otoño son octubre, noviembre y diciembre, mientras que en _____ es al revés.

✎ Ejercicios

1. El juego de conjugar: en grupos de 4 y con un dado, elijan 10 verbos regulares e irregulares y practiquen la conjugación del futuro y del condicional. Cada número del dado es una persona: 1 = yo, 2 = tú, etc. Si no tienen un dado pueden escribir los pronombres de sujeto en papeles.

2. Unas personas están seguras, otras no; transforme las frases para expresar inseguridad con el futuro simple o compuesto.

   1. El piso <u>tiene</u> exactamente 85,30 m² (metros cuadrados). ⇒ Calculo que el piso _____ unos 80 m² más o menos.

   2. Ese diccionario no me <u>sirve</u> para el examen de traducción. ⇒ Yo no sé si este diccionario me _____ para el examen, es muy pequeño.

   3. Me alegro de que <u>sepas</u> lo que ha pasado. ⇒ Supongo que _____ lo que ha pasado, ¿no?

   4. Miguel <u>ha puesto</u> el periódico encima de la mesa de la cocina. ⇒ ¿Dónde _____ Miguel el periódico de ayer? No lo encuentro.

   5. Pau y César ya <u>han desayunado,</u> y están dando una vuelta en bici. ⇒ Esta mañana no he visto ni a Pau ni a César. No sé si _____.

3. Traducir usando el futuro o el condicional:
1. - Könntest du mir helfen? Ich weiß nicht, wie das geht (*cómo se hace*).
   - Zeig mal... (*A ver...*) Ich würde sagen, die Anweisungen sind einfach falsch.
2. Ich bin eingeschlafen (*dormirse*). Wie spät wird es wohl sein?
3. Kommen Sie morgen wieder! Da werde ich sicherlich den Brief bekommen haben.
4. Es ist besser, du bleibst zu Hause, bei der Party würdest du dich nur langweilen.
5. Hätten Sie Interesse daran, unsere Produkte zu testen?
6. Würde es dir etwas ausmachen (*importar*), die Musik leiser zu stellen?

4. Complete el mapa de Europa de la lecc. 2 con símbolos según el pronóstico del tiempo para mañana:

Mañana habrá lluvias en Bélgica, Holanda, sur de Noruega, este de las islas Británicas y noroeste de Francia. Habrá nubes en la costa cantábrica y en el Pirineo occidental. Se producirán tormentas por la tarde en el sur de Francia, Costa Brava, Suiza, Austria, y norte de Italia. Por otra parte, el día estará despejado en la mayor parte de la Península Ibérica, en Grecia y la Europa del este. En el este de Alemania y en Polonia habrá algunas nieblas matinales. Fuertes vientos en el Mar del Norte.

5. Describa el tiempo que hace en Sudamérica según el mapa:

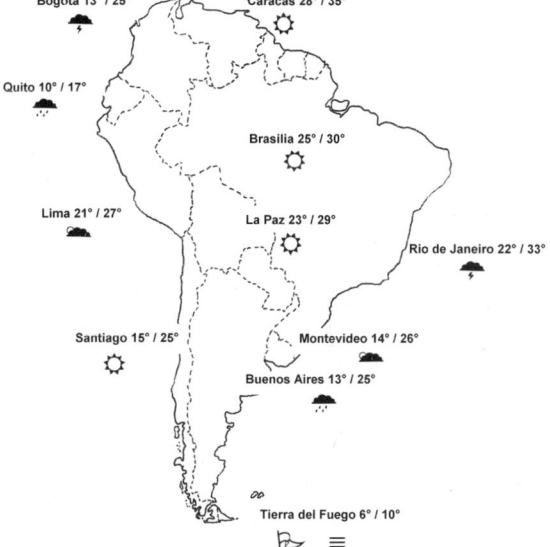

6. En grupos. Todos hablan siempre del tiempo, ¿y usted?: ¿Qué estación del año le gusta más?, ¿cuál es la temperatura ideal para usted?, ¿influye el tiempo en su estado de ánimo?

7. En parejas: hipótesis y más hipótesis. Use el condicional simple y comente:
- ¿Qué haría usted con 4 hijos/-as en casa? ¿Cómo se organizaría?
- ¿Qué haría usted durante cuatro semanas de vacaciones en un país hispanoamericano?
- ¿Cómo sería su vida sin aparatos eléctricos?
- ¿Cómo impresionaría a su pareja?

Ejemplo: *Mis hijos tendrían que ayudarme mucho, los mayores prepararían el desayuno y llevarían a la escuela a los pequeños..*

8. a) Lea el siguiente texto y vea con qué ironía se habla del futuro:

¿Cómo será la educación del futuro?

Ordenadores, Internet, libros electrónicos, programas interactivos... Lo que sí es real es que actualmente el 75% de los españoles no va al teatro nunca, el 92% jamás ha ido a un concierto de música clásica y la mitad nunca lee libros. Observando el panorama actual, un día cualquiera en un instituto del futuro podría ser así:

1ª hora: asignatura de "des-ordenar". El alumno deberá entender que la realidad no es la pantalla del ordenador. El profesor se esforzará para convencer a los chicos de que las montañas tienen 3 dimensiones, y de que no hace falta alimentar a los dinosaurios porque ya no existen. En cambio, sí hay que cuidar a los linces y a los osos.

2ª hora: asignatura de comunicación con otros seres humanos. El alumno debe conseguir las habilidades mínimas para hacerse entender por sus compañeros. Diferenciar claramente los códigos de habla con máquinas y con seres humanos.

El profesor se esforzará para que los alumnos construyan frases de más de dos palabras. También se estudiarán algunos términos en desuso como "buenos días", "gracias", "¿qué tal estás?".

3ª y 4ª horas: asignaturas clásicas: lengua, educación física, matemáticas, etc.

Entre las horas 3ª y 4ª habrá un descanso de treinta minutos, en el que permanecerá cerrada la sala de ordenadores. En este recreo se formarán *chats* reales, que son como los de Internet pero viendo, incluso tocando al que dialoga contigo.

Al final del día habrá un encuentro padres-alumnos. Los padres, me refiero a la madre y al padre, tienen que estar una hora hablando con sus hijos sobre lo que han hecho en el instituto. Los hijos comentarán lo aprendido y los padres deberán preguntarles dudas y animarles. En todo momento, durante este diálogo familiar, los televisores, ordenadores y radios permanecerán obligatoriamente apagados.

¿Será así el futuro de la educación? ¿Permitirá la sociedad que se continúe esta degradación permanente de la educación? ¿Habrá políticos preocupados por sus adolescentes? ¿Habrá algun día ofertas imaginativas para los que no quieren estudiar? La situación es mala, muy mala, y la solución requiere el esfuerzo de todos.

Artículo reducido de *El País*, 26-09-2000

panorama, el	Landschaft	**recreo, el**	Schulpause
esforzarse (ue)	sich bemühen	**duda, la**	[hier] Frage
convencer	überzeugen	**animar**	ermutigen
lince, el	Luchs	**obligatoriamente**	zwangsläufig
oso, el	Bär	**apagado/-a**	ausgeschaltet
ser humano, el	Mensch	**degradación, la**	Entwürdigung
habilidad, la	Fähigkeit	**permanente**	ständig
en desuso	veraltet	**oferta, la**	Angebot
tocar	anfassen	**imaginativa/-o**	[hier] interessant
permanecer (zc) [culto]	bleiben	**requerir (ie)**	benötigen

b) Busque ejemplos de verbos en futuro y su infinitivo.

c) El autor se imagina una escuela del futuro, pensando en todo lo que falta o funciona mal hoy día. Haga una lista de esas deficiencias o problemas, como en el ejemplo:

Ejemplo: El alumno deberá conseguir entender que la realidad no es la pantalla del ordenador. ⇒

Hoy, los alumnos creen que la realidad es como en el ordenador.

d) Ampliar información: elija uno de los temas con dos compañeros/-as:
- Describa la situación en la escuela secundaria en su país, hable de sus propias experiencias y compare con la información del texto.
- Busque información sobre el sistema educativo español o de otro país hispanohablante. Las siguientes direcciones de internet pueden serle de ayuda:

Buscador educativo: www.educaweb.com
Educación en la red: www.edured2000.net

Ejercicios de repaso

9. a) Repaso vocabulario en parejas: usted le dicta a su vecina en alemán 10 palabras o expresiones aparecidas en las últimas lecciones. Su vecina las traduce al español.

  b) Elijan ahora 5 para inventar una historia o un diálogo.

10. Usted y su pareja se van a cambiar de casa. Su pareja no tiene tiempo para nada, por eso la mudanza la prepara usted. Hoy hablan de lo que ya **está hecho** (pasiva de estado, lecc. 11). Aquí tiene algunas ideas:

- pintar la cocina y el cuarto de baño del piso nuevo
- desmontar las estanterías del cuarto de trabajo
- comprar la moqueta para el piso nuevo
- alquilar un camión
- vaciar el sótano
- buscar cajas grandes

Su pareja: *Bueno, ¿cómo van las cosas para la mudanza?*
Usted: *Pues, el camión ya está alquilado para el día 12 a las 3 de la tarde...*

11. Un crucigrama:

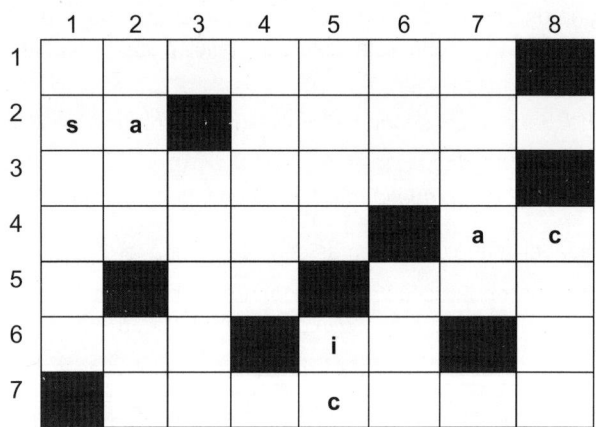

HORIZONTALES: **1.** País de Sudamérica. **2.** Lo contrario de *baratos*. **3.** Presente de indicativo de *poner*. **4.** Futuro de *asar*. **5.** Imperativo afirmativo de *dar*, segunda persona. Forma familiar del nombre *Isabel*. **6.** Nombre de mujer. **7.** Varias palabras forman una...

VERTICALES: **1.** Otro país hispanohablante. **2.** Un gran desorden. Negación. **3.** Actividad para hacer en el agua. **4.** Parte de la calle por donde van las personas. **5.** Lo mismo que el 5 horizontal, pero con pronombre. **6.** Metal amarillo muy valioso. Tres vocales iguales. **7.** Color y nombre de flor, plural. **8.** Hijo de Adán y Eva, hermano de Abel.

12. ¿Qué pasó? Aquí tiene la historia de Juan Carlos. Escoja el tiempo verbal adecuado:

1. En la oficina *estaba/estuvo* todo muy tranquilo. Le *preguntaba/pregunté* a Elena si ya *estaban/estuvieron* los papeles que necesitaba.

2. *Tenía/Tuve* una reunión a las 12 del mediodía y *quería/quise* estar preparado.

3. Elena me *respondía/respondió* que sí. *Abría/Abrí* la carpeta y *empezaba/empecé* a leer.

4. *Decidía/Decidí* copiar una página. *Iba/Fui* hasta el tercer piso donde *estaba/estuvo* la fotocopiadora.

5. Mientras *fotocopiaba/fotocopié* tranquilamente *recibía/recibí* una descarga eléctrica.

6. *Gritaba/Grité* e *intentaba / intenté* apagar el aparato que *seguía/siguió* fotocopiando como loco.

7. *Se apagaban/se apagaron* todas las luces. *Venía/Vino* mi jefa y me *gritaba/gritó*: "¿qué pasa?"

8. No le *podía/pude* responder porque mi boca *estaba/estuvo* paralizada.

9. *Llamaban/Llamaron* al médico y me *llevaban/llevaron* al hospital.

10. En el hospital *contaba/conté* la historia. Los médicos, que *eran/fueron* muy simpáticos, me *decían/dijeron* que no *tenía/tuve* nada serio. *Volvía/Volví* a casa más tranquilo.

13. En parejas: Aquí tienen la historia de Andrea. Usted tiene una versión con algunos verbos conjugados y otros donde tiene que decidir si se utilizan en indefinido o imperfecto. Su compañero/-a tiene otra versión en la página 266. Usted lee su versión colocando los verbos en el pasado y su compañero/-a controla si el tiempo es el correcto:

1. Andrea _____ (nacer) en Carmelo, Uruguay, en 1970. 2. El pueblo era muy pequeño y ella no se sentía muy cómoda allí. 3. A los 20 años _____ (mudarse) a una residencia en Montevideo donde _____ (estudiar) en la Facultad de Letras que _____ (estar) en el centro de la ciudad. 4. Iba a la facultad todos los días de 8 a 4 de la tarde y después trabajaba tres horas como secretaria en un periódico. 5. Allí _____ (conocer) a Claudia, una chica de Punta del Este. Claudia _____ (conocer) por casualidad a la familia de Andrea, porque su abuela todavía _____ (vivir) en Carmelo. 6. En 2001 comenzó a trabajar como traductora en una revista donde se publicaban artículos de periodistas muy famosos. 7. Dos años más tarde, Andrea _____ (casarse) con Gabriel y _____ (tener) dos hijos: Iván y Ludmila. 8. Después de pensarlo mucho tiempo dejó de trabajar en la revista y empezó su doctorado, que era lo que ella quería hacer desde hacía mucho tiempo.

LECCIÓN 17
Balance ambiental

TEMAS	ESTRUCTURAS COMUNICATIVAS
• Políticas de medio ambiente • Los animales • Organizaciones internacionales	♦ Reproducir información
GRAMÁTICA	
✤ Estilo indirecto o discurso referido	✤ Oraciones de relativo: pronombres y adverbios relativos

Relacione los nombres de los animales con las fotos:

la araña - el perro - la serpiente - el gato - el mono - el pato - el elefante - el león
el pingüino - el pez - la rana - el caballo - la vaca - la jirafa - el pájaro

Balance ambiental

Quizás el hecho más sobresaliente en materia ambiental en El Salvador, o al menos percibido así por la población, fue el impacto ocasionado por la tormenta Stan, en octubre de 2005. Este fenómeno nos mostró que el cambio climático es una realidad que se siente cada vez con más fuerza, sobre todo, aunque no exclusivamente, en los sectores que cuentan con escasos recursos económicos.

En El Salvador no estamos preparados ni social, ni económica, ni políticamente para hacer frente a los impactos cada vez más grandes del cambio climático. No contamos ni con la organización social, ni con los recursos técnicos y económicos, y lamentablemente tampoco con una disposición política absoluta para cooperar ante los desastres. Estamos ante una situación de extrema vulnerabilidad.

El impacto negativo del cambio climático se ha hecho mucho mayor por las acciones irracionales de empresas constructoras y otras corporaciones, ya que la pavimentación de zonas en las que normalmente suele correr agua de lluvia, y la obstrucción de alcantarillas por el mal tratamiento de los desechos y la basura, contribuyen en gran medida a incrementar las inundaciones.

Sin embargo, la problemática ambiental no se reduce a los problemas climáticos, sino que hay una serie de aspectos negativos que agravan la situación, como los siguientes:
- existe un manejo inadecuado de desechos sólidos y de basura en la mayoría de municipios del país,
- continúan los planes para construir más represas, las cuales amenazan con agravar las condiciones de vida de miles de personas y de la flora y fauna de las regiones afectadas,
- es lamentable que en acciones de gran importancia nacional como la aprobación de la ley de Turismo no se consideren los aspectos sociales ni ambientales.

Como causa fundamental de esta problemática ambiental se cuenta con un modelo de desarrollo que tiene como prioridad la generación de recursos económicos a costa de los problemas sociales de la población y el deterioro de la naturaleza.

A pesar de todo lo negativo antes mencionado existen también aspectos positivos:
- se aprobó la Ley de protección civil, prevención y mitigación de desastres,
- se continúa ejecutando la campaña "Plantando un árbol sembramos

vida",
- se han realizado eventos interamericanos para exponer el tema de represas en El Salvador y las amenazas de la explotación minera,
- se conformó el "Grupo de Amigos de la Tierra de Centroamérica", integrada por diferentes instituciones ecologistas para unificar esfuerzos regionales en la lucha por el medio ambiente,
- se han realizado intercambios ambientalistas entre ecologistas de África y Centroamérica.

Ante la deprimente realidad social y ambiental, es indispensable que las autoridades elaboren un plan de Gobierno en el que se considere al medio ambiente como una parte estratégica de las políticas nacionales.

Texto adaptado del "Informe CESTA 2005"

VOCABULARIO

percibir	wahrnehmen	inundación, la	Überschwemmung
impacto, el	[hier] Wirkung	agravar	verschlimmern
ocasionar	verursachen	manejo, el	[hier] Umgang
escaso/-a	spärlich	represa, la	Staudamm
recurso, el	Ressource	a costa de	auf Kosten
hacer frente	dagegen ankämpfen	deterioro, el	Verschlechterung
disposición	Bereitschaft	mitigación, la	Linderung
vulnerabilidad, la	Verletzlichkeit	ejecutar	ausführen
pavimentación, la	[hier] Asphaltieren	plantar	pflanzen
obstrucción	Blockierung	sembrar	säen
alcantarilla, la	Gully	evento, el	Ereignis
tratamiento, el	Verarbeitung	explotación minera, la	Bergbau
desecho, el	Abfall	esfuerzo, el	Anstrengung
incrementar	erhöhen		

Otra mirada al texto

- En el texto aparecen oraciones de relativo. Traduzca los pronombres al alemán.

Este fenómeno nos mostró que el cambio climático es una realidad que se siente cada vez con más fuerza.

Continúan los planes para construir más represas, las cuales amenazan con agravar las condiciones de vida...

Es indispensable que las autoridades elaboren un plan de Gobierno en el que se considere al medio ambiente como una parte estratégica de las políticas nacionales...

 **Gramática**

I. PRONOMBRES Y ORACIONES DE RELATIVO

Recuerde: Las oraciones de relativo tienen una función similar a los adjetivos porque añaden información y definen más exactamente a la oración principal (que funciona como un sustantivo). Para unir la oración principal con la de relativo utilizamos pronombres o adverbios de relativo (lecc. 6).

Juan ha comprado un libro nuevo de cocina. El libro no sirve para nada. ⇒
Juan ha comprado **un libro nuevo** *de cocina* **que** *no sirve para nada.*

1. Los pronombres relativos se pueden diferenciar según su uso en la lengua estándar y en la lengua culta. En la lengua estándar los más utilizados son:

que → Se usa para personas y cosas. Normalmente se utiliza sin preposición. No varía en persona ni en número (lecc. 6).
El hombre que trabaja en la biblioteca se llama Rodolfo.
Las revistas que te di ayer son de mi hermana.

el/la/los/las + que → Se refiere a cosas y a personas; normalmente se usa con preposición.
Escuché un programa de radio en el que criticaban la última película de Héctor Olivera.

lo que → Se refiere siempre a todo el contenido de una frase. Se puede usar con o sin preposición:
Gabriela ha aprobado el examen, lo que es increíble.
Luis deja la empresa, con lo que yo no estoy de acuerdo.

quien(es) → Se refiere únicamente a personas y varía en número. Pueden ir con o sin preposición.
Marcelo fue quien habló con los profesores por el examen.
La profesora con quien habló fue muy dura.

En la lengua culta:

el/la/los/las + cual(es) → Su uso es igual al de **el/la/los/las + que**.
Las medidas con las cuales el Gobierno intenta frenar la inflación no parecen eficaces.

lo cual → Su uso es igual a **lo** + **que**
Ha bajado el paro, lo cual tranquiliza al ministro.

cuyo(s)/-a(s) → Funciona como posesivo, por eso concuerda con lo que se posee.
Ángel López, cuyos cuadros se encuentran en este museo, visitará la ciudad en octubre.

2. Existen también adverbios relativos (Relativadverbien) que cumplen la misma función que algunos pronombres con preposición. No llevan acento. Los más importantes son:

donde → adverbio de lugar (lecc. 6)
La facultad donde estudié es muy famosa.

cuando → adverbio de tiempo
Lo supe el miércoles, cuando hablé con mi padre.

como → adverbio de modo
Hazlo como yo te he dicho, por favor.

3. En las oraciones de relativo el uso de indicativo o subjuntivo se diferencia, como en otras oraciones, según se quiera agregar información al antecedente ya conocido (indicativo) o se quiera definir un sujeto desconocido (subjuntivo):

- indicativo → informar
  *Estamos buscando a una persona que **habla** francés y español.*
  Die Person, die wir suchen, spricht Französisch und Spanisch.

- subjuntivo → no informar, presuponer
  *Estamos buscando a una persona que **hable** francés y español.*
  Die Person, die wir suchen, soll Französisch und Spanisch sprechen.

Observe: otros usos del subjuntivo en oraciones de relativo:

Digas lo que digas.   Was auch immer du sagst.
Venga quien venga.   Wer auch immer kommen soll.

§§ 113-121

II. ESTILO INDIRECTO O REFERIDO INDIREKTE REDE

Mediante el estilo indirecto o discurso referido **reproducimos** lo dicho o escrito por otras personas. Tanto en la oración principal como en la subordinada, podemos aplicar lo visto hasta ahora sobre indicativo, subjuntivo, los tiempos del pasado, el futuro y el condicional:

Acciones, estados, costumbres, descripciones actuales	→ **Presente** *Dice que no se siente bien y me ha pedido que le prepare una sopa.* *Me ha comentado que el apartamento no es muy grande, pero que tiene mucha luz.*
Estados, costumbres, descripciones en pasado	→ **Imperfecto de indicativo** *Dice que no se sentía bien.* *Mi abuela siempre repite que cuando era niña se divertía igual, aunque no había televisión.*
Acciones puntuales o cerradas en pasado	→ **Otros tiempos del pasado** *Dijo que había comido mucho y que no se sentía bien.* *Ayer me contó mi abuelo que en 1944 conoció a Eva Perón.*
Predicciones, planes de futuro	→ **Futuro / ir a + inf.** *Ángela dice que se quedará en Lima hasta el verano.* *Mamá quiere saber qué vas a hacer el sábado.*

Hipótesis	→ **Condicional**

Eva asegura que Luis haría cualquier cosa por dinero.

Futuro en el pasado	→ **Condicional**

El domingo me prometió que me llamaría el martes.

Observe: El estilo referido de un imperativo se expresa mediante el subjuntivo, ya que hay una intención de influir sobre otros. Compare con el alemán:

Discurso directo (DD): *Juan, no trabajes tanto. Te vas a enfermar.*
                                                      Juan, arbeite nicht so viel...
Discurso referido (DR): *Le he dicho a Juan que **no trabaje** tanto.*
                          Ich habe Juan gesagt, er **soll** nicht so viel arbeiten.

1. Como se puede ver, el discurso referido va introducido por un verbo de habla y el pronombre relativo **que**. Los verbos a veces nos sirven para resumir: contar, decir, explicar, preguntar, contestar, etc.

   (DD): *Mira, para entrar en el programa tienes que escribir tu código personal, luego confirmas aquí, y...*

   (DR): *Ayer me explicó Arturo cómo funciona el nuevo programa.*

   A veces, en vez de reproducir la información objetivamente, utilizamos verbos para interpretar, como **aconsejar**, **proponer**, **avisar**, **prometer** o **admitir**.

   DD: *Yo te ayudo, no te preocupes.*
   DI: *Me **ha prometido** que me va a ayudar.*

2. Hay que considerar siempre los cambios de marcadores temporales y locales, pronombres y demostrativos, entre otros.

   Hoy (DD): *Mira, Luis, mañana hablaremos de todo con calma.*

   Días más tarde (DR): *Le prometí a Luis que hablaríamos de todo **al día siguiente**.*

   En una oficina (DD): *Elena, aquí mismo te pueden informar.*
   En otro lugar (DR): *Le he dicho que **allí** mismo **la** pueden informar.*

3. Las preguntas con pronombre interrogativo lo conservan en el DR, y las demás necesitan la conjunción **si** (ob):

Hoy (DD): *¿Cuándo salen las notas de español?*
Más tarde (DR): *Me han preguntado **cuándo** salen las notas.*

Hoy (DD): *¿Salen pronto las notas de español?*
Más tarde (DR): *Una estudiante me ha preguntado **si** salen pronto las notas.*

4. Otras diferencias con el alemán:

- Para tomar distancia de lo que se dice, sobre todo en estilo periodístico, en español no se cambia el modo verbal.

    Según los expertos, la inflación <u>ha aumentado</u> en Europa.
    indicativo

    Die Inflation <u>sei</u> in Europa <u>gestiegen</u>, so die Experten.
    Konjunktiv I

- Siempre se necesita la conjunción **que**:

    La oposición ha dicho que la reforma no es viable.
    Die Opposition hat gesagt, die Reform sei nicht durchführbar.

📖 §§ 291-294

Ampliamos vocabulario

ORGANIZACIONES INTERNACIONALES

- A I — Amnistía Internacional
- ALADI — Asociación Latinoamericana de Integración
- C O I — Comité Olímpico Internacional
- F I F A — Federación Internacional de Fútbol Asociado
- F M I — Fondo Monetario Internacional
- MERCOSUR — Mercado Común del Sur
- O E A — Organización de los Estados Americanos
- O M S — Organización Mundial de la Salud
- O N U — Organización de las Naciones Unidas
- O T A N — Organización del Tratado del Atlántico Norte
- U E — Unión Europea

¿Cómo se llaman en alemán? Elija dos y explique qué función cumplen en la sociedad.

| LECCIÓN 17 |

✏ Ejercicios

1. Escriba los pronombres de relativo correspondientes:

1. La colega _____ había quedado ayer no apareció.	mit der
2. La universidad _____ estudié era muy conservadora.	in der
3. Los acontecimientos _____ te hablé ayer van a tener consecuencias importantes para España.	über die
4. Tengo un amigo alemán _____ le encantan las corridas de toros.	dem
5. Las cifras _____ se basa el balance de la Expo no son definitivas.	auf denen
6. El impresionante triunfo de los deportistas en las últimas olimpíadas es un tema _____ se ha hablado mucho.	von dem

acontecimiento, el Ereignis   **corrida de toros, la** Stierkampf

2. Una las dos frases mediante un pronombre relativo de nivel culto:

Modelo: Vargas Llosa presentó ayer su nuevo libro. <u>Su contenido</u> es muy polémico. ⇒
Vargas Llosa presentó ayer su nuevo libro **cuyo** contenido es muy polémico.

1. En la época de Perón hubo mucha censura. Poca gente se acuerda de la censura.
2. Un intelectual de izquierdas presentó una propuesta en el Parlamento. Él trabaja en una ONG (Organización No Gubernamental).
3. 1992 fue el año del V Centenario de la llegada de Colón a América y hubo festejos (Feier) en Madrid, entre otras ciudades. Allí se reunieron personalidades de todo el mundo.
4. El gobierno uruguayo presentó un nuevo plan educativo. Con este plan educativo intenta disminuir la tasa de analfabetismo.

3. Subraye en el texto los pronombres y los adverbios relativos, y escríbalos en español en la columna de la derecha.

In der U-Bahn, <u>in der</u> ich gestern fuhr, traf ich eine ehemalige Kollegin. Es war Rosa, die auch bei SEAT arbeitete, und deren	en el que

Mutter mit meiner Mutter gut befreundet war. Sie fuhr mit ihrem fünfjährigen Sohn zu Dr. Valdés, zu dem wir auch immer (hin)gehen. Ihr Mann, den sie heiratete, als sie noch bei SEAT war, wurde nach Girona versetzt. Sie musste dann ihre Stelle aufgeben, was sie sehr bedauerte. Sie kauften ein Häuschen in Figueras. An das Haus, in dem ich einmal war, kann ich mich kaum erinnern. Es lag an einem Strand, der im Sommer sehr gut besucht war. Mir gefielen die Möbel nicht, mit denen sie das Haus eingerichtet hatten.

4. Estilo indirecto: transforme las siguientes frases usando diferentes verbos de habla:

Modelo: No os preocupéis, nosotros os ayudamos. ⇒
Nos han prometido que nos van a ayudar.

Puede elegir entre los siguientes verbos:

contar, ofrecer, aconsejar, preguntar, querer saber, asegurar, interesarse por, prometer

1. Hoy no tenemos clase.
2. ¿Dónde vive tu hermano?
3. ¿Tienes hambre?
4. Tiene Ud. que adelgazar.
5. Hoy me voy a dormir a las 11.
6. ¿Tienes prisa?
7. ¿Quieres tomar un café conmigo?
8. ¿Cómo están tus padres?

5. Recados (Nachrichten): varias personas han llamado a su compañera de piso por teléfono, que ha estado fuera todo el fin de semana:

1. Pilar: - Verás, es que necesito el libro que le dejé la semana pasada.
2. La madre: - Voy a comer el domingo, no se te olvide decírselo.
3. Un compañero de trabajo: - Dile que mañana paso a buscarla a las 7, ¿vale?
4. Guillermo: - ¿Tú sabes si va a ir a casa de Patricia? Es que si no va ella, no voy yo tampoco.
5. Mercedes: - Mira, estoy harta de dejarle mensajes en el móvil, no me llama nunca, ¿es que no tiene ni 5 minutos para mí?
6. Su primo: - Nada, dile que...bueno, no, no le digas nada, ya la volveré a llamar.

Usted le da ahora los recados a su compañera en estilo referido. Trabaje con su compañero/-a:

- ¿Me ha llamado alguien?
- Sí, mucha gente. Te ha llamado Pilar y ha dicho que necesita un libro que te dejó.
- ¡Ah, sí! ¿Quién más?...

Ejercicios de repaso

6. a) Lea el texto de la canción **Todo cambia** de Julio Numhauser:

Cambia lo superficial, cambia también lo profundo,
cambia el modo de pensar, cambia todo en este mundo.
Cambia el clima con los años, cambia el pastor su rebaño
y así como todo cambia, que yo cambie no es extraño.

5 Cambia el más fino brillante de mano en mano su brillo,
cambia el nido el pajarillo, cambia el sentir un amante.
Cambia el rumbo el caminante, aunque esto le cause daño
y así como todo cambia, que yo cambie no es extraño.

Cambia, todo cambia... cambia, todo cambia...

10 Cambia el sol en su carrera, cuando la noche subsiste,
cambia la planta y se viste de verde en la primavera.
Cambia el pelaje la fiera, cambia el cabello el anciano
y así como todo cambia, que yo cambie no es extraño.

Pero no cambia mi amor, por más lejos que me encuentre
15 ni el recuerdo ni el dolor de mi pueblo y de mi gente.
Y lo que cambió ayer tendrá que cambiar mañana,
así como cambio yo en esta tierra lejana.

Cambia, todo cambia... cambia, todo cambia...

superficial, lo	Oberflächliche	**rumbo, el**	Richtung
profundo, lo	Tiefe	**caminante, el/la**	Wanderer
modo, el	Art, Weise	**causar daño**	Schaden zufügen
pastor, el	[hier] Schäfer	**carrera, la**	[hier] Strecke
rebaño, el	Herde	**subsistir**	fortbestehen, überleben
brillo, el	Glanz	**pelaje, el**	Fell
nido, el	Nest	**fiera, la**	Raubtier
pajarillo, el	Vögelchen	**cabello, el**	Haar
sentir, el	Gefühl	**anciano, el**	Greis
amante, el/la	Geliebte(r)	**lejano/-a**	fern, weit

b) Busque en la canción vocabulario que corresponda a estos dos temas:

cosas abstractas, sentimientos	cosas concretas, objetos, etc.
lo superficial...	*el clima, el pastor...*

c) Y usted, ¿ha cambiado? Compare con los últimos cinco años y diga qué cosas en usted han cambiado o no (el carácter, el físico, los sentimientos, la manera de vivir...). Compare con su compañero/-a.

Cosas que no han cambiado	Cosas que han cambiado

7. La Oficina de Relaciones Internacionales de una universidad española ha organizado un viaje para estudiantes de intercambio. Este es el programa previsto. Complete con las formas del futuro simple (lecc. 16):

EXCURSIÓN A OVIEDO, GIJÓN Y LEÓN

Viernes: a las 8 de la mañana _____ de la universidad con destino a Oviedo. _____ al albergue juvenil aproximadamente a las 13.30. Después de comer _____ la ciudad y sus monumentos más importantes.	salir (nosotros) llegar visitar
Sábado: por la mañana _____ una visita a Gijón, donde _____. Después de comer _____ a Oviedo; la tarde _____ libre.	hacer comer volver, ser
Domingo: Por la mañana, de regreso a la universidad en Madrid, _____ en la provincia de León para ver las Cuevas de Valpolquero. Después de comer	parar
_____ viaje. La llegada _____ lugar hacia las nueve de la noche.	seguir, tener

cueva, la Höhle   **tener lugar** stattfinden

LECCIÓN 17

8. ¿Se acuerda de Juan Luis de la lección 10? Pase los verbos subrayados al pasado utilizando imperfecto o indefinido (lecc. 15):

Lunes, 22.00: Juan Luis _____ (estar) en casa y _____ (ir) a ver una película en el primer canal.

A las 22.20: la película _____ (acabar) de empezar.

Mientras Juan Luis la _____ (estar) viendo tranquilamente, _____ (sonar) el teléfono. _____ (dejar) de ver la película para hablar con su madre.

A las 22.30: _____ (seguir) viendo la película. _____ (parecer) una historia interesante.

A las 22.45: _____ (volver) a sonar el teléfono. _____ (ser) su novia, desde Londres.

A las 23.00: _____ (colgar) el teléfono para seguir viendo la película. Ya no _____ (saber) muy bien cómo _____ (ser) la historia.

A las 23.15: _____ (sonar) el teléfono otra vez. Juan Luis _____ (llevar) una hora intentando ver la película. Ahora el que _____ (llamar) _____ (ser) su amigo Ricardo. Juan Luis finalmente se _____ (ir) con él a tomar algo.

LECCIÓN 18
¿No sería fantástico?

TEMAS	ESTRUCTURAS COMUNICATIVAS
• Problemas de actualidad • En el banco	♦ Expresar deseos ♦ Expresar peticiones, cortesía

GRAMÁTICA	
↬ Pretérito perfecto de subjuntivo: morfología y uso	↬ Pretérito imperfecto de subjuntivo: morfología y uso

ROMEU

HISTORIA DE MIGUE

VOCABULARIO

bienestar, el	Wohlbefinden	entidad bancaria, la	Geldinstitut
mutuo/-a	gegenseitig	amasar	[hier] Geld anhäufen
malestar, el	Unwohlsein	abusivamente	übermäßig
espectáculo, el	Show	haber de [culto]	müssen
turbio/-a	trübe	débil	schwach
amañar [coloquial]	fälschen	prozac [marca]	ein Antidepressivum
alienante [culto]	irrsinnig	hierba de San Juan, la	Johanniskraut
estupendo/-a	toll	canuto, el [coloq.]	Joint
hipócrita	heuchlerisch	afgano/-a	afghanisch
cruel	grausam	diseño, el	Design
espatarrante [coloq.]	toll, klasse	chiste, el	Witz, Geschichte
fracasar	scheitern	psiqui, el [coloq.]	Psychiater

ᗡ Otra mirada al texto

- Soñar, imaginar "Wäre es nicht toll, wenn..?", es lo que hace el hombre del comic. Aquí tiene sus hipótesis sobre diferentes temas de actualidad. Complete las frases:

  Política: Sería fantástico que *los partidos se ocuparan de nuestro bienestar.*

  Deporte: Sería genial que

  Religión: Sería estupendo que

  Educación: Sería espatarrante que

  Bancos: Sería maravilloso que

  Sociedad: Sería maravilloso que

- Señale las nuevas formas verbales, ¿cuál es el infinitivo?

📖 Gramática

I. PRETÉRITO PERFECTO DE SUBJUNTIVO: MORFOLOGÍA Y USO

Esta forma verbal se construye de manera semejante a la del indicativo: presente de subjuntivo de **haber** más el participio del verbo principal:

haya		
hayas		- ¿Ha venido ya el cartero (Briefträger)?
haya	tomado	- No creo que haya venido todavía, son sólo las 9.
hayamos +	bebido	Suele venir más tarde.
hayáis	vivido	
hayan		

Recuerde: El pretérito perfecto expresa acciones realizadas en un período de tiempo no terminado todavía o en un pasado reciente (lecc. 8).

El pretérito perfecto de subjuntivo se usa solamente en oraciones subordinadas, con verbos, estructuras y conjunciones que necesitan subjuntivo (lecc. 12):

Espero que os hayáis divertido.　　　　　　Ich hoffe, ihr habt Spaß gehabt.

📖 § 176, 185

II. PRETÉRITO IMPERFECTO DE SUBJUNTIVO: MORFOLOGÍA

La conjugación de este tiempo de subjuntivo tiene dos formas, entre las que hay sólo diferencias regionales. Recomendamos aprender una para el uso activo. La raíz se toma de la 3ª persona plural del indefinido (lecc. 14 y 15):

HABLAR
hablaron ⇒

hablara	/-ase
hablaras	/-ases
hablara	/-ase
habláramos	/-ásemos
hablarais	/-aseis
hablaran	/-asen

BEBER
bebieron ⇒

bebiera	/-iese
bebieras	/-ieses
bebiera	/-iese
bebiéramos	/-iésemos
bebierais	/-ieseis
bebieran	/-iesen

VIVIR
vivieron ⇒

viviera	/-iese
vivieras	/-ieses
viviera	/-iese
viviéramos	/-iésemos
vivierais	/-ieseis
vivieran	/-iesen

No quería que discutieras con Luz, por eso no la he invitado.
Ich wollte nicht, dass du dich mit Luz streitest, deswegen habe ich sie nicht eingeladen.

Las irregularidades del pretérito indefinido se dan aquí en todas las personas:
- Cambio de vocal de la raíz **e** ⇒ **i** en verbos en **-ir**, por ejemplo:

	Indefinido ⇒	Imperfecto de subjuntivo
SERVIR	sirvieron	sirviera/sirviese
PEDIR	pidieron	pidiera/pidiese

- Cambio de vocal de la raíz **o** ⇒ **u** en **dormir** y **morir**:

DORMIR	durmieron ⇒	durmiera/durmiese
MORIR	murieron	muriera/muriese

- Cambio de **i** ⇒ **y** en verbos en **-ir** y **-er**, por ejemplo:

CONSTRUIR	construyeron ⇒	construyera/construyese
LEER	leyeron	leyera/leyese
OIR	oyeron	oyera/oyese

- Cambio de raíz, por ejemplo:

QUERER	quisieron ⇒	quisiera/quisiese
SABER	supieron	supiera/supiese
TENER	tuvieron	tuviera/tuviese

- Cambio de raíz y terminación, por ejemplo:

DAR	dieron	diera/diese
SER, IR	fueron	fuera/fuese
TRADUCIR	tradujeron	tradujera/tradujese

📖 §§ 166, 170-175

III. USOS DEL IMPERFECTO DE SUBJUNTIVO

Recuerde: el subjuntivo no se usa para introducir información nueva (lecc.12).

El imperfecto de subjuntivo puede referirse al presente, al pasado o al futuro. Se usa:

1. En oraciones subordinadas que se refieren al pasado, introducidas por verbos, estructuras y conjunciones que necesitan subjuntivo (lecc. 12):

   Javier Marías lamentó que no hubiera suficientes ejemplares de su libro.
   J.M. bedauerte, dass es nicht genug Exemplare seines Buches gab.

   Decidí trabajar para que Juan pudiera quedarse en casa.
   Ich beschloss zu arbeiten, damit Juan zu Hause bleiben konnte.

2. En oraciones subordinadas que se refieren al presente o al futuro, cuando el verbo de la oración principal está en **condicional** (lecc. 16):

   condicional simple + conjunción + imperfecto de subjuntivo

   A Mónica no le gustaría que fumáramos en su casa.
   Monica **würde** es nicht gefallen, dass /wenn wir bei ihr zu Hause rauchen **würden.**

   Iría a visitarte, si tuviera tiempo.
   Ich **würde** dich besuchen, wenn ich Zeit **hätte**.

🕯 **Observe**: en alemán las dos formas son iguales (Konjunktiv II); en español el condicional aparece en la oración principal y el subjuntivo en la subordinada.

3. En oraciones subordinadas que se refieren al presente o al futuro, con la conjunción **como si** (als ob):

> **como si** + imperfecto de subjuntivo

Carlos hace como si no nos conociera.
   Carlos tut so, als ob er uns nicht kennen würde.

4. En oraciones principales que expresan algo irreal con **quién** y **ojalá**:

> **quién/ojalá** + imperfecto de subjuntivo

¡Quién tuviera la suerte de Paco!   Wer hätte das Glück von Paco!
¡Ojalá fuera yo tan optimista como tú!
   Wenn ich nur so optimistisch wäre wie du!

📖 §§ 185, 292

 Ampliamos vocabulario

EN EL BANCO

Lea el siguiente texto y luego complete la tabla con las palabras marcadas en negrita:

   Lorena está en el centro y se da cuenta de que no tiene suficiente dinero para las compras. Busca un **cajero automático** y encuentra una **sucursal** del Banco de Santander, donde tiene una **cuenta corriente**. Intenta **retirar dinero** pero el cajero no funciona, y tiene que ir a **la ventanilla**. Allí le dan un **impreso**
5 para **rellenar** con sus datos, el número de cuenta y el importe que quiere retirar. Lo rellena y se acerca a **la caja**, donde pide también **un extracto de la cuenta**. Sorprendida le comenta al cajero:
– Pero... ¿cómo puede ser que tenga tan poco dinero en la cuenta? ¡Si yo **deposité dinero** la semana pasada!
10 – A ver, déjeme ver en el ordenador. Usted depositó dinero, eso es correcto. Pero también **hizo una transferencia**, la del alquiler del piso. Y aquí hay una suma de 72 euros, es **un cheque** firmado por usted también.
– ¿Ah, sí? Bueno, me había olvidado del cheque... Pero estos 2,30 euros, ¿de qué son?
15 – ¿Estos? Son **los intereses** de **la tarjeta de crédito**. Mire, hay una compra

hecha en moneda extranjera por 250 dólares.
- Sí, eso fue cuando estuve en Nueva York.
- **El cambio** está a 1,12 euros por dólar. Son 281 euros.

Filiale	_____	Kontoauszug	_____
Formular ausfüllen	_____	Kreditkarte	_____
Geld abheben	_____	Schalter	_____
Geld einzahlen	_____	Scheck	_____
Geldautomat	_____	überweisen	_____
Girokonto	_____	Wechsel(kurs)	_____
Kasse	_____	Zinsen	_____

✏ Ejercicios

1. Complete el cuadro con la forma de los verbos:

INFINITIVO	Pret. Indefinido 3ª plural	Presente de subj. 1ª singular	Imperfecto de subj. 1ª sing.
llegar			
	hablaron		
		coma	
			escribiera
alegrarse			
	fueron		
		pida	
			hiciera

2. Un amigo/Una amiga le cuenta las novedades después de las vacaciones. Reaccione según el ejemplo. Puede usar los siguientes verbos:

sentir, alegrarse de, no creer, (no) parecer bien/ mal, (no) gustar

Ejemplo: - ¿Sabes? Alicia ha tenido un accidente con la bicicleta.
- *Siento mucho que Alicia haya tenido un accidente.*

LECCIÓN 18

1. Además, Enrique ha dejado de salir con la hermana de Tomás.
2. ¿Sabías que mi hermana y yo hemos empezado a ir a clases de Kung Fu?
3. No lo vas a creer: he conocido al cantante de "Héroes del Silencio" en Berlín.
4. ¡Ah! Mis padres se han comprado un coche nuevo.
5. Últimas noticias: Kerstin se ha casado con el profesor de español.
6. Se me olvidaba: el Real Madrid ha ganado la liga.

3. Lo pasado, pasado está: transforme las frases según el modelo:

Modelo: Se alegra de que vaya todo bien. ⇒ *Se alegró de que fuera/fuese todo bien.*

1. Me sorprende que no te guste el libro, es tu escritor preferido.
2. Me duele mucho que no te alegres con la noticia y además me molesta que hables así de ella: es amiga mía.
3. - Siento mucho que no puedas venir a comer.
   - Sí, es que mi madre quiere que la acompañe mañana al médico, así es que no tengo tiempo. Me ha pedido que le haga ese favor y no puedo decir que no.

4. a) Un monólogo: alguien va pensando mientras conduce en medio del tráfico madrileño. Complete con imperfecto de subjuntivo o condicional, según se indica a la derecha:

¡Uff, qué tiempo tan horrible! No hay quien aguante este frío. Claro, así no me sorprende que los niños estén con esa gripe tan fuerte. ¡Si al menos los _____ llevar unos días a la montaña! — poder (yo) subj.

5 Pero claro, si los _____ al campo o a la — llevar- subjuntivo
montaña, _____ muchas clases y — perder (ellos) cond.
_____ que recuperar un montón de — tener- condicional
temas. Los niños que viven en el campo no saben las ventajas que tienen. Vivir en una ciudad como
10 Madrid con tanta contaminación no es precisamente
lo ideal. ¡Ah, si _____ posible irnos a vivir al — ser (3ª sing) subj.
campo! Pero claro, Felipe no _____ de — estar- condicional
acuerdo. Según él, _____ terrible tener que — ser- condicional

buscar otro trabajo, ahora que su jefe está tan
15 contento con él.
¡Qué le vamos a hacer! La solución _____ que   ser- condicional
nos _____ la lotería. Pero para qué seguir   tocar (3ª sing.)- subj.
soñando...
Y este tráfico de hoy... Ya llevo casi media hora en
20 este atasco y nada. Y con este aire que tenemos no
hay quien respire. ¡Ojalá _____!   llover- subjuntivo

aguantar	aushalten	¡Qué le vamos	
recuperar	nachholen	a hacer!	Was soll man machen?
montón, el	Haufen	tocar la lotería	im Lotto gewinnen
contaminación, la	Umweltverschmutzung	atasco, el	Stau
		respirar	atmen

b) Describa ahora a la persona del monólogo.

5. ¡Sea sincero pero diplomático! Construya frases usando el condicional simple y el imperfecto de subjuntivo según el ejemplo. Puede usar las siguientes expresiones:

- dar igual, no gustar (nada), gustar (mucho), encantar, preferir, agradecer
- ser/parecer mejor, genial, fantástico, un adelanto (Fortschritt), muy práctico, preferible, estupendo
- ser/parecer horrible, fatal, increíble, un atraso (Rückschritt), inútil, una tontería

Ejemplo: ayudarme ⇒ *Le / te agradecería mucho que me ayudara(s).*

- abrir la ventana
- venir otro día a verme
- traducirme esta carta
- llamar por teléfono antes de venir

- esperar un momento
- tener más paciencia conmigo
- traer toda la documentación
- no hacer el examen de Francés

6. Hablar del pasado: estamos en el año 2050, ¿qué pasó cuando usted era joven? ¿Cómo reaccionó usted? Puede elegir entre las expresiones del ejercicio 5:

Ejemplo: Se inventó una pastilla para aprender español. ⇒
A mí me pareció genial que inventaran una pastilla porque...

1. Se redujo por ley el consumo de paella en toda España.
2. Se eligió a la primera presidenta de los EE UU.
3. Eliminaron el uso del subjuntivo en español e italiano.
4. Encontraron a Tarzán en la Selva Amazónica.
5. Aumentaron las tarifas telefónicas nocturnas en un 125% en toda Europa.
6. Se creó en Suiza y Alemania el impuesto a los gatos y a los canarios.

7. ¿Qué tiene su ciudad, su país, su familia, etc. que a usted (no) le gusta? Comente cómo son las cosas y cómo (no) deberían ser. Puede usar expresiones del ejercicio 5:

Ejemplo: *En mi casa cada uno cena a su hora y yo preferiría que cenáramos juntos...*

Ejercicios de repaso

8. **a)** Cuando usted está triste, ¿en qué piensa? ¿qué hace para ponerse alegre?

b) Una canción: vea ahora lo que hace esta persona.

ENTRE MIS RECUERDOS (Luz Casal: *Como la flor prometida*, Hispavox 1995)

Cuando la pena cae sobre mí
el mundo deja ya de existir,
miro hacia atrás y busco
entre mis recuerdos.
5 Para encontrar la niña que fui
y algo de todo lo que perdí,
miro hacia atrás y...

Sueño con noches brillantes,
al borde de un mar
10 de aguas claras y puras
y un aire cubierto de azahar.

Cada momento era especial,
días sin prisa, tardes de paz,
miro hacia atrás y...

15 Yo quisiera volver a encontrar la pureza
nostalgia de tanta inocencia
que tan poco tiempo duró.

Con el veneno sobre mi piel,
frente a las sombras de la pared,
20 miro hacia atrás y...

Y si las lágrimas vuelven,
ellas me harán más fuerte.

Cuando la pena cae sobre mí
quiero encontrar aquello que fui,
25 miro hacia atrás y...
vuelvo hacia atrás y..

pena, la	Kummer, Trauer	**pureza, la**	Reinheit
recuerdo, el	Erinnerung	**inocencia, la**	Unschuld
brillante	glänzend, leuchtend	**veneno, el**	Gift
borde, el	[hier] Ufer	**sombra, la**	Schatten
azahar, el	Orangenblüte	**lágrima, la**	Träne

c) La cantante piensa en su niñez cuando está triste, ¿cómo la describe?

d) Piense usted ahora en su niñez o su juventud y escriba todo lo que se le ocurra espontáneamente. ¿Por qué no intenta escribir un poema?

9. a) Tiempos del pasado (lecc. 15 y 16): ¿le gustan las novelas románticas? Aquí tiene un fragmento. Traduzca al español y continúe después la historia con unas 5 frases:

Ich drehte mich um, sie stand am Schalter und ich ging zu ihr. Die Bank war voll und als ich am Schalter ankam, war sie nicht mehr da. Ich fand nur ihre Zeitschrift. Es war eine Computerzeitschrift. Ich war sehr traurig und enttäuscht und ging auf die Straße. Ich ging zu einem Taxi, das da stand, öffnete die Tür, denn ich wusste nicht, dass es besetzt war, und stieg ein. Da war sie, die Frau meiner Träume! Ich gab ihr die Zeitschrift und sie...

b) Cambie ahora la perspectiva, ella cuenta la historia:

Er drehte sich um, ich stand am Schalter...

LECCIÓN 19
Una carta de presentación

TEMAS	ESTRUCTURAS COMUNICATIVAS
• Carta de solicitud de empleo • Curriculum vitæ • La empresa: tipos y organización	♦ Solicitar empleo
GRAMÁTICA	
⇘ Pretérito pluscuamperfecto de subjuntivo	⇘ Oraciones condicionales

Una carta de presentación

Sandra Elena Ruiz González
c/ Sol, 2
28008 Madrid
Tel. 919 86 56 65

Madrid, 30 de junio de 2006

Estimados señores y señoras:

Con relación al anuncio aparecido en el periódico "El País" el pasado 25 de marzo, en el que buscan candidatas para cubrir una plaza de traductora en su empresa, Comercio Directo S.A., les envío junto con esta carta el currículum y el expediente académico de mis estudios.

Creo que gracias a mi experiencia de 6 años como traductora en la revista "Tecna" y mis conocimientos en el área de traducción técnica puedo realizar satisfactoriamente este trabajo.

Me gustaría concertar una entrevista, para poder ampliarles la información sobre mis conocimientos y experiencia.

Les quedaría muy agradecida si pudiesen contestarme lo antes posible.

A la espera de su respuesta, los saluda atentamente

Sandra Elena Ruiz González

VOCABULARIO

estimado/-a	geehrte(r)	**área, el**	Bereich
cubrir una plaza	eine Stelle besetzen	**concertar**	vereinbaren
junto con	zusammen mit	**entrevista, la**	[hier] Bewerbungsgespräch
curriculum, el	Lebenslauf	**lo antes posible**	so bald wie möglich
expediente, el	[hier] Zeugnis		

CURRICULUM VITÆ

NOMBRE Y APELLIDOS: Sandra Elena Ruiz González

LUGAR Y FECHA DE NACIMIENTO: Madrid, 30 de abril de 1970

NACIONALIDAD: española

FORMACIÓN

1976-83: Estudios primarios en Madrid.

1984-87: Estudios secundarios en Madrid. Título de Bachiller.

1987: Pruebas de Acceso a la Universidad.

ESTUDIOS SUPERIORES

1988-92: Estudios de Traducción Técnica-Científica-Literaria (Alemán e Inglés) en la Universidad Complutense de Madrid con prácticas en la empresa Bosch. Título de Traductora Especializada.

1993: Ampliación de estudios de Traducción como participante en un curso de Traducción Técnica para graduados en la Universidad de Hildesheim, Alemania, por medio del Programa Erasmus (1 semestre).

CONOCIMIENTO DE IDIOMAS

Español: lengua materna.

Alemán: excelente conocimiento activo y pasivo.

Inglés: excelente conocimiento pasivo y conocimiento activo satisfactorio.

OTROS CONOCIMIENTOS

Informática: Seminarios de introducción y perfeccionamiento en Word para Windows y en diversos programas de diseño gráfico.

EXPERIENCIA PROFESIONAL

1994 - 2001 Traductora (Alemán-Español) en la revista "Tecna", Madrid.

VOCABULARIO

fecha de nacimiento, la	Geburtsdatum	**graduado/-a**		diplomiert
prueba de acceso, la	Aufnahmeprüfung	**perfeccionamiento, el**		Aufbaustudium

✍ Otra mirada al texto

- La carta es una solicitud de empleo. Busque elementos que la caractericen como formal:

  -
  -
  -

- ¿Qué diferencias encuentra con una carta formal en alemán?

📖 Gramática

I. PRETÉRITO PLUSCUAMPERFECTO DE SUBJUNTIVO

Se forma con el imperfecto de subjuntivo del verbo **haber** y el participio del verbo principal:

hubiera/hubiese		
hubieras/hubieses		
hubiera/hubiese		solucionado
hubiéramos/hubiésemos	**+**	leído
hubierais/hubieseis		vivido
hubieran/hubiesen		

El pluscuamperfecto de subjuntivo se usa para expresar condiciones o deseos no realizados en el pasado.

Antonio no está, ¡ojalá hubiera venido!   Wenn er doch nur gekommen wäre!

📖 §§ 176, 185

II. SUBORDINADAS CONDICIONALES

Las oraciones condicionales están formadas por dos oraciones simples: la oración principal y la oración subordinada, unidas por una conjunción. La oración subordinada formula una condición para que se cumpla lo que se expresa en la oración principal:

Me voy a enfadar si Antonio no viene.

oración principal → *Me voy a enfadar...*

oración subordinada (condición) → *...si Antonio no viene.*

El uso del modo verbal depende de la conjunción con la que se exprese la condición.

1. La conjunción **si** (wenn/falls) es el nexo más utilizado. La condición que expresa puede ser **real/realizable** o **irreal/irrealizable**, y el momento al que se refiere presente, futuro o pasado. Observe el siguiente esquema:

- Condición real / realizable:

→ referencia al **presente** o al **futuro**

Subordinada en: presente de indicativo	Principal en: ⇒ tiempos de indicativo/imperativo/condicional simple
Si **tienes** dinero...	... significa que **has pasado** por el banco. ...**pide** entonces un taxi. ...**podrías** pagarme la cena.

→ referencia al **pasado**

Subordinada en: pasado de indicativo	Principal en: ⇒ tiempos de indicativo/imperativo/condicional simple
Si no **fuiste** al banco...	...**vas** hoy sin falta. ...no **discutas** más, y toma este dinero. ...me **tendrías** que haber avisado.

- Condición irreal / irrealizable:

→ referencia al **presente** o al **futuro**

Subordinada en: imperfecto de subjuntivo	Principal en: ⇒ condicional simple/condicional compuesto
Si Marcos **estuviera** aquí...	...yo no **tendría** que hacer las cosas solo. ...ya **habría solucionado** el problema.

→ referencia al **pasado**

Subordinada en: pluscuamperfecto de subjuntivo	Principal en: ⇒ condicional simple/condicional compuesto
Si **hubiera hablado** con él...	...no **tendría** problemas ahora. ...no **habría ido** sola al teatro.

🕯 **Observe:** en el último caso se puede usar el pluscuamperfecto de subjuntivo como equivalente al condicional compuesto:
*Si hubiera hablado antes con él no **hubiese ido** sola al teatro.*

2. Otras conjunciones de condición se utilizan únicamente con subjuntivo, tanto para acciones realizables como irrealizables. Preste atención a los tiempos verbales. Las más frecuentes son:

| a no ser que | es sei denn |

real → *Vamos al teatro, a no ser que tengas una idea mejor.*
irreal → *Iríamos al teatro, a no ser que alguien tuviera una idea mejor.*

| con tal de que | vorausgesetzt, dass |

real → *Le dejé el coche con tal de que no molestara más.*
irreal → *Le dejaría el coche con tal de que no molestara más.*

| en caso (de) que | in dem Fall/falls, dass |

real → *Yo llamo a mamá en caso de que no vuelvas.*
irreal → *Habría llamado a mamá en caso de que no hubieras vuelto.*

🕯 **Observe: como** con subjuntivo es también una conjunción condicional (falls, wehe) y se refiere siempre a condiciones sobre el futuro:
Como no me llames, te juro que me marcho sin ti.

📖 § 183, 186, 187

 Ampliamos vocabulario

| LA EMPRESA | DAS UNTERNEHMEN |

- Sociedades y Asociaciones: Una las columnas con ayuda del diccionario.

Sociedad Anónima (S.A.)	Gesellschaft mit beschränkter Haftung
Fundación	Verein
Sociedad del Estado (S.E.)	Aktiengesellschaft
Cooperativa	Stiftung
Asociación	Genossenschaft
Sociedad de Responsabilidad Limitada (S.R.L.)	Staatliche Gesellschaft

- Aquí tiene más vocabulario sobre una empresa.

  Una empresa puede tener diferentes actividades. Hay empresas que se dedican a **fabricar**, a la **venta** o **compra** de productos, o simplemente a **importar** o **exportar**. El **capital** es el dinero o los **bienes** permanentes de una empresa, el **activo** es la parte que muestra lo que se ha ganado y el **pasivo** lo que se ha gastado o perdido.

  Las **pérdidas** y las **ganancias** pueden repartirse entre los **accionistas** (que **invierten** en la empresa), en muchos casos según la cantidad de **acciones** que tenga cada uno. Muchas empresas **cotizan** sus acciones en la **bolsa**.

  Busque en el texto (las palabras están en negrita) las traducciones para:

exportieren	_____	importieren	_____
Aktien	_____	Gut	_____
Soll	_____	Aktionäre	_____
Börse	_____	Verkauf	_____
herstellen	_____	Verlust	_____
Gewinn	_____	notieren	_____
Kauf	_____	Guthaben	_____
Kapital	_____	investieren	_____

- Organización de una empresa:

  Busque para los diferentes departamentos la traducción en alemán.

 **Ejercicios**

1. Forme frases irreales utilizando la conjunción **si**:

Modelo: saber quién es (yo) / saludarlo ⇒ *Si supiera quién es, lo saludaría.*

1. Hacer frío / quedarme en casa y jugar a las cartas con tu hermano.
2. Ir a Londres / poder encontrarse con Juan. (Elena)
3. Tocar la lotería / hacer un viaje de seis meses por Latinoamérica. (nosotros)
4. Hacer sol y calor / sentarnos en el jardín para desayunar.
5. Hacer deporte / finalmente adelgazar y sentirte mejor.

2. Una las siguientes columnas y forme frases utilizando diferentes conjunciones condicionales. Preste atención a la concordancia de los tiempos verbales.

Ejemplo: *Si (ellas) supieran idiomas, encontrarían otro trabajo.*

	SUBORDINADA CONDICIONAL	ORACIÓN PRINCIPAL
	tener tiempo	solucionar mis problemas
	ir a demasiada velocidad	enfadarse el jefe
CONJUNCIÓN CONDICIONAL	saber idiomas	encontrar otro trabajo
	hacer mal las cosas	enamorarse de él
	aprobar el examen	venir a la fiesta
	beber menos vino	sufrir un accidente
	hablar con Manuel	no tener problemas de salud

3. Combine las siguientes frases en pasado utilizando la conjunción **si** y prestando atención al tipo de condición: real o irreal.

Modelo: Caminar dos horas (Ana) / estar muy cansada ⇒
Si Ana hubiese caminado dos horas, estaría muy cansada.

1. Estar de vacaciones (tú) / no quejarse más.   cond. real
2. Tener coche (vosotros) / ser más fácil.   cond. real
3. Tener sed (yo) / beber una limonada.   cond. irreal
4. Darme tu dirección (tú) / escribirte una postal.   cond. irreal
5. Alquila el vídeo (ella) / poder invitarnos a su casa.   cond. real
6. Decidir salir esta tarde (yo) / ir al cine.   cond. irreal
7. Estar malo el tiempo / quedarse en la cama leyendo (yo).   cond. irreal
8. Tener hambre (nosotras) / comprar unos bocadillos.   cond. irreal

4. Traducir al español:
1. Ich würde schon gerne verreisen, wenn ich Geld hätte.
2. Ich würde es dir sagen, wenn ich es wüsste.
3. Was würdest du tun, wenn du in meiner Lage wärst?
4. Was würdest du machen, wenn ich nicht hier wäre?

Ejercicios de repaso

5. Ordene los verbos según la persona, y escriba de qué forma verbal se trata:

> lee, crea, parecieron, hago, hizo, concéntrate, deberíamos, cuenta, ven, leí, tengas, saldréis, sorprendió, sorprendo, vengan, tomó, vendrá, se siente, siéntese, vais, veis, venís, no te preocupes, fue, seremos, conozca, supieran, pon, leo, contaré, trae, recuperamos, viene, pusimos, calla, abrí, tengamos, leyera, pusiste, traje, sepas

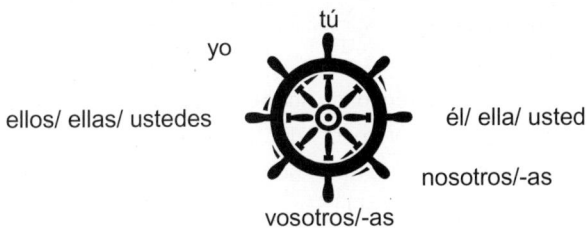

6. Escriba los verbos en el tiempo y voz (activa o pasiva) correspondientes.

1. Un total de 180 delfines _____ hasta las costas griegas desde el pasado mes de enero hasta ahora. Los delfines son víctimas de un virus que _____ hace dos años otras zonas del Mediterráneo. — arrastrar / afectar

2. En 1991 _____ en EE. UU. 24.020 asesinatos, récord en la historia del país. Un informe del Senado _____ ayer afirma que el ascenso de la criminalidad _____ al aumento del consumo de drogas. — registrar / publicar / deber

3. Tres personas tuvieron que _____ y un coche _____ por el agua de las lluvias. — rescatar / arrastrar

4. Cuatro hombres _____ en el saqueo de un hotel en la ciudad marroquí de Fez. _____ ayer a 20 años de prisión cada uno. — implicar / condenar

arrastrar an Land schwemmen **rescatar** retten **saqueo, el** Plünderung
afectar befallen, angreifen **implicar** verwickeln **prisión, la** Gefängnis

7. En parejas. En la lección 12 tiene usted el vocabulario del cuerpo humano. Uno/una se inventa y describe el cuerpo de una persona. El otro/la otra lo dibuja en un papel.

Ejemplo: *Mi persona tiene el cabello largo, los ojos pequeños, la boca grande...*

8. Marta y José, dos ex profesores de español, se encuentran en un bar en Alemania después de 10 años. Complete con los verbos en indefinido o en imperfecto.

José:	¡Ya han pasado 10 años! No lo puedo creer. Pues a mí me parece que _____ ayer.	ser (3.P.S.)
Marta:	¿Sabes? Yo todavía me acuerdo del día que _____.	conocerse (1.P.P.)
José:	Yo también me acuerdo. _____ en 1998, en mayo, creo. _____ por teléfono a la universidad para ver si _____ un profesor de español y _____ contigo, que por cierto, no _____ muy amable.	ser llamar (1.P.S.) necesitar (3.P.P.) hablar (1.P.S.) ser (2.P.S.)
Marta:	Es que esa mañana no _____ ganas de hablar con nadie. Además no te _____ muy bien y no te _____.	tener (1.P.S) oír (1.P.S.) entender (1.P.S.)
José:	Claro, ahora resulta que yo no _____ bien.	expresarse (1.P.S.)
Marta:	¡Pero si es verdad! _____ rapidísimo.	hablar (2.P.S.)
José:	Es cierto. Es que _____ un poco nervioso.	estar (1.P.S.)
Marta:	¿Un poco? No _____ de tartamudear.	dejar (2.P.S.)
José:	Bueno, no exageres.	
Marta:	Vale, tienes razón, no _____. De todas maneras no _____ una charla muy positiva.	tartamudear (2.P.S.) ser
José:	Y... la verdad que no. Yo _____ un poco parado después de nuestra charla.	quedarse

LECCIÓN 19

Marta: ¿Sólo tú? Menos mal que cuando nosotros
30 _____ personalmente todo   conocerse
_____ más normal.   resultar
José: Bueno, es lógico. Si _____ cuatro   tomarse (1.P.P.)
cervezas cada uno...

tartamudear	stottern	**de todas maneras**	auf jeden Fall
exagerar	übertreiben	**quedarse parado/-a**	aus der Fassung kommen

9. Indicativo, subjuntivo o infinitivo: tachar las dos posibilidades falsas:

Para poder preparar un buen pescado al horno es necesario que todos los ingredientes *son / sean / ser* frescos y que no *han / hayan / haber* estado más de dos horas fuera de la nevera. La patatas *deben / deban / deber* ser preparadas a parte para que no *toman / tomar / tomen* el sabor del pescado. Si *prefiere / preferir / prefiera* algo más exótico también le *puede / poder / pueda* agregar azúcar y pimienta verde. En el caso de que a usted no le *gustan / gustaban / gusten* las cosas dulces puede darle un toque especial con un poco de limón. Si todavía no *tiene / tener / tenga* postre, no dude en preparar algo especial para acompañar el pescado. Tal vez un helado de fresas con cava...

LECCIÓN 20
Colombia, múltiple y diversa

TEMAS	ESTRUCTURAS COMUNICATIVAS
• Colombia • Conectores de comentario de textos y de cantidad	♦ Cómo comentar un texto ♦ Expresarse en lengua culta
GRAMÁTICA	
✹ Pasiva de proceso o acción con **ser** ✹ Posición del adjetivo	✹ Otros usos de infinitivo, gerundio y participio

Novela de
Gabriel García Márquez

Bogotá - Barrio de la Candelaria

Bailarina de Ballet
de Fernando Botero

"Gata" del Carnaval
de Barranquilla

Colombia, múltiple y diversa

Colombia es un país caracterizado por contar con una extraordinaria diversidad geográfica, biológica **y** cultural. **En realidad**, se trata de varios países en uno que reúne todos los climas del mundo: un país andino, montañoso de nieves eternas; un país selvático, con la selva húmeda tropical más lluviosa del planeta; un país costero, con más de tres mil kilómetros sobre dos océanos; un país de vastas llanuras; de aguas infinitas, lagos, ciénagas, ríos, bosques de niebla y cascadas.

Al ser sus selvas refugio de numerosas especies vegetales y animales únicas en el planeta o en vía de extinción, **el país** se constituye en importante banco genético y en verdadero santuario para la humanidad y para el planeta.

Por su ubicación, su historia y las variadas características de su territorio, Colombia es un crisol étnico y cultural. El origen de su población es una amplia base indígena mezclada con diversas corrientes migratorias, de las cuales la más característica es la española. Esta base **no** fue homogénea, **sino que** estaba, y aún está, formada por comunidades del más variado origen, **desde** tribus amazónicas **hasta** grupos caribes, **pasando por** culturas andinas que se hallaban a las puertas de convertirse en estadonación durante el advenimiento europeo.

Otras corrientes que fueron traídas por los vientos de la historia, **como** la de los antiguos esclavos africanos y las de comerciantes europeos y asiáticos llegados en diversas épocas durante los últimos cuatro siglos, se localizaron en puntos definidos de la geografía como la costa Pacífica, el Caribe y Antioquia, y formaron subgrupos culturales **cuyas** características son hoy parte del espíritu nacional.

Estas raíces culturales, **sumadas a** sus características físicas, hacen que Colombia, con un territorio dos veces y media mayor que Francia y con su variedad de climas y regiones, sea uno de los países más interesantes de América Latina.

Hay en Colombia, **además**, dos perspectivas: la de una Colombia urbana, que agrupa a un sector mayoritario de la población en las grandes capitales, y la de una Colombia rural, rica en agroindustria, variada y productiva, con enormes contrastes.

Anteriormente basada en la agricultura y principalmente en el monocultivo del café, la economía colombiana se ha internacionalizado y diversificado: las exportaciones, **sin** abandonar su producto bandera, el café, han sido ampliadas a los productos más variados, desde carbón,

níquel y petróleo hasta flores, artesanías, y productos de industria ligera.
Igualmente, el país cuenta con una larga tradición en artes plásticas y literatura.

Fragmento de un folleto del Ministerio de Relaciones Exteriores de Colombia, 1995

VOCABULARIO

extraordinario/-a	außergewöhnlich	corriente, la	Strom
múltiple	vielfältig	tribu, la	(Volks)Stamm
diversa/-o [culto]	verschiedenartig	hallarse [culto]	sich befinden
reunir	versammeln	a las puertas	an der Schwelle
andino/-a	von den Anden	advenimiento, el [cu.]	Ankunft
eterna/-o	ewig	esclavo/-a	Sklave/-in
vasta/-o [culto]	breit	comerciante, el/la	Händler
llanura, la	Flachland	espíritu, el	Geist
infinita/-o	unendlich	raíz, la	Wurzel
ciénaga, la	Sumpf	rural	ländlich
cascada, la	Wasserfall	agroindustria, la	Landwirtschaft
refugio, el	Schutzraum, Zufluchtsort	paisaje, el	Landschaft
especie vegetal, la	Pflanzengattung	próspera/-o	blühend
en vía de extinción	vom Aussterben bedroht	producto bandera, el	Markenzeichen
santuario, el	Tempel	ampliar	erweitern
humanidad, la	Menschheit	carbón, el	Kohle
ubicación, la [culto]	Lage	níquel, el	Nickel
crisol, el	Schmelztiegel	petróleo, el	Erdöl
amplio/-a	breit	artesanía, la	Handarbeit
base, la	Basis	folleto, el	Broschüre

✍ Otra mirada al texto

- Este es un texto descriptivo donde se usan vocabulario y estructuras de la lengua culta:

    - busque en un diccionario de español sinónimos para las siguientes palabras: *diversidad, vasto/-a, ubicación, hallarse, advenimiento.*

    - busque ejemplos de participio (que no sean pret. perfecto) y tradúzcalos al alemán.

- En el texto hay expresiones señaladas en negrita, son **recursos de cohesión textual**: ¿para qué cree que sirven?, ¿cómo se llaman en alemán? Traduzca las expresiones e intenten agruparlas según su significado o función.

📖 Gramática

I. PASIVA DE PROCESO O ACCIÓN CON SER   VORGANGSPASSIV

La pasiva de proceso o acción se forma con el verbo **ser** en cualquier forma verbal y el participio variable; se usa en lengua culta:

Los estudiantes de intercambio son recibidos en el auditorio.
          Die Austauschstudierenden werden im Audimax empfangen.
Las exportaciones han sido ampliadas a los productos más variados.
          Der Export ist [...] erweitert worden.
Las causas del problema están siendo analizadas.
          Die Ursachen des Problems werden gerade analysiert.

- El sujeto agente (Agens oder Handlungsträger) puede aparecer con la preposición **por** y queda en un segundo plano:

Los estudiantes de intercambio han sido recibidos por el decano.

Observe: cuando el verbo alemán **werden** no forma la pasiva de acción, tiene en español diferentes traducciones:

*Creo que estoy **volviéndome** loco.*   Ich glaube, ich werde verrückt.
*Siempre **te pones** enfermo cuando más trabajo tenemos.*
          Immer wirst du krank, wenn wir...

Recuerde: la pasiva de resultado se forma en español con el verbo **estar**. En alemán con **sein** (lecc. 11).

📖 §§ 189-190

II. POSICIÓN DEL ADJETIVO

El adjetivo con frecuencia se coloca detrás del sustantivo (lecc. 2). Sin embargo también puede aparecer delante, cambiando su relación con el sustantivo y muchas veces también su significado.

1. Detrás del sustantivo, el adjetivo lo caracteriza para distinguirlo especialmente (**especificativo**). Puede informar sobre categoría, color, forma, nacionalidad, pertenencia, etc.

los países pobres   = sólo los pobres, los ricos no
una persona grande   = una persona de 2 metros de altura, por ejemplo
el partido socialista = sólo el socialista, y no el conservador o el comunista

2. Delante del sustantivo, el adjetivo lo describe, da información adicional, explica (**explicativo**). En español, pertenece este uso con frecuencia a la lengua culta:

Los pobres países del este = los países del este, que son pobres
Una gran persona = una persona de cualidades buenas

- Adjetivos que casi siempre se usan delante del sustantivo son los ordinales (lecc. 6), los indefinidos (lecc. 6 y 7) y **mismo/-a**:

el tercer piso	der dritte Stock
la última vez	das letzte Mal
alguna solución	irgendeine Lösung
la misma persona	dieselbe Person

- Los adjetivos **bueno** y **malo** pierden la **-o** delante de sustantivos masculinos en singular. El adjetivo **grande** pierde la terminación **-de** delante de todos los sustantivos en singular.

bueno	*un **buen** amigo*	grande	*un **gran** teatro*
	una buena amiga		*una **gran** idea*
malo	*un **mal** día*		
	una mala noticia		

Recuerde: las oraciones de relativo funcionan como adjetivos (lecc. 6 y 17). Así, pueden ser especificativas o explicativas, y se distinguen por medio de comas y de la entonación:

Especificativa → *Los estudiantes que han aprobado pueden recoger su papeleta.*
d. h. nur diejenigen, die bestanden haben, können den Schein abholen.

Explicativa → *Los estudiantes, que han aprobado, pueden recoger su papeleta.*
d. h. alle haben bestanden und können den Schein abholen.

3. Un participio también se puede usar como adjetivo, generalmente en la lengua culta. Vea algunos ejemplos del texto de la lección:

Colombia es un país caracterizado por...
...comerciantes europeos y asiáticos llegados en diversas épocas.

§§ 114, 124, 126-129

III. OTROS USOS DE INFINITIVO, GERUNDIO Y PARTICIPIO

Recuerde: el gerundio puede introducir una oración subordinada (lecc. 7).

1. Las oraciones con gerundio pueden tener los siguientes significados:

concesión	**Aun** sabiéndolo, no te lo diría porque no puedo.
condición	Organizándote mejor, trabajarías mucho menos.
consecuencia [culto]	Antes de la erupción (Ausbruch) del volcán fue evacuado el pueblo, evitándose una catástrofe mayor.
modo	Puedes encontrar el número buscando en la guía telefónica.
tiempo	Martin siempre se duerme viendo la televisión.

2. También pueden introducirse subordinadas con una preposición y un infinitivo:

causa	Eso te pasa **al/por** confiar (vertrauen) en todo el mundo.
condición	**De** haber sabido que estabas aquí, te habría traído el video.
finalidad	**Para** ir a la estación, tiene usted que torcer a la derecha.
modo	**Con** sólo mirarte, se puede ver que estás enamorado.
tiempo	**Al** salir de casa me encontré con la vecina de arriba. **Después de** ir al cine, podemos ir a tomar algo. **Antes de** ir al cine tengo que pasar por el banco.

Observe: si el gerundio o infinitivo tienen un sujeto propio, éste aparece detrás:

Antes de llegar **tú**, ya estaba terminado el trabajo.

3. El participio que introduce una oración subordinada se usa generalmente en lengua culta con significado **temporal**:

Apenas terminado el consejo de ministros, tuvo lugar una rueda de prensa.
Una vez/Después de superadas las barreras legales, hay que eliminar las sociales para facilitar a las mujeres el acceso al mercado de trabajo.

§§ 214, 219, 242

Ampliamos vocabulario

COMENTAR UN TEXTO

Las partes de un resumen o un comentario se llaman: introducción, desarrollo y conclusión.

PARA HABLAR DEL TEXTO

El texto trata de.../describe...
En el texto se trata.../se describe.../se habla de...
Como se dice en el texto,...
Según el autor/la autora,...

Es un texto publicado en.../El texto se publicó en...
Es un texto descriptivo/ informativo/apelativo/narrativo
El texto tiene X partes.
El tema principal/más importante... Los temas secundarios...

PARA ORGANIZAR LAS IDEAS

Primero.../En primer lugar.../Para empezar...
Después... /En segundo lugar.../A continuación...
Además (de).../Asimismo/ Aparte de...
Finalmente.../Para terminar.../En conclusión...

Por una parte... Por otra (parte).../Por un lado... Por otro (lado)...
No sólo... sino también...
Desde... hasta... pasando por...

Es importante mencionar/señalar... sin olvidar...

PARA EXPRESAR CANTIDADES

El 50 % (cincuenta por ciento) = la mitad
El 75 % = las tres cuartas partes
El 25 % = la cuarta parte
El 10 % = la décima parte

El doble	das Doppelte
El triple	das Dreifache
La mayoría = la mayor parte	die Mehrheit

Ejercicios

1. Busque los participios que aparecen en las siguientes frases y comente con su compañero/-a cómo es la traducción al español según su función.

1. Die wichtigsten phonetischen Besonderheiten im lateinamerikanischen Spanisch wurden im Rahmen der Besprechung des "Andalucismo" bereits erwähnt. (Kubarth, H. (1987): *Das lateinamerikanische Spanisch.* p 31)

2. Beschreibungen werden in der Schule von Klasse 7 bis 10 geübt.[...] In dieser Schülerhilfe findest du klare Aufgaben mit beigefügten Musteraufsätzen, [...]. Diese Musteraufsätze sind von Schülerinnen und Schülern geschrieben worden. Dann werden die "Regeln", die du beachten solltest, übersichtlich formuliert. (Lübke (1996): *DUDEN Schülerhilfen. Aufsatz/ Beschreibung.* p 5)

3. Die Shetland-Ponys stammen von den schottischen Inseln, wo sie als Packpferde verwendet werden. (Markus G., 8. Klasse in Lübke (1996), p 38)

2. Transforme las frases con ayuda de las formas que se indican a la derecha:

1. Ningún empresario puede obligar a un(a) empleado/-a a atender llamadas telefónicas profesionales cuando está fuera de su trabajo.	gerundio
2. Si supieras idiomas, no tendrías problema para encontrar trabajo.	infinitivo
3. Cuando el nacionalismo adopta una lengua como propia, la está manipulando.	infinitivo
4. Aunque la lengua es algo natural, está determinada por la historia.	gerundio
5. Los barrios de las ciudades catalanas son lingüísticamente mixtos, todos los niños catalanes van juntos a los mismos colegios y en la escuela hablan tanto español como catalán.	gerundio
6. Los nacionalistas catalanes están en contra del bilingüismo porque temen por la supervivencia de su idioma.	infinitivo
7. Las cifras del Instituto Nacional de Estadística sirven para que nos hagamos una idea de cómo viven los españoles en el siglo XXI.	infinitivo

atender a beachten, sich kümmern um   **temer por** fürchten, Angst haben

3. Busque los infinitivos y gerundios que hay en las siguientes frases y traduzca las partes correspondientes al alemán:

1. A las once de la mañana entran en la oficina Eusebio y Rosario hablando animadamente. Es una agencia de detectives. Carlos, el jefe, los mira esperando una explicación por su retraso. De no conseguir trabajo en los próximos días tendrán que cerrar.
2. Aun teniendo Alemania y Austria una lengua común, estos países casi nunca se identifican uno con otro. Lengua no es igual a nación. Al convertirse la lengua en una bandera política, deja de ser un instrumento de comunicación.
3. La película "Titanic", fue la primera en superar los 1.000 millones de dólares de taquilla. Gracias a la película, Leonardo di Caprio se convirtió en un ídolo mundial, siendo las jóvenes entre 18 y 25 años el 40 % de la audiencia.
4. Los ciudadanos de otros países que han elegido España para vivir después de su jubilación, pueden votar en las elecciones municipales, después de inscribirse en el censo electoral.

animadamente	lebhaft	votar	wählen
bandera, la	Fahne	elecciones municipales, las	Kommunalwahlen
taquilla, la	[hier] Einnahme	censo electoral, el	Wählerliste
audiencia, la	Zuschauer, Hörer		
jubilación, la	Pensionierung		

4. Busque otras expresiones equivalentes a los siguientes conectores del texto sobre Colombia y transforme las frases en lo necesario según el ejemplo:

en realidad, por, no-sino, como, sumadas a, además, anteriormente, igualmente

Ejemplo: En realidad, se trata de varios países en uno que reúne todos los climas... ⇒ *Realmente, se trata de varios países en uno...*

5. Ampliar información sobre Colombia y señalar las fuentes de información:
- Busque el nombre de grandes capitales y de culturas andinas.
- Busque el nombre de una montaña, un río, un lago importante.
- Señale en el mapa con diferentes colores las regiones climáticas o geográficas.
- Busque el nombre de otros artistas o escritores importantes de Colombia.

6. a) Señale en el texto sobre Colombia las ideas principales. Escriba después un resumen, intentando usar vocabulario propio. Debe ser aproximadamente un 30% del texto original y no debe contener opiniones personales.

b) Como puede ver, el texto sobre Colombia es turístico y, como ocurre normalmente con este tipo de textos, se destacan e incluso se sobrevaloran los aspectos positivos del país. Sea usted crítico y busque información más objetiva sobre la situación económica y social del país en la actualidad.

7. a) Lea este fragmento de una entrevista con la escritora española Carmen Martín Gaite (1925-2000), realizada por la periodista Julia Otero.

"Sólo me reconozco en mi letra"

Carmen Martín Gaite admira la prosa que no parece poner énfasis en lo que dice. "A veces, de la claridad surge mucha tiniebla", dice. O sea, lo profundo contado con sencillez. Así es su narrativa.

Julia Otero: Sus personajes suelen hablar mucho. ¿Cree que el instinto de
5   conversación supera, a veces, al de conservación?

Carmen Martín: A veces, en la vida se habla de más; en cambio, en la literatura el lector lo agradece. Todos los que empezaron a escribir en mis tiempos metemos en nuestros libros mucha conversación. Será porque sabemos escuchar.

10   JO: Todo lo que ha escrito, ¿lo ha escuchado antes?

CM: La experiencia viene de lo que te han contado, de lo que has visto, de lo que has oído o de lo que has soñado.

JO: ¿Qué puede decir de bueno de la soledad?

CM: Es triste cuando es obligada, pero es imprescindible en ciertas dosis.

15   JO: Un buen escritor, ¿quiere ser escritor?

CM: No, lo que quiere es escribir. El otro es el que sueña con aparecer en el periódico.

JO: Hay jóvenes antiguos y hay gente como usted que no pierde nunca la modernidad. ¿Nos cuenta su secreto?

20   CM: La moda cambia tanto, que el que quiera seguirla lleva más las de ganar si no se mueve. Yo nunca he cambiado de estilo, así que cada cuatro años estoy de moda.

JO: Entre sus electrodomésticos, ¿sigue sin aparecer "la ordenadora", como usted la llama?

25 CM: Sí. Yo sólo me reconozco en mi letra, por eso escribo siempre a mano. Mi letra es un espejo en el que veo lo mismo que veía. Un amigo acaba de enviarme unos cuadernos míos de finales de los cuarenta, y mi letra es ahora exactamente igual que era entonces.

JO: ¿Lo literario casi nunca es bueno para ser vivido?

30 CM: No hay una alambrada de pinchos entre la vida y la literatura. A veces pasamos del sueño a la realidad a la pata coja. Los niños, por ejemplo, no mienten, rectifican con su fantasía lo que no les gusta.

Fragmento de "De buen rollo 05", El País Semanal, enero de 2000

b) Complete la lista de vocabulario con la traducción al alemán, según el significado adecuado al contexto:

1 **admirar**
1 **énfasis, el**
2 **surgir**
2 **tiniebla, la**
3 **profundo/-a**
3 **sencillez, la**
4 **personaje, el**
13 **soledad, la**

14 **imprescindible**
14 **dosis, la**
20 **llevar las de ganar**
26 **espejo, el**
30 **alambrada de pinchos, la**
31 **a la pata coja**
32 **rectificar**

c) Señale lo que le ha interesado o sorprendido más de la entrevista.

d) Imagine ahora que tiene que escribir un artículo para la revista de su universidad. Escriba un comentario personal sobre la entrevista: su opinión, sus impresiones, etc.

Ejercicio de repaso

8. Práctica oral en parejas: ¿qué dicen ustedes en las siguientes situaciones?:

1. Alguien lo/la visita a usted y se queda por más tiempo del que usted pensaba.
2. Alguien ocupa el asiento que usted había reservado en el tren.
3. Usted abre en casa la bolsa de la compra y ve que hay algo que no está en orden.
4. Usted va a pagar en el supermercado, se da cuenta de que ha olvidado el monedero.
5. Usted quiere dormir pero hay demasiado ruido en el piso de al lado.

Test de autoevaluación, lecciones 16-20

1. Completar el cuadro con formas verbales:

Infinitivo	Condicional simple 2ª pers. plural	Imperfecto subjuntivo 1ª pers. singular	Imperfecto subjuntivo 1ª pers. plural
poder			
			tradujéramos
	dormiríais		
		me vistiera	
oír			
	estaríais		
			fuéramos
saber			

2. Una las siguientes frases con relativos:

1. El lunes comenzaron las obras del túnel. El túnel va a unir dos ciudades importantes.
2. Estuve cinco días en Ramallo. Antes pasaba los veranos con mi familia en Ramallo.
3. Rafael aprobó todos los exámenes. Eso es realmente increíble.
4. Ayer a la tarde vi a Laura. En ese momento ella entraba al banco.
5. Los libros son del decano. He preparado el examen con esos libros.

3. Una las columnas formando frases en estilo indirecto:

1. ¿Por qué no vais al cine mañana?   asegurar
2. ¡Cállate!   querer saber
3. No he comido nada en todo el día.   preguntar
4. ¿Necesitáis el dinero hoy?   contar
5. El lunes nos vamos a Madrid.   decir

4. Elija la opción correcta:

1. _____ mucho calor
   a) Hay
   b) Hace
   c) Está

2. *despejado* es lo contrario de:
   a) nublado
   b) nuboso
   c) soleado

3. Otoño es:
   a) una estación del año
   b) un mes del año
   c) un tiempo del año

4. La ONU es una:
   a) sociedad internacional
   b) organización internacional
   c) empresa internacional

5. Pedro va al banco a _____.
   a) rellenar dinero.
   b) tirar dinero.
   c) depositar dinero.

6. Voy a retirar dinero de la _____.
   a) cuenta corriente
   b) cuenta de giro
   c) cuenta giratoria

7. *Departamento* significa en alemán:
   a) Wohnung
   b) Abteilung
   c) Gegend

8. *Der Text handelt von...* significa en español:
   a) el texto trata de...
   b) en el texto es tratado...
   c) el texto es de...

5. Escriba la forma correcta de los verbos **ser** y **estar**.

1. La penicilina _____ descubierta en 1928. — wurde entdeckt

2. El acto _____ inaugurado por el ministro a las diez. — wird eröffnet

3. Antes estas motocicletas _____ construidas por una empresa alemana. Ahora las construye una empresa italiana. — wurden hergestellt

4. Ya no queda ningún ejemplar del diccionario. Todos _____ vendidos. — sind verkauft

5. Los ejercicios _____ terminados desde el martes. — sind fertig

6. El músico _____ muy conocido en España por sus obras clásicas. — ist bekannt

7. La novela ya _____ traducida al alemán y al inglés. — wurde übersetzt

8. La propuesta _____ aprobada por mayoría absoluta. — wurde zugestimmt

EJERCICIOS EN PAREJAS -anexo-

LECCIÓN 5

14. Tauschen Sie die Telefonnummern aus:

¿Cuál es el número de...?

- Patricia: 79 21 49
- Andrea: _____
- Maximiliano: 17 27 05
- María Rosa: _____
- Nicolás: 73 19 26
- Lorenzo: _____
- Carolina: 88 31 66
- Manuel: _____
- Magdalena: 12 53 47

LECCIÓN 8

12. Intercambiar datos:

	Nombre	Edad	Profesión	Estado civil / Hijo(s)	País / Ciudad
1		47		casado /	/ Asunción
2	María Elena		profesora	/1 hijo	
3			traductora	/ no tiene	/ Salamanca
4		31		soltero /	Uruguay /
5	Martín		arquitecto		México /
6	Mónica				/ Múnich
7				viudo /	España /
8	Julián			/ no tiene	Ecuador /

LECCIÓN 13

13. Mi persona: Utilice los siguientes puntos para hace la descripción:
   Nombre / De dónde es y dónde vive / Edad / Estado civil y familia
   Profesión / Aspecto físico / Carácter / Gustos / Planes para el futuro

LECCIÓN 16

13. La historia de Andrea. Decida si utiliza el indefinido o el imperfecto:

1. Andrea nació en Carmelo, Uruguay, en 1970. 2. El pueblo era muy pequeño y ella no _____ (sentirse) muy cómoda allí. 3. A los 20 años se mudó a una residencia en Montevideo donde estudió en la Facultad de Letras que estaba en el centro de la ciudad. 4. _____ (ir) a la facultad todos los días de 8 a 4 de la tarde y después _____ (trabajaba) tres horas como secretaria en un periódico. 5. Allí conoció a Claudia, una chica de Punta del Este. Claudia conocía por casualidad a la familia de Andrea, porque su abuela todavía vivía en Carmelo. 6. En 2001 _____ (comenzar) a trabajar como traductora en una revista donde _____ (publicarse) artículos de periodistas muy famosos. 7. Dos años más tarde, Andrea se casó con Gabriel y tuvo dos hijos: Iván y Ludmila. 8. Después de pensarlo mucho tiempo _____ (dejar) de trabajar en la revista y _____ (empezar) su doctorado, que era lo que ella _____ (querer) hacer desde hacía mucho tiempo.

Soluciones de los tests de autoevaluación

Test lecciones 1-5

1. **trinken**→ *beber, bebo, bebe* - **arbeiten**→ *trabajar, trabajo, trabaja* - **sein**→ *ser, soy, es* - **schreiben**→ *escribir, escribo, escribe* - **sprechen**→ *hablar, hablo, habla* - **denken**→ *pensar, pienso, piensa* - **tun/machen**→ *hacer, hago, hace* - **haben**→ *tener, tengo, tiene* - **verstehen**→ *entender / comprender, entiendo / comprendo, entiende / comprende* - **wissen**→ *saber, sé, sabe*

2. España es un puente entre continentes: geográficamente está en el su*r*oeste de Europa y a*l* norte de África, entre el Medi*t*erráneo y el Atlántico; cultura*l*mente también entre Hispanoam*é*rica y el resto de Europa. Es en la actualidad un p*aís* de inmigración. *S*u capital, Madrid, está en el *c*entro del país. Hay 17 re*gi*ones o Comunidades Aut*ó*nomas.

3. Me llamo Fernando y comparto un piso con mi hermano Raúl, que es estudiante de Traducción, y con un estudiante inglés. Yo estudio Medicina. Mis padres y mi abuela/Nuestros padres y nuestra abuela, bueno, toda mi/nuestra familia vive en Madrid. Mi novia vive también en Madrid, y por las noches hablamos horas por teléfono. Raúl no tiene novia, sólo estudia y mi madre/nuestra madre piensa que esto no es normal. Mis amigos y yo nunca estamos en casa, pero esto para mi madre tampoco es normal.

4. 1. hay / 2. es, está, hay / 3. está / 4. hay / 5. es

5. 1. en, de, con, sin / 2. para, por, en / 3. de, para, por

6. 1.→ b / 2.→ a / 3.→ c / 4.→ a / 5.→ b / 6.→ b / 7.→ a / 8.→ b

Test lecciones 6-10

1. **pensar**→ *pienso, he pensado, pensando* - **seguir**→ *sigo, he seguido, siguiendo* - **construir**→ *construyo, he construido, construyendo* - **soñar**→ *sueño, he soñado, soñando* - **ponerse**→ *me pongo, me he puesto, poniéndose* - **ver**→ *veo, he visto, viendo* - **escribir**→ *escribo, he escrito, escribiendo*

2. 1. No, no he estado nunca en Barcelona. - No, nunca he estado... / 2. No, no llevo nada. / 3. No, gracias, (no queremos) nada más. / 4. No, no te ha llamado nadie. / 5. No, no tengo ningún problema con mis padres./No, no tengo ninguno.

3. 1. están / 2. es, estar / 3. es, está / 4. es / 5. está / 6. está.

4. 1. No, no te lo vendo. / 2. No, no me la compro. / 3. Sí, se lo ha dado. / 4. Sí, se los he pedido. / 5. Sí, se la estoy escribiendo.

5. 1. 1.795 euros: *mil setecientos noventa y cinco* euros / 2. 124 libras esterlinas: *ciento veinticuatro* libras / 3. 1.057 pesos mexicanos: *mil cincuenta y siete* pesos / 4. 43. 200 personas: *cuarenta y tres mil doscientas* personas

6. 1.→ c / 2.→ a / 3.→ b / 4.→ a / 5.→ c / 6.→ a / 7.→ c / 8.→ b

Test lecciones 11-15

1. **cerrar**→ *cierre, cerremos, cierra* - **traducir**→ *traduzca, traduzcamos, traduce* - **dormir**→ *duerma, durmamos, duerme* - **poner**→ *ponga, pongamos, pon* - **ser**→ *sea, seamos, sé* - **sentir**→ *sienta, sintamos, siente* - **saber**→ *sepa, sepamos, sabe*
2. me he mudado - fue - me sentía - tuve - robó - salía - confirmó - hacía - era
3. 1. Se ha decidido invertir más dinero en investigación. / 2. Hay que preocuparse/ Uno se tiene que preocupar más por los países pobres. / 3. En Chile se sigue protestando contra la dictadura de Pinochet. / 4. Hay que inscribirse antes del 15 de julio. / Uno se tiene que inscribir antes del 15 de julio.
4. 1. → c / 2.→ a / 3. → a / 4. → b / 5. → a / 6. → c
5. HORIZONTALES: 1. fue; 2. hablaba; 3. dormisteis; 4. enseñaste; 5. tuviste; 6. quise
   VERTICALES: 7. caminé; 8. partía; 9. era; 10. traduje; 11. probaste; 12. iba; 13. pedimos

Test lecciones 16-20

1. **poder**→ *podríais, pudiera/pudiese, pudiéramos/pudiésemos* -
   traducir→ *traduciríais, tradujera/tradujese, tradujéramos/ tradujésemos* -
   dormir→ *dormiríais, durmiera/durmiese, durmiéramos/durmiésemos* - **vestirse**→ *os vestiríais, me vistiera/vistiese, nos vistiéramos/vistiésemos* - **oir**→ *oiríais, oyera/ oyese, oyéramos/oyésemos* - **estar**→ *estaríais, estuviera/estuviese,estuviéramos/ estuviésemos* - **ser - ir**→ *seríais - iríais, fuera/fuese, fuéramos/ fuésemos* -
   saber→ *sabríais, supiera/supiese, supiéramos/supiésemos*
2. 1. El lunes comenzaron las obras del túnel *que* va a unir dos ciudades importantes.
   2. Estuve 5 días en Ramallo *donde* antes pasaba los veranos con mi familia.
   3. Rafael aprobó todos los exámenes *lo que* es realmente increíble.
   4. Ayer a la tarde vi a Laura que en ese momento entraba al banco.
   5. Los libros *con los que* he preparado el examen son del decano.
3. 1. Me ha preguntado por qué no vamos al cine mañana. / 2. Me ha dicho que me calle. 3. Me asegura que no ha comido nada en todo el día. / 4. Quiere saber si necesitamos el dinero hoy. / 5. Me ha contado que el lunes se van a Madrid.
4. 1. → b / 2. → a / 3. → a / 4. → b / 5. → c / 6. → a / 7. → b / 8. → a
5. 1. fue / 2. va a ser / 3. eran / 4. están / 5. están / 6. es / 7. fue / 8. fue

GLOSARIO ALFABÉTICO   ALPHABETISCHES GLOSSAR

Wortschatz der Lektionstexte mit der kontextbezogenen Übersetzung. Die Zahlen beziehen sich auf die Lektion.
Vocabulario de los textos de las lecciones con la traducción según el contexto en que aparece. Los números se refieren a la lección.

A
a causa de: auf Grund von, 12
a costa de: auf Kosten, 17
¿a cuánto está(n)?: Wieviel kostet/ kosten?, 13
a fondo: gewissenhaft, 11
a juzgar por: nach...zu urteilen, 14
a las puertas: an der Schwelle, 20
a montones: haufenweise, 15
a partir de: ab, 10
a precios de risa: spottbillig, 13
a tiempo: rechtzeitig, 4
a veces: manchmal, 4
abortar: abtreiben, 11
abrazo, el: Umarmung, 2
abrir: öffnen, 15
abuelo/-a: Großvater/mutter, 6
aburrido/-a: langweilig, 3
aburrimiento, el: Langeweile, 12
abusivamente: übermäßig, 18
acá [Arg.]**:** hier, 15
acaba de llegar: ist gerade angekommen, 8
accidente, el: Unfall, 5
aceite, el: Öl, 3
aceituna, la: Olive, 13
acercarse: sich nähern, 13
acompañar: begleiten, 11
aconsejable: ratsam, empfehlenswert, 12
aconsejar: (be)raten, 12
acontecimiento, el: Ereignis, 17
acostumbrarse a: sich gewöhnen an, 15
acuerdo, el: Abkommen, 12
adecuado/-a: passend, 14
adelgazar: abnehmen, 7
además: außerdem, 3
administración, la: Verwaltung, 15
adolescente, el/la: Jugendliche(r) , 11
adoptar: [hier] annehmen, 14
advenimiento, el [culto]**:** Ankunft, 20
advertir (ie): warnen, 11
aeropuerto, el: Flughafen, 2
afectar: befallen, angreifen, 19

afgano/-a: afghanisch, 18
afortunadamente: glücklicherweise, 7
afueras, las: Stadtrand, 4
agarrar: festhalten, 14
agencia de viajes, la: Reisebüro, 1
agenda, la: Terminkalender, 3
agobiarse: sich belasten, 12
agradable: angenehm, 8
agravar: verschlimmern, 17
agrícola: landwirtschaftlich, 3
agroindustria, la: Landwirtschaft, 20
aguantar: aushalten, 18
ahora: jetzt, gleich, 2
ahorrar: sparen, 13
aislado/-a: isoliert, 15
ajustarse el cinturón: [Redewendung] den Gürtel enger schnallen, 12
al final: zum Schluss, 15
al mismo tiempo: gleichzeitig, 7
alargar: verlängern, 11
alarmarse: sich beunruhigen, 12
albergue de la juventud, el: Jugendherberge, 5
alcantarilla, la: Gully, 17
algo: etwas, 2
algunos/-as: manche, einige, 3
alienante [culto]**:** irrsinnig, 18
alquilar: vermieten, 7
alquiler, el: Miete, 7
alrededores, los: Umgebung, 8
alto/-a: groß, 2
amante, el/la: Geliebte(r), 17
amañar [coloquial]**:** fälschen, 18
amasar: Geld anhäufen, 18
ambulancia, la: Krankenwagen, 5
amenazar: drohen, 14
amistad, la: Freundschaft, 12
ampliar: erweitern, 20
amplio/-a: breit, 20
amueblado/-a: möbliert, 7
anciano, el: Greis, 17
andino/-a: von den Anden, 20

anglosajón/-ona: angelsächsisch, 14
anillo, el: Ring, 3
animadamente: lebhaft, 20
animar: ermutigen, 16
animarse a: sich trauen, 15
aniversario de boda, el: Hochzeitstag, 6
anochecer, el: Abenddämmerung, 15
antes de: vor, 5
antipático/-a: unsympathisch, 7
anuncio, el: Anzeige, 7
año, el: Jahr, 3
apagado/-a: ausgeschaltet, 16
apartamento, el: kleine Wohnung, 4
apreciar: schätzen, bevorzugen, 11
aprender: lernen, 1
apresurarse: sich beeilen, 12
aprovechar para: die Gelegenheit nutzen, 5
aproximadamente: ungefähr, 6
aquí: hier, 2
árbol, el: Baum, 1
área, el: Bereich, 19
armario, el: Schrank, 7
arrastrar: an Land schwemmen, 19
arrestar: verhaften, 11
arroz con leche, el: Milchreis, 10
arroz, el: Reis, 10
artesanía, la: Handarbeit, 20
ascensor, el: Fahrstuhl, 7
asistente, el/la: Assistent(in), Helfer(in), 1
asociación, la: Verein, Verband, 11
asunto, el: Angelegenheit, 12
atasco, el: Stau, 18
atender a: beachten, sich kümmern um, 20
atentamente: aufmerksam, 10
atravesar (ie): durchqueren, 8
audiencia, la: Zuschauer, Hörer, 20
aumentar: steigen, 11
aunque: obwohl, 3
autopista, la: Autobahn, 5
averiguar: ermitteln, 7
ayuda, la: Hilfe, 2
ayudar a: helfen, 1
azahar, el: Orangenblüte, 18

B
bailar: tanzen, 9
baloncesto, el: Basketball, 9
bandera, la: Fahne, 20
baño, el: Badezimmer, 7
barato/-a: billig, günstig, 13

barquichuelo, el: kleines Boot, 16
barra, la: Theke, 10
barrio antiguo, el: Altstadt, 10
barrio, el: Stadtviertel, 3, 10
base, la: Basis, 20
bastante: ziemlich viel, 3
bastar: genügen, 4
bebida, la: Getränk, 10
besar: küssen, 13
bienestar, el: Wohlbefinden, 18
bienvenido/-a: willkommen, 2
bilingüe: zweisprachig, 14
bocadillo, el: belegtes Brötchen, 2
bolsa, la: Packung, 13
bonita/-o: schön, 2
borde, el: Ufer, 18
borracho/-a: betrunken, 7
bote, el: Boot, 16
bote pesquero, el: Fischerboot, 16
botella, la: Flasche, 2
brazo, el: Arm, 9
brillante: glänzend, leuchtend, 18
brillo, el: Glanz, 17
buscar: suchen, 2

C
cabello, el: Haar, 17
calcetines, los: Socken, 2
calcular: berechnen, 14
calefacción, la: Heizung, 7
calentar: (er)wärmen, 7
calle, la: Straße, 2
calor, el: Wärme, Hitze, 9
caluroso/-a: warm, 3
cama, la: Bett, 6
camarero/-a: Kellner(in), 2
caminante, el/la: Wanderer, 17
camino, el: Weg, 1
camiseta, la: T-Shirt, 2
campeón/-ona: Gewinner(in), 9
campeonato, el: Meisterschaft, 12
campo, el: Feld, Land, 4
canario, el: Kanarienvogel, 12
cansado/-a: müde, 8
cantante, el/la: Sänger(in), 9
canuto, el [coloq.]: Joint, 18
caña, la: Bier vom Fass, 10
capacidad, la: Fähigkeit, 14
capital, la: Hauptstadt, 3
cara, la: Gesicht, 4

caracterizarse por: sich auszeichnen, 10
carbón, el: Kohle, 20
cariño, el: Zuneigung, Liebe, 13
carne, la: Fleisch, 8
carne de vaca, la: Rindfleisch, 13
carpeta, la: Mappe, 14
carpintería, la: Tischlerei, 15
carpintero/-a: Tischler(in), 15
carrera, la: Strecke, 17
carretera, la: Landstraße, 4
casado/-a: verheiratet, 4
cascada, la: Wasserfall, 20
casi: fast, 6
castillo, el: Schloss, Burg, 8
cátedra, la: Lehrstuhl, Professur, 14
causar daño: Schaden zufügen, 17
cenar: zu Abend essen, 6
censo electoral, el: Wählerliste, 20
cerca de: nah bei, 3
cerdo, el: Schwein, 13
cereal, el: Getreide, 3
cerrado/-a: geschlossen, 8
cerveza, la: Bier, 3
charlar: sich unterhalten, 10
chico/-a: Junge/Mädchen, 2
chiste, el: Witz, Geschichte, 18
chuleta de cerdo, la: Schweinekotelett, 10
churro, el: spanisches Ölgebäck, 10
ciénaga, la: Sumpf, 20
científico/-a: Wissenschaftler(in), 11
cine, el: Kino, 3
claro/-a: klar, 5
clase media, la : Mittelstand, 6
clase, la: Unterricht, 6
clases particulares, las:
    Nachhilfeunterricht, 4
cliente, el/la: Kunde/in, 4
cocina eléctrica, la: Elektroherd, 7
cocina, la: Küche, 7
cocinar: kochen, 4
cocinero/-a: Koch/Köchin, 15
coger (j): nehmen, 8
colaborar: mitwirken, mitarbeiten, 11
colilla, la: Zigarettenkippe, 2
comenzar (ie) : anfangen, 5
comerciante, el/la: Händler(in), 20
comida, la: [hier] Mittagessen, 6
comida, la: Essen, Mittagessen 2, 13
cómo no: selbstverständlich, 8
como siempre: wie immer, 2

compañero/-a: Partner(in), 4
compra, la: Einkäufe, 4
Comunidad Autónoma, la: Autonome
    Region, 3
comunidad, la: Gemeinschaft, 5
con: mit, 1
conceder: erteilen, 14
concertar: vereinbaren, 19
concurso, el: Wettbewerb, 6
condón, el [coloq.]**:** Kondom, 11
conducir (zc) : fahren, 5
congelado/-a: (ein)gefroren, 12
conocer (zc) : kennen, 4
conocido/-a: bekannt, 9
conocimiento, el: Kenntnis, 7
considerar: der Meinung sein, 11
construir (y): bauen, 4
contaminación, la:
    (Umwelt)verschmutzung, 4
contar (ue): (er)zählen, 3
contentarse: sich begnügen, 16
convencer: überzeugen, 16
conventillo, el [Arg.]**:** Pension mit einem
    Zimmer pro Familie, 15
convivir: zusammenleben, 5
cordero, el: Lamm, 13
corregir (i) : korrigieren, 6
corrida de toros, la: Stierkampf, 17
corriente, la: Strom, 3
cortado, el: Kaffee mit wenig Milch, 2
cortar: [hier] auflegen, 15
corto/-a: kurz, 3
crear: schaffen, 14
creer: glauben, 1
crisol, el: Schmelztiegel, 20
croasán, el: Croissant, 10
cruel: grausam, 18
cuadro, el: Gemälde, 11
cuánto: wieviel, 2
cuantos más mejor: je mehr desto
    besser, 9
cubrir una plaza: eine Stelle besetzen, 19
cueva, la: Höhle, 17
cuidar: pflegen, 5
culpar: beschuldigen, 12
cultivo, el: Anbaugebiet, 6
cumpleaños, el: Geburtstag, 6
cuna, la: Wiege, Geburtsort, 8
cuota, la: Beitrag, Rate, 16
curriculum, el: Lebenslauf, 19

D

dar: geben, erteilen, 4
dar a luz: zur Welt bringen, 11
dar el parte: benachrichtigen, 12
dar igual: egal sein, 9
dar la media vuelta: sich umdrehen, 13
dar lugar a: Anlass geben zu, 5
dar miedo: Angst machen, 15
darse prisa: sich beeilen, 6
de mí : über mich, 3
de todas maneras: auf jeden Fall, 19
de uso común: geläufig, 14
débil: schwach, 18
decano/-a: Dekan(in), 4
decidir: entscheiden, 8
dedo, el: Finger, 7
degradación, la: Entwürdigung, 16
dejar: (ver)lassen, 15
delicado/-a: delikat, 15
delicioso/-a: köstlich, 13
demasiado/-a: zu... (sehr), 7
dentro de: innerhalb, 15
Derecho, el: Jura, 4
desagradable: unangenehm, 12
desaparecer: verschwinden, 7
desaparición, la: Verschwinden, 12
desayunar: frühstücken, 6
descansar: sich erholen, 4
descarga eléctrica, la: Stromschlag, 16
descargar: entladen, 12
desde hace: seit, 6
desecho, el: Abfall, 17
desierto, el: Wüste, 3
despacio: langsam, 8
después: danach, später, 5
después de: nach, 2
desventaja: Nachteil, 14
detenerse (ie): (an)halten, 13
deterioro, el: Verschlechterung, 17
día del padre/día de la madre, el: Vater/Muttertag, 6
dibujar: zeichnen, 8
diferencia, la: Unterschied, 3
dificultad, la: Schwierigkeit, 9
difusión, la: Verbreitung, 5
diptongo, el: Doppellaut, 1
dirigir (j): leiten, führen, 15
dirigirse a (j): sich jdm. zuwenden, 13
disco, el: Schallplatte, CD, 9
discurso, el: Rede, 11
discutir: streiten, 4
diseño, el: Design, 18
disfrutar de: genießen, 16
dispararse: gewaltig steigen, 11
disposición: Bereitschaft, 17
distinto/-a: verschieden, anders, 1
diversa/-o [culto]: verschiedenartig, 20
divertidísimo/-a: sehr lustig, 9
doler: schmerzen, 12
dolor de muelas, el: Zahnschmerzen, 12
doméstico/-a: Haus-, 4
dormir (ue) : schlafen, 6
dormitorio, el: Schlafzimmer, 7
ducharse: duschen, 6
duda, la: [hier] Frage, 16
dueño/-a: Vermieter(in), 7; Besitzer(in), 13
durante: während, 4
duro/-a: hart, 4

E

echarse a + inf.: plötzlich anfangen zu, 14
edad media, la: Durchschnittsalter, 11
edificio, el: Gebäude, 15
educadamente: wohlerzogen, 12
educar: aufklären, 11
ejecutar: ausführen, 17
el tiempo pasa: die Zeit vergeht, 2
elaborar: ausarbeiten, 14
elecciones municipales, las: Kommunalwahlen, 20
electricidad, la: Strom, 7
embarazada: schwanger, 11
embutido, el: Wurst, 10
empanada, la: gefüllte Teigtasche, 13
empotrado/-a: eingebaut, 7
empresa, la: Firma, 7
en casa: zu Hause, 2
en desuso: veraltet, 16
en el campo: auf dem Land, 6
en general: im Allgemeinen, 2
en la actualidad: in der Gegenwart, 3
en rodajas: in Scheiben, 13
en serio: im Ernst, 8
en vez de: anstatt, 16
en vía de extinción: vom Aussterben bedroht, 20
enamorado/-a: verliebt, 7
encuentro, el: Treffen, Begegnung, 13, 14
encuesta, la: Umfrage, 7
enemigo/-a: Feind, 12

enero: Januar, 4
enfadarse (con): sich mit jdm. streiten, 12
enfermero/-a: Krankenpfleger/schwester, 1
enfocar: [hier] behandeln, 14
enfrentarse con: sich konfrontieren, 15
enojado/-a: zornig, 8
enriquecer (zc): bereichern, 14
enseguida: sofort, 8
enterarse de: erfahren, 11
entidad bancaria, la: Geldinstitut, 18
entonces: dann, also, 2
entorno, el: Umfeld, 14
entre: zwischen, 3
entre los dos: zu zweit, 4
entre otras: unter anderen, 1
entregarse: sich völlig widmen, 14
entrevista, la: Interview, 6
　　　　　　　Bewerbungsgespräch, 19
época, la: Zeit, Epoche, 15
equipo de música, el: Musikanlage, 9
es decir: das heißt, 1
es que...: die Sache ist die... , 14
escaparse: entkommen, 12
escaso/-a: spärlich, 17
escayolado/-a: eingegipst, in Gips, 9
esclavo/-a: Sklave/in, 20
escribir: schreiben, 1
escuchar: zuhören, 10
esforzarse (ue): sich bemühen, 16
esfuerzo, el: Anstrengung, 17
espatarrante [coloq.]**:** toll, klasse, 18
especie vegetal, la: Pflanzengattung, 20
espectáculo, el: Show, 18
espejo, el: Spiegel, 8
esperar a: warten auf, 2
espíritu, el: Geist, 20
esquema, el: Schema, 14
esquina, la: Ecke, 4
estable: fest, stabil, 11
establecerse (zc): sich niederlassen, 5
estación, la: Bahnhof, 4
Estado, el: Staat, 5
estado, el: Zustand, 7
estar: sich befinden, 2
estar de paso: auf der Durchreise sein, 8
estar en plena forma: in guter Form
　　　　　　　sein, 12
estimado/-a: geehrte(r), 19
estómago, el: Magen, 12
estrecho/-a: eng, schmal, 10

estrella, la: Stern, 4
estrés, el: Stress, 4
estudiar: lernen, 6
estupendo/-a: toll, 18
eterna/-o: ewig, 20
evento, el: Ereignis, 17
evidente: offensichtlich, 14
evitar: (ver)vermeiden, 11
exagerar: übertreiben, 19
excederse (en): sich übernehmen, 12
expediente, el: Zeugnis, 19
experiencia, la: Erfahrung, 11
explotación minera, la: Bergbau, 17
expresión, la: Ausdruck, 1
extender (ie): verbreiten, 14
extenderse por (ie): sich verbreiten in, 11
extrañar: vermissen, 15
extraordinario/-a: außergewöhnlich, 20

F
factible: machbar, 12
factura, la: Rechnung, 12
famoso/-a: berühmt, 3
fecha de nacimiento, la: Geburtsdatum, 19
fecha, la: Datum, 3
festejar: feiern, 9
fiambre, el: Wurst, 6
fiera, la: Raubtier, 17
fijarse en: achten auf, 14
firma, la: Unterschrift, 3
firmeza, la: Entschlossenheit, 12
flotilla, la: kleine Flotte, 16
folleto, el: Broschüre, 20
fracasar: scheitern, 18
frenar: bremsen, 12
frío/-a: kalt, 3
fruta, la: Obst, 13
fuerte: stark, 5
fuerza, la: Kraft, 14
fumar: rauchen, 10
fundación, la: Stiftung, 11
fusión, la: Verschmelzung, 14

G
galleta, la: Keks, 6
ganar: verdienen, 1
garganta, la: Hals, Kehle, 12
gasto, el: Ausgabe, 12
gastos, los: [hier] Nebenkosten, 7
gazpacho, el: kalte Gemüsesuppe, 10

gemelo/-a: Zwillingsbruder/schwester, 7
gente, la: Leute, 2
gozar de: genießen, 3
graduado/-a: diplomiert, 19
grande: groß, 2
gritar: schreien, 14
guardar: aufbewahren, 14
Guerra Civil, la: Bürgerkrieg, 14
guerra, la: Krieg, 4
guía telefónica, la: Telefonbuch, 7
gustos, los: Vorlieben, 14

H
haber de [culto]**:** müssen, 18
habilidad, la: Fähigkeit, 16
habitación, la: Zimmer, 3
habitantes, los: Einwohner, 4
hacer (hago): tun, machen, 4
hacer cola: Schlange stehen, 4
hacer falta: nötig sein, 9
hacer frente: dagegen ankämpfen, 17
hallarse [culto]**:** sich befinden, 20
hay: es gibt, 2
hecho, el: Tatsache, 9
helado, el: Eis, 10
hermano/-a: Bruder/Schwester, 2
hielo, el: Eis, 14
hierba de San Juan, la: Johanniskraut, 18
hijo/-a: Sohn/Tochter, 4
hindú: indisch, 14
hipócrita: heuchlerisch, 18
horario, el: Tagesablauf, 6
horas extra, las: Überstunden, 6
hormiguero, el: Ameisenhaufen, 4
horno, el: Backofen, 10
hospital, el: Krankenhaus, 1
hoy: heute, 2
huevo, el: Ei, 6
humanidad, la: Menschheit, 20
húmedo/-a: feucht, 3

I
imaginativa/-o: [hier] interessant, 16
impacto, el: [hier] Wirkung, 17
impedir (i): verhindern, 12
implicar: verwickeln, 19
importante: wichtig, 3
importar: jdm. etwas ausmachen, 9
imprevistos, los: Unwägbarkeiten, 12
impuesto, el: Steuer, 12

inclinación, la: Tendenz, 11
incrementar: erhöhen, 17
indígena: einheimisch, 5
inferioridad, la: Minderwertigkeit, 14
infinita/-o: unendlich, 20
influencia, la: Einfluss, 5
informe, el: Bericht, 15
iniciar: anfangen, beginnen, 12
injusto/-a: ungerecht, 12, 15
inmigración, la: Einwanderung, 3
inmigrante, el/la: Einwanderer, 15
inocencia, la: Unschuld, 18
inquieto/-a: unruhig, 12
insignificante: unbedeutend, 16
instituto de educación secundaria, el:
          Gymnasium, 6
intentar: versuchen, 2
intercambio, el: Austausch, 12
introducir (zc): einführen, 5
inundación, la: Überschwemmung, 17
inútil: nutzlos, 12
invierno, el: Winter, 3
invitar: einladen, 2
iré: Futur von **ir** (yo), 13
isla, la: Insel, 3

J
jamón, el: Schinken, 8
jubilación, la: Pensionierung, 20
juego, el: Spiel, Glücksspiel, 12
juego de llaves, el: Schlüsselsatz, 14
jugar al escondite: Verstecke spielen, 7
juntarse con [coloq.]**:** sich jdm.
          anschließen, 15
junto a: zusammen mit, neben, 5
junto con: zusammen mit, 19
juntos/-as: zusammen, 2
justificar: rechtfertigen, 11
juventud, la: Jugend, 11

L
laberinto, el: Labyrinth, 10
labio, el: Lippe, 10
lágrima, la: Träne, 18
largo/-a: lang, 2
lata, la: Dose, 13
lavaplatos, el: Geschirrspülmaschine, 7
leche, la: Milch, 2
lechuga, la: Kopfsalat, 13

legumbres variadas, las: Gemüsebeilage, 10
lejano/-a: fern, weit, 17
lento/-a: langsam, 9
letra, la: Buchstabe, 1
letrero, el: Schild, 8
levantarse: aufstehen, 6
libre: frei, 10
ligado/-a a: im Zusammenhang, 9
ligar: anbändeln, 2
lince, el: Luchs, 16
línea de metro, la: U-Bahnlinie, 5
lista de precios, la: Preisliste, 10
llamar a: rufen, 2
llamar la atención: auffallen, 15
llamar por teléfono: anrufen, 7
llanura, la: Flachland, 20
llave, la: Schlüssel, 8
llegada, la: Ankunft, 2
llegar a: ankommen in, 2
llenarse: voll werden, 10
llevarse bien: sich gut verstehen, 6
lluvia, la: Regen, 1
lo antes posible: so bald wie möglich, 19
loco/-a: verrückt, 15
luego: danach, 5
lugar, el: Ort, 10
luz, la: Licht, 7

M
madre, la: Mutter, 3
madrileño/-a: Madrider(in), 4
maduro/-a: reif, 13
magdalena, la: Biskuitkuchen, 10
mala/-o: schlecht, 2
mala suerte, la: Pech, 12
malestar, el: Unwohlsein, 18
maleta, la: Koffer, 2
mancha, la: Fleck, 16
mandar: schicken, 3
manejo, el: Umgang, 17
manera de ser, la: Art, Charakter, 15
manifestación, la: Demonstration, 11
mantenerse: sich erhalten, 14
mantequilla, la: Butter, 13
manzana, la: Apfel, 13
máquina de afeitar, la: Rasierapparat, 8
maravilloso/-a: wunderbar, 12
marcharse: (weg)gehen, 11
mareado/-a: schwindelig, 12

marisco, el: Meeresfrüchte, 13
más hablado/-a: meist gesprochene(r), 1
matricularse: sich immatrikulieren, 11
matrimonio, el: Ehe, 11
mayor parte, la: der größte Teil, 6
mayor que: größer als, 6
mayoría, la: Mehrheit, 3
mayúscula: Großbuchstabe, 1
me gusta mucho: ich mag sehr, 3
médico/-a: Arzt/Ärztin, 1
medio de expresión, el: Ausdrucksmittel, 5
mensaje, el: Nachricht, 8
mensual: monatlich, Monats-, 16
mesa, la: Tisch, 2
meseta, la: Hochebene, 3
mestizo/-a: Mischling
mezcla, la: Mischung, 9
mezclarse: sich vermischen, 13
miedo, el: Angst, 7
miembro, el: Mitglied, 14
minoría, la: Minderheit, 6
minúscula: Kleinbuchstabe, 1
mitad, la: Hälfte, 3, 6
mitigación, la: Linderung, 17
moderado/-a: mäßig, 12
Modernismo, el: Jugendstil, 14
modo, el: Art, Weise, 17
mojito, el: kubanisches Getränk mit Rum, Zitrone und Zucker, 9
molestar: stören, 5
montaña, la: Berg, 3
montón, el: Haufen, 18
monumento, el: Denkmal, 8
motivo, el: Grund, 14
movido/-a: mit Rhythmus, 9
muchísimo/-a: sehr viel, 9
mucho/-a: viel, 1
mujer, la: (Ehe)Frau, 4
múltiple: vielfältig, 20
mundo, el: Welt, 1
mutuo/-a: gegenseitig, 18
muy: sehr, 1

N
nacer: entstehen, geboren werden, 14
nada de eso: überhaupt nicht, 2
natillas, las: Cremespeise, 10
navegar: segeln, 14
necesitar: benötigen, brauchen, 2

negocio, el: Geschäft, 16
nevera, la: Kühlschrank, 7
ni siquiera: nicht einmal, 11
nido, el: Nest, 17
niño/-a: Kind, 4m
níquel, el: Nickel, 20
no es asunto tuyo: das geht dich
    nichts an, 8
no es para tanto: es ist halb so schlimm, 4
no...hasta: erst, 6
nocturno/-a: nächtlich, 12
normalmente: normalerweise, 4
nota, la: Zettel, Nacricht, 10
noticia, la: Nachricht, 6
novedad, la: Neuigkeit, 2
novia/-o: Freund(in), Verlobte(r), 2

O
o: oder, 1
obligatoriamente: zwangsläufig, 16
observar: beobachten, 5
obstrucción: Blockierung, 17
ocasionar: verursachen, 17
ocupación, la: Besetzung, 5
ocuparse de: sich kümmern, 12
oferta, la: Angebot, 7
oficina, la: Büro, 4
Oficina de Relaciones
Internacionales, la: Auslandsamt, 11
oficinista, el/la: Büroangestellte(r), 10
¡oiga!: Hallo, Sie!, 2
olla a presión, la: Schnellkochtopf, 11
olvidar: vergessen, 5
orden (político), el: System, 5
ordenador, el: Computer, 9
origen, el: Ursprung, 5
ortografía, la: Rechtschreibung, 1
oso, el: Bär, 16
otra vez: noch einmal, 2
otro día: ein anderes Mal, 2

P
pa [coloquial]: para, 14
paciencia, la: Geduld, 12
padre, el: Vater, 3
pagar: bezahlen, 2
país, el: Land, 1
paisaje, el: Landschaft, 20
pajarillo, el: Vögelchen, 17
palabra, la: Wort, 5

panorama, el: Aussicht, 12, Landschaft, 16
pantalón, el: Hose, 2
pañuelo, el: Taschentuch, 3
paquete, el: Packung, 13
parada, la: Haltestelle, 8
parar: (auf)halten, aufhören, 15
pariente, el/la: Verwandte(r), 15
partida, la: Runde,
    Partie(Gesellschaftsspiel), 10
partido, el: Spiel (Sport), 10
pasajero/-a: vorübergehend, 12
pasar a la acción: aktiv werden, 11
pasar: verbringen, 4, vorbeigehen, -fahren
pasar a: gelangen zu, nach, 5
pasar las vacaciones: den Urlaub
    verbringen, 2
pastilla, la: Tablette, 2, 8
pastilla de jabón, la: Stück Seife, 8
pastor, el: Schäfer, 17
patatas fritas, las: Pommes frites, 10
patrimonio, el: Eigentum, 14
pavimentación, la: Asphaltieren, 17
pavo, el: Pute, 13
paz, la: Frieden, 12
peine, el: Kamm, 1
pelaje, el: Fell, 17
película, la: Film, 6
peligrar: in Gefahr sein, 14
peluquería, la: Friseursalon, 10
pena, la: Kummer, Trauer, 18
pendiente: offenstehend, 12
pensionista, el/la: Rentner(in), 5
peón, el: Landarbeiter, 15
pequeña/-o: klein, 4
pera, la: Birne
percibir: wahrnehmen, 17
perderse (ie): sich verlaufen, 8
perderse algo: etwas verpassen, 8
perfeccionamiento, el: Aufbaustudium, 19
periódico, el: Zeitung, 2
periodismo, el: Journalismus, 15
periodista, el/la: Journalist(in), 4
período, el: Zeitabschnitt, 5
permanecer (zc): [culto] bleiben, 16
permanente: ständig, 16
permisivo/-a: freizügig, 9
pero: aber, 2
perro, el: Hund, 1
pescado, el: Fisch, 6
petróleo, el: Erdöl, 20

pierna, la: Bein, 9
píldora, la: Pille, 11
pillar (un virus): [umg.] sich anstecken, 12
pinchos, los: Häppchen, 4
pintar: (an)streichen, 7
pintura, la: Malerei, 1
piso, el: Wohnung, 3
piso compartido, el: Wohngemeinschaft, 4
piso de alquiler, el: Mietwohnung, 7
planificar: planen, 14
plano, el: Stadtplan, 2
planta, la: Etage, 7
plantar: pflanzen, 17
plátano, el: Banane, 13
plaza, la: (Stadt)Platz, 8
pluma, la: Feder, 14
población, la: Bevölkerung, 6
¡pobre!: du Arme(r)!, 2
poco a poco: nach und nach, 7
poder (ue): können, dürfen, 6
poder, el: Macht, 9
pollo, el: Hänchen, 13
ponerse de acuerdo: sich einigen, 6
póngame: Geben Sie mir!, 13
por la tarde: nachmittags, abends, 2
por lo menos: mindestens, 14
por medio de: durch, mittels, 5
por mi cuenta: auf eigene Rechnung, 16
por supuesto: selbstverständlich, 7
por vía: durch, 12
porque: weil, 4
postre, el: Nachtisch, 10
postura, la: Einstellung, 14
prácticas, las: Praktikum, 15
prejuicio, el: Vorurteil, 11
preocupar: Sorgen bereiten, 11
presentar: vorstellen, 1
previsto/-a: vorgesehen, 9
primo/-a: Cousin(e) , 6
principalmente: hauptsächlich, 3
prisión, la: Gefängnis, 19
probable: wahrscheinlich, 12
producto bandera, el: Markenzeichen, 20
profesión, la: Beruf, 4
profesor/-a: Lehrer(in), Dozent(in), 4
profundo, lo: Tiefe, 17
prohibir: verbieten, 12
pronunciar: (eine Rede) halten, 11
propio/-a: eigene(r) , 6
próspera/-o: blühend, 20

próximo/-a: nächste(r), 8
prozac [marca]: ein Antidepressivum, 18
prudente: vorsichtig, 12
prueba de acceso, la: Aufnahmeprüfung, 19
prueba, la: Beweis, 14
psiqui, el [coloq.]: Psychiater, 18
publicar: veröffentlichen, 14
público/-a: öffentlich, 5
pudor, el: Scham, Hemmung, 11
pueblo, el: Volk, 5
puente, el: Brücke, 3
puerta del cine, la: Kinoeingang, 4
pues: nun, also, 4
puesto, el: Stand, 13
pulsera, la: Armband, 3
pureza, la: Reinheit, 18

Q

¡Qué casualidad!: Was für ein Zufall!, 8
¡Qué le vamos a hacer!: Was soll man machen?, 18
quedarse: bleiben, 6
quedarse parado/-a: aus der Fassung kommen, 19
quemarse: sich verbrennen, 13
queso, el: Käse, 6
quiniela, la: Toto, 10
quitar el sueño: beunruhigen, den Schlaf rauben, 12

R

radicar en: beruhen auf, 14
raíz, la: Wurzel, 20
rato, el: Weile, 8
realización personal, la: Selbstverwirklichung, 9
rebaño, el: Herde, 17
receta, la: Rezept, 1
recibir: bekommen, erhalten, 5
recién: gerade eben, 13
recoger: abholen, 14
reconocer (zc): erkennen, 8
reconquista, la: Wiedereroberung, 5
recordar: erinnern, 15
recorrer: durchgehen, 10
recorrido, el: Weg, 8
recreo, el: Schulpause, 16
recubrir: bedecken, 14
recuerdo, el: Erinnerung, 15

recuperar: nachholen, 18, zurückerhalten, 11
recurso, el: Ressource, 17
reducir: senken, 12
reflexión, la: [hier] Nachdenken, 14
refugio, el: Schutzraum, Zufluchtsort, 20
regalo, el: Geschenk, 8
reino, el: Königreich, 5
relación, la: Beziehung, 11
relajación, la: Entspannug, 14
relato, el: Geschichte, 15
reloj, el: Uhr, 3
repasar: überprüfen, 12
represa, la: Staudamm, 17
requerir (ie): benötigen, 16
rescatar: retten, 19
resfriado/-a: erkältet, 12
resfriarse: sich erkälten, 13
respirar: atmen, 9
resultado, el: Ergebnis, 10
resultar: sich ergeben, 15
resumen, el: Zusammenfassung, 14
retirarse: sich zurückziehen, 16
reunión, la: Treffen, Besprechung, 15
reunir: versammeln, 20
reunirse: sich treffen, 6
revista, la: Zeitschrfit, 2
rincón, el: Ecke, 14
robar: stehlen, 11
rodeada/-o: umgeben, 3
rodear: umgeben, 12
románico/-a: romanisch, 5
ropa, la: Kleidung, 5
rubio/-a: blond, 2
ruidoso/-a: laut, 2
rumbo, el: Richtung, 17
rumbo a...: Richtung..., 15
rumor, el: Gerücht, 12
rural: ländlich, 20
ruta comercial, la: Handelsroute, 5

S
saber: können, 5
sabroso/-a: schmackhaft, 13
sala de estar, la: Wohnzimmer, 7
salir (salgo): ausgehen, 4
salir adelante: vorangehen, 15
salir corriendo: wegrennen, 14
salmón a la plancha, el: gegrillter Lachs, 10
salud, la: Gesundheit, 12

sangre, la: Blut, 15
santo, el: [hier] Namenstag, 6
santuario, el: Tempel, 20
saqueo, el: Plünderung, 19
satisfactorio/-a: zufriedenstellend, 11
según: gemäß, folgend, 14
selva, la: Urwald, 6
semáforo, el: Ampel, 8
semana, la: Woche, 4
sembrado, el: Feld, Ackerfeld, 15
sembrar: säen, 17
sensato/-a: vernünftig, 12
sentir, el: Gefühl, 17
señal de tráfico, la: Verkehrszeichen, 5
señalar: hinweisen, 14
separarse de: sich trennen von, 15
ser humano, el: Mensch, 16
ser pasota: [fam.] ausgeflippt sein, 9
ser, el: Mensch, 7
servicio militar, el: Militärdienst, 15
servicio, el: [hier] Toiletten, 13
servir (i): servieren, 10
si: wenn, falls, ob, 4
si no: sonst, 8
sida, el: Aids, 11
sierra, la: Gebirge, 6
siglo, el: Jahrhundert, 5
signo de admiración, el: Ausrufezeichen, 1
signo de interrogación, el: Fragezeichen, 1
silencio, el: Schweigen, 14
silla, la: Stuhl, 7
sillón, el: Sessel, 7
sincerarse: sich aussprechen, 11
sobre todo: vor allem, 5
sobrepasar: überschreiten, 12
sola/-o: allein, 4
soler (ue): zu tun pflegen, 6
solicitar: beantragen, 12
sólo: nur, 2
solomillo asado, el: Lendenbraten, 10
soltarse (ue): sich befreien, aufgehen, 14
soltera/-o: ledig, 4
solución, la: Lösung, 11
sombra, la: Schatten, 18
suave: mild, weich, 3
subir: steigen, 11
subir al coche: ins Auto einsteigen, 5
subsistir: fortbestehen, überleben, 17
sucesivamente: nacheinander, 16
suelo, el: Boden, 2

superficial, lo: Oberflächliche, 17
susto, el: Schreck, 16

T
tabla de embutidos, la: Wurstplatte, 10
tal vez: vielleicht, 15
taller, el: Werkstatt, 15
también: auch, 1
taquilla, la: [hier] Einnahme, 20
taquilla, la: [hier] Schalter, 4
tareas, las: Hausaufgaben, 6
tareas de casa, las: Hausarbeit, 4
tartamudear: stottern, 19
tasa, la: Rate, 11
tema, el: [hier] Lied, 9
temer por: fürchten, Angst haben, 20
temporada, la: Saison, 12
temprano: früh, 15
tender (ie): [hier] reichen, 14
tender a: tendieren zu, 11
tener: haben, 3
tener lugar: stattfinden, 17
tener preferencia: Vorfahrt haben, 12
tener prisa: es eilig haben, 4
tener sueño: müde sein, 8
tensión, la: Anspannung, 12
terminar: beenden, 7
término, el: [hier] Begriff, 14
territorio, el: Gebiet, 5
tesis, la: Doktorarbeit, 9
tienda, la: Laden, 8
tierra, la: Land, 8
tío/-a: Onkel/Tante, 6
titular, el/ la: Inhaber(in), 14
tocar: anfassen, 16
tocar la lotería: im Lotto gewinnen, 18
todavía: immer noch, 8
todo bien: alles in Ordnung, 2
tomar: nehmen, trinken, 2
tomar forma: sich formen, 5
tomarse la molestia: sich die Mühe machen, 16
tonto/-a: dumm, 2
tos, la: Husten, 12
trabajar: arbeiten, 1
traductor/-a: Übersetzer(in), 4
tráfico, el: Verkehr, 4
trámite de divorcio, el: Scheidungsverfahren, 12
tranquilamente: in Ruhe, 6

tranquilo/-a: ruhig, 2
transmitir: übertragen, 1
trastos, los: Kram, Gerümpel, 14
tratamiento, el: Verarbeitung, 17
treintañero/-a: Dreißigjährige(r), 9
tribu, la: (Volks)Stamm, 20
triste: traurig, 12
turbio/-a: trübe, 18

U
ubicación, la [culto]: Lage, 20
últimamente: neulich, in letzter Zeit, 7
único/-a: einzige(r), 15
urgentemente: dringend, 4
usado/-a: gebraucht, 12

V
vacunar: impfen, 14
vacunarse: sich impfen lassen, 12
vale: in Ordnung, 2
valer: [hier] reichen, 14
valor, el: Wert, 9
varios/-as: mehrere, 3
vaso, el: Glas, Becher, 2
vasta/-o [culto]: breit, 20
vecino/-a: Nachbar(in), 7
velocidad, la: Geschwindigkeit, 5
vendedor/-a: Verkäufer/in, 13
veneno, el: Gift, 18
¡venga!: los!, 9
venir (g, ie): kommen, 4
venta, la: Verkauf, 11
ver (veo): sehen, 4
verano, el: Sommer, 3
verdaderamente: in der Tat, 12
verde: grün, 3
verdura, la: Gemüse, 12
vestirse (i): sich anziehen, 6
viaje, el: Reise, 2
vida, la: Leben, 1
vida nocturna, la: Nachtleben, 8
vida sentimental, la: Liebesleben, 11
videoconsola, la: Videoanlage, 9
vinagre, el: Essig, 13
vinculado/-a a: verbunden mit, 12
vino, el: Wein, 3
visigodo/-a: westgotisch, 5
volver (ue): zurückkehren, 4
vómito, el: Brechreiz, 12
votar: wählen, 20

voz, la: Stimme, 12
vuelta, la: Wechselgeld, 13
vulnerabilidad, la: Verletzlichkeit, 17

Y
y: und, 1

ya que: denn, 6
ya sea... o: sowohl... als auch, 15

Z
zona peatonal, la: Fußgängerzone, 8

RELACIÓN DE FUENTES   QUELLENVERZEICHNIS

Wir danken den Personen, Institutionen, Unternehmen und Verlagen, die den Abdruck von Bildern und Zeichnungen genehmigt haben, die in dieser Auflage erscheinen.

Agradecemos a las personas, instituciones, empresas y editoriales que nos han concedido la autorización para reproducir las fotos e ilustraciones originales que aparecen en la presente edición:

Lección 1: p. 1 fotos de A. Ré; p. 8 foto de M. Luciano; p. 9 ilustración de A. Ré; p. 13 fotos de A. Ré // **Lección 2:** p. 13 ilustraciones de "Megaweb"; p. 21 ilustración de A. Iglesias; p. 25 Estudio Internacional Sampere, Madrid // **Lección 3:** p. 26 ilustración de Timo Lindenmaier; p. 34 ilustración de A. Iglesias // **Lección 4:** p. 38 y 39 ilustraciones de Raquel Martín; p. 50 ilustración de Raquel Martín y Angel Iglesias; p. 51 fotos de A. Iglesias y C. Otero // **Lección 5:** p. 53 fotos de www.fuente-foto.com; p. 56 ilustración de Timo Lindenmaier // **Lección 6:** p. 69 foto de A. Iglesias; p. 78 ilustraciones de Timo Lindenmaier; p. 81 fotos de A. Ré y C. Otero; p. 82 foto de Astrid y Diego Rodríguez // **Lección 7:** p. 84 ilustración de A. Ré; p. 90 ilustración de José Iglesias // **Lección 8:** p. 98 ilustración de A. Ré; p. 109 ilustración de Nuria Puig Boronat // **Lección 9:** p. 110 fotos de A. Ré y Silvia Quirin; p. 117 fotos de A. Ré // **Lección 10:** p. 124 foto de foto de Juan José Fuente, Bar Pokhara, San Sebastián; p. 129 fotos de A. Ré; p. 131 fotos de A. Ré // **Lección 11:** p. 139: foto de Universidad de Comillas; p. 144 ilustración de El País, 8-7-99; p. 147 foto de A. Ré // **Lección 12:** p.148-159: ilustraciones de Timo Lindenmaier; p. 157: foto de A. Ré; p. 158 ilustración de Regina Midderhoff; p. 159 foto de A. Ré // **Lección 13:** p. 164 fotos de A. Ré y www.fuente-foto.com; p. 170 foto de A. Iglesias; p. 171 foto de la Oficina Española de Turismo; p. 176 foto de A. Iglesias // **Lección 14:** p. 177 "Santatecla": http://www.santatecla.es/manual // **Lección 15:** p. 189 foto de María Rosa C. de Loredo; p. 199 foto de C. Otero // **Lección 16:** p. 204 ilustración de "Aproximación al mundo hispánico", Egert Verlag, 2005; p. 205 *Condorito*. Editorial América S.A., Serviedit International; p. 211 ilustración de A. Ré; p. 216 foto de Gabriel Gurovich // **Lección 17:** p. 217 fotos de A. Ré y www.fuente-foto.com; p. 222 folleto del Ministerio de Sanidad español // **Lección 18:** El País Semanal, 1997 // **Lección 19:** p. 242 El País, 18-02-01; p. 243 foto de Izaskun Uría Navaridas // **Lección 20:** p. 252 fotos de C. Otero y de la Oficina de Turismo de Colombia // **Ejercicios en parejas -anexo-:** p. 266 foto de S. Bauer.